国家社科基金
GUOJIA SHEKE JIJIN HOUQI ZIZHU XIANGMU
后期资助项目

史意文心

章学诚与史家文论研究

Historical Cognition and Literary Mind
On Literary Theory of Zhang Xuecheng and Other Historians

石明庆 著

上海古籍出版社

导论　章学诚文论的生成语境、特色及阐释方法

第一节　研究的缘起与现状

众所周知,中国传统学术文史哲不分,古代"文"的概念不同于现代文学理论的"文学"含义,经史子集四部都要涉及"文"的问题。史学家立足史书撰修,对"文"及"文章"概念的理论思考内容丰富,史书中对"文"及"文章"的历史发展也有大量的论述,这些立足史学立场的文学思想富有特色,是中国古代文学批评中值得重视的一个领域,在古代文论研究中理应占有一席之地。认真分析史家的文学思想,既可以加深对中国传统文论民族特色的认识,又可以与现代及国外的文学理论比较会通,进而为建立富有民族特色的现代文学理论提供有益的借鉴。

清代乾嘉时期学者章学诚(1738—1801,字实斋,号少岩,浙江会稽即今绍兴人)既是修史者,又是论史者,他的《文史通义》以史学为本,通论文史之学,并上升到历史哲学的高度。作为公认的浙东史学殿军和中国传统史学理论集大成者,章学诚亦是史家文论的总结者。他自称:"上探班、刘,溯源官礼,下该《雕龙》《史通》,甄别名实,品藻流别,为《文史通义》一书。"①遵循的是太史公马迁"究天人之际,通古今之变,成一家之言"的学术精神,略相当于今之所谓哲、史、文三个方面。其文学思想既可以看作是对浙东史学家文论的总结,也是中国史家文论的代表。但在现代学术分科的体制下,对章学诚的研究主要集中在史学领域②,对于其文学批评的意义虽也

---

① 《与严冬友侍读》,章学诚著,仓修良编注:《文史通义新编新注》,浙江古籍出版社 2005 年版,第 706 页。为节省篇幅,避免冗累,本书对著作的引用,在每一章节内,除第一次标明全部信息外,后面的引用会酌情省略出版社以及出版时间等信息。

② 中国台湾学者黄兆强的《六十五年来之章学诚研究(1920—1985)》(载《东吴文史学报》第六期,1988 年 1 月)通过统计得出,对章学诚的研究多集中于史学领域。

有一些论述,但无论规模还是深度都不能同史学领域相比。我们认为这主要还是囿于现代审美主义立场下的文学观念,对于章氏立足史学、文史贯通的学术理念及其大文学观念还不能完全认同。但如果我们遵循历史主义的原则,回到古代文论的历史文化语境,或许就会重新发现其价值和意义。

其实早在二十世纪二十年代,伴随着胡适《章实斋先生年谱》出版所兴起的章学诚史学研究的热潮,也开始有人涉足章学诚的文学思想。甘蛰仙在《晨报副刊》分几部分多日连载自己的文章《文艺谈——章实斋的文学概论》①,是最早较全面论述章学诚文学思想的学人。其后马彦祥②、李振东③、曹谦④、黄能升⑤等也论述了章学诚以史学为本位的文学观。比如马彦祥通过引述章学诚的有关论述,认为章学诚对文学的看法是"文学是一种明道,说理,写志,尽情,致用,纪实的文字"。他们对于章氏文论的主要方面钩玄提要,虽所论尚浅,但开拓之功,嘉惠后学。李长之则基于其文学批评家的立场分析了章学诚文学批评的特点⑥。对章学诚文学思想研究比较深入和学术影响较大的是程千帆和郭绍虞。程千帆的《文学发凡》(后易名为《文论要诠》《文论十笺》⑦)选前人十篇文章综合为一个松散的文学理论体系,其中篇目如下:章学诚、刘知几作为史学家,选文七篇;章炳麟、刘师培经史俱名,各选文一篇;陆机唯以诗赋名世,选文一篇。史家文论之重要可见一斑。单就章学诚本人而言,程先生就集中选择了《文史通义》中的《诗教(上、下)》《文德》《质性》《古文十弊》共五篇,占全部选文的一半,由此可见《文史通义》作为文论著作的价值之广大、意义之深远。

自郭绍虞开始,以专章专节将章学诚及其《文史通义》作为文学理论批评史的一部分加以论述,也成为几部著名文学批评史撰写者的共识。这几

---

① 甘蛰仙:《文艺谈——章实斋的文学概论》,《晨报副刊》1922 年 12 月 6—13 日。

② 马彦祥:《章实斋之文学观》,《复旦旬刊》1927 年第 5—6 期。

③ 李振东:《章实斋的文论》,《现代评论》1927 年第 6 卷第 134 期。

④ 曹谦:《章实斋之文学论》,《浙江省立第七中学校友会半月刊》1929 年第 1—2 期。

⑤ 黄能升:《章学诚历史观的文学论》,《海天新潮》1948 年第 3 期。

⑥ 李长之:《章学诚的文学批评》,《国立中央大学文史哲季刊》1945 年第 2 卷第 2 期。

⑦ 《文学发凡》是程千帆先生早年执教武汉大学和金陵大学的讲义,1943 年由金陵大学排印出版,线装二册,署程会昌纂(会昌乃先生原名),为《金陵大学文学院中国文学系丛书》之一。1948 年上海开明书店将其再版,叶圣陶为之易名《文论要诠》,此版增改了部分条目,书末新附张涤华补注 30 条,但基本内容并无大的改变。1983 年,黑龙江人民出版社排印第三版,正式定名为《文论十笺》。《十笺》吸收了《要诠》所作的修正,将张注并入正文,同时又增改了数十条目。作为最终之修订本,《十笺》注释更为详明确切,故成为通行本。(见李婧:《论程千帆〈文论十笺〉在 20 世纪前后期出版中的变化》,《长治学院学报》2016 年第 4 期)

部史著是郭绍虞早年的《中国文学批评史》①，王运熙、顾易生主编的《中国文学批评史》②以及其后二人主编的《中国文学批评通史》系列之《清代文学批评史》③，蔡钟翔、黄保真、成复旺著的《中国文学理论史》④，张少康、刘三富著的《中国文学理论批评发展史》⑤。此外，钱钟书《谈艺录》⑥对"六经皆史"渊源的追溯，《管锥编》⑦对"史蕴史心"的论述，都从某种程度上确立了章学诚作为古代文论家的地位。仓修良、叶建华合著的《章学诚评传》⑧，从社会政治、哲学、史学、方志学、校雠学、谱牒学、文学及教育等方面全方位、多角度地论述了章学诚的生平事迹与学术思想及理论成就，比较客观地评价了他的学术地位与影响。其中特辟"别具一格的文学理论"一章，重点分析了章学诚的文章明道经世的功用论，并对章学诚文论中"文德""文理""清真"几个重要概念做了较深入的阐释。台湾学者赖哲信《章实斋经世思想研究》⑨第五章"本史说文的文学论"从史学角度分析了章学诚文论在乾嘉时期特立独行的特色，认为"实斋文论是史论的翻版"，虽然在论述中有时过于拘泥史学，但对章学诚文论是史家文论的基本判定还是成立的。

近年来还有一些专门研究章学诚文论思想的硕士论文出现⑩，说明章学诚文论的研究主体逐步扩大。新近出版的唐爱明《章学诚文论思想及文学批评研究》⑪是以其博士论文为基础修改的，主要集中于章学诚古文理论以及对袁枚的批评，对章学诚所处的时代文化背景及其与相关文论思想的关系也有所论述。港台学者的研究比较注重从传统学术体系的史学立场立

---

① 作为批评史的典范，此书上册出版于 1934 年，包含章学诚文论思想的下册延至 1947 年才出版，但此册关于章学诚文论的主要观点，则早已以单篇文章的方式在杂志发表，而且现在看来都很深刻而中肯。百花文艺出版社于 1999 年重印此书。

② 上海古籍出版社 1985 年版。

③ 王运熙、顾易生主编，王镇远、邬国平著，上海古籍出版社 1995 年版。

④ 北京出版社 1987 年版。此书将章学诚的文学理论称为文章社会学，认为章学诚考察文学现象的方法是社会的、历史的，从文器观、流别论、文德论、古文辞义例说四个方面论述了章学诚的文学理论，理论思辨色彩较浓。

⑤ 北京大学出版社 1995 年版。

⑥ 中华书局 1979 年版。此书早在 1948 年就由上海开明书店印行了。后有修订。

⑦ 中华书局 1986 年版。

⑧ 南京大学出版社 1996 年版。

⑨ 台北花木兰出版社 2010 年版。

⑩ 如邓伟龙的《章学诚文论思想研究》，从古代文学、文论学术传统角度进行解读，对章学诚的文理论、文律论等做了一般史学式的勾勒。杜冉冉的《章学诚的文学思想》，主要是以现代文艺学理论框架来阐释。王庆的《中国古代历史文学理论——论刘知几与章学诚》，则以此二人的历史文学思想为主体来建构中国古代历史文学理论，主要理论框架是本质论、作家论、创作论、作品论、批评论五部分，遵循的也是现代文艺理论的逻辑体系。

⑪ 上海古籍出版社 2013 年版。

论,比如罗思美的硕士论文《章实斋文学理论研究》,以及王义良的专著《章实斋以史统文的文论研究》①等。以上粗略的介绍可以看出,我们对章学诚文论的传统文化深厚内涵以及对文学大义的深入发掘还有待加强,对实斋文论精义还要抉幽发微,以一种综合的、贯通的、全面的眼光来一体审视。同时也要注意,以现代审美主义文艺理论的框架来重构章学诚文学理论的研究,则难免有方枘圆凿、削足适履之嫌。当然,以上先贤后进的努力,以及一些不能一一列举的涉及章学诚文论思想的期刊论文②,也使得章学诚作为文论家的面貌逐渐清晰,并成为笔者继续研究的基石。

在二十世纪六十至七十年代,当大陆学术界的章学诚研究一度沉寂时,港台及外国学者的研究则成为章学诚学术研究的重镇,其凸显的是章学诚作为一个思想家的面貌。如余英时《论戴震与章学诚》③,通过与乾嘉汉学的理论代表戴震的比较,突出了章学诚以文史校雠而见道的学术思想方法。美国学者倪德卫《章学诚的生平及其思想》④,通过传记的方式论述了章学诚文与质、史与道等文学、史学思想和哲学观点。日本学者山口久和《章学诚的知识论——以考证学批判为中心》⑤则着力突出章学诚恢复学术认知中的主观契机的思想魅力,从而确立其在思想史上的地位。他们的著作也有一些内容涉及了章学诚的文学观点,但还有所欠缺。然而他们对章氏思想观点、学术方法与理论思考方式的深度阐释,对于我们深入认识章学诚的文论思想则有启示。尤其需要注意的是,近年来龚鹏程对章学诚《文史通义》的性质和著述宗旨提出了迥异于民国以来学界主流判断的新观点。龚鹏程指出:民国以来,实证史学、考史风气炽盛,只会考史而不重视写史,故一谈史学,就高谈史识、史料、史考等等,并以为实斋也是如此。实斋岂如是乎?他认为章学诚是一个文史学家,而不是现代学科领域的以史实考证为中心的史学家。"实斋所主张的文史学,恰好能揭露中国史学对历史写作活动思考之重点,所谓文史学或文史之通义,正是想处理文史分合的问题,构建一文学的史学或历史的文学理论体系。"⑥《文史通义》的主旨是讨论中国传统史学所侧重的文学书写问题,究其本质,章学诚是一个以史学文本为讨

---

① 高雄复文图书出版社 1995 年版。
② 具体篇目请参阅文后的参考文献。
③ 生活·读书·新知三联书店 2000 年版。
④ 倪德卫著,杨立华译:《章学诚的生平及其思想》,江苏人民出版社 2007 年版。
⑤ [日]山口久和著,王标译:《章学诚的知识论——以考证学批判为中心》,上海古籍出版社 2006 年版。
⑥ 龚鹏程《文学的历史学与历史的文学:文史通义——中国史学对历史写作活动的思考》,载龚鹏程编著《文史通义导读》第 209—332 页,佛光人文社会学院 2004 年出版。

论中心的文章学家。而不管刘知几还是章学诚,他们所探讨的史学都是广义上的文学书写活动,而不是现代意义上的史学家。龚氏所论虽有偏颇,但也从另一个角度印证了笔者将章学诚作为中国史学家文论代表的基本判断。还要指出的是,倪德卫在后来的文章中,补充论述了章学诚的文学思想,在《章学诚的哲学》一文中"更倾向于把他看作是具有很高哲学水平的文学评论家"①"在他所有的著作中,有种种迹象表明:他把文学表达的一般领域作为他自己的领域(倪德卫的意思是:在辞章、考订、义理三领域中,章学诚擅长的实际上是辞章。——译者)"。② 也肯定了章学诚作为一个文论学家的地位。

我们认为,中国古代比较有体系、有学理深度、有完整的文章形式、富有逻辑性和形而上哲学思考的文论著作除了"体大虑周"③的《文心雕龙》,另一个差可比肩的就是《文史通义》了④。章学诚的文论是建立在广义的史学基础上的对广义的文章之文的论述,是中国传统的杂文学或称大文学意义上的文论,在此意义上可以与《文心雕龙》相媲美。相对于有"龙学"之称的《文心雕龙》研究,同样具有深厚意蕴、作为文论著作的《文史通义》尽管也一直有不温不火的研究,但相对于其理论视域的广度和深度,现今的研究还远远不够,有关的探讨显然与其理论的价值意义也不相称。如前所述,已有的研究大部分仍然停留在对其文论进行历史的客观整理和分析的层面,对于这位自称"读古人文字,高明有余,沉潜不足……而神解精识,乃能窥及前人所未到处"⑤的理论家来说,用真正切合其学术特点的研究方法来阐释其文论思想及价值,显然是大有文章可做的。

章学诚的代表作是《文史通义》,它主要有两个版本系统,一个是大梁本,现在通行的是中华书局版的叶瑛《文史通义校注》⑥本,另一个是王宗炎所编的《章氏遗书》本。两个版本的内篇大致相同,外篇则大异。近年仓修良汇合二者,并从《章学诚遗书》中选取较重要的篇章编成一部内容更全面、

① [美]倪德卫著,万白安编,周炽成译:《儒家之道——中国哲学之探讨》,江苏人民出版社2006年版,第304页。

② [美]倪德卫著,万白安编,周炽成译:《儒家之道——中国哲学之探讨》,江苏人民出版社2006年版,第310页。

③ 章学诚在《诗话》篇中认为:"《文心》体大而虑周,《诗品》思深而意远。"章学诚著,叶瑛校注:《文史通义校注》,中华书局1994年版,第559页。

④ 著名的中国史学理论和《史通》研究专家许凌云先生认为:"现在看来,继《诗品》和《文心雕龙》之后,《文史通义》是唯一的一部可与之并驾齐驱而毫不逊色的文论著述。"(许凌云、王朝彬:《〈文史通义〉的著述宗旨》,《史学史研究》1990年第4期)

⑤ 《家书三》,仓修良:《文史通义新编新注》,第819页。

⑥ 章学诚著,叶瑛校注:《文史通义校注》,中华书局1994年版。

更能体现章学诚文史理论的《文史通义新编新注》①。此外对章学诚著述收录最全的是文物出版社的《章学诚遗书》②,此书是由史城在影印吴兴南浔刘承幹嘉业堂《章氏遗书》基础上又编入当时新发现的一些文章而成。此后学术界又发现了几篇漏收的书信等佚文③,但学术价值不大。本书即以此三者为基本资料④,通过对章学诚文论这个史家文论典型的剖析,来认识中国史家文论的特点。

第二节 章学诚文论的学术文化
背景及文学渊源

一个有抱负的学者必须能够直面其时代学术共同体的思考与关心,也就是要有"问题意识",才能预流;但仅仅如此是不够的,还要能够在时代的学术潮流中登高望远,及时反思,做出自己的选择:其一、或者是因开风气之先而捷足先登;其二、或者是以博大精深而登学术巅峰;其三、或者因是反潮流而特立独行。这样的选择意味着会有不同的境遇,赞美者固然有之,但更多的是,或者遭到批判,或者处于寂寞的境地。不幸的是章学诚选择了第三者,也正遭遇了后者之寂寞境地。但时过境迁,事过情迁,风气转变,生前的寂寞却换来了身后的荣光,章学诚在晚清近代的声名鹊起就是如此⑤。我们关心的是章学诚在其"当代"历史中所面临的学术问题以及他的思考。对于他的自我认知与学术选择,山口久和的独特心灵体验说和余英时的心理学分析,显示出独具特色的学术高度,而钱竞的扼要论述⑥,也使得具有学术史眼光的章学诚和作为杰出文学批评家的章学诚之形象,栩栩如生地展现在我们面前,以至于有人认为似乎"题无剩义"了。但大家之所以是大

① 章学诚著,仓修良编注:《文史通义新编新注》,浙江古籍出版社 2005 年版。
② 文物出版社 1985 年版。
③ 鲍永军从汪辉祖的著作中发现章学诚佚文四篇,见鲍永军:《章学诚佚文一篇》,《古籍整理研究学刊》2003 年第 2 期;《章学诚佚文三则》,《文献》2003 年第 2 期。尚有章学诚所修撰之方志遗漏,见周春生、胡倩:《〈章学诚遗书〉佚文补录》,《浙江社会科学》2005 年第 1 期。
④ 由于叶瑛校注《文史通义校注》本流行最广,学界比较熟悉,所以本书对章学诚著作的引用一般是按照叶瑛本、仓修良本、遗书本的顺序安排。
⑤ 此问题近年已经有学者开始论述,笔者也将对此进行进一步深入研究。此是后话,且待另文再论。
⑥ 钱竞、王飚:《中国 20 世纪文艺学学术史》第一部上编《乾嘉时期文艺学的格局》,上海文艺出版社 2001 年版。

家,就在于其理论思考的深度,使得后人常读常新。著名史学家白寿彝认为《文史通义》是他喜欢阅读的一部书,但又觉得确实不好读。他说:"《文史通义》是在史学史上占有重要地位的一部书……我喜欢阅读,是因为它有功力、有见识,提出来的问题耐人寻味。说它不好读,因为它涉及的学术领域相当广泛,它有多方面学术渊源的继承关系,还有作者所处时代之特定的政治环境和学术环境以及作者所特有的表达形式和语言。"①认为要读通这部书,须下功夫深入思考。因此,章学诚这样一位特立独行之士,是否亦有其学术渊源,形成其思想的原因有哪些? 时代的因素、地域文化的因素、传统学术的因素、个人的因素等等,是否都需要分析? 笔者神游于章学诚的精神世界,再次体会他所面临的知识世界,从文化、思想、文学背景与地域学术传承,即以史学为本的子史知识传统、乾嘉时代以经学考据为中心的实学学术思潮、浙东经史地域学术传统、唐宋以来依托新儒学(理学)而建构的古文知识传统和科举教育、八股时文写作等多视角多维度来考察章学诚的知识结构和理论思考,分析其文史学术体系建构中的思想观念与文学理论,同时也有意识借此反观审视乾嘉时代的学术文化思潮与思想观念,以期加深对清代中期文化、思想、文学观念的认识。

一　乾嘉时代打破道统、重建学统与文统的知识活动

在中国古代,边际模糊、意义广泛的文学从来都是文化的重要文本载体。因此,当文化思潮发生较大的变化时,文学观念亦面临一个重新审视的局面。比如玄学思潮下"文的自觉"与文学观念的自我厘定②,理学思潮下"纯"文学地位的下降,以及通过文道关系的自我调整而与理学观念相妥协所形成的以唐宋八大家为代表的唐宋古文文统③。那么在乾嘉汉学考据学术思潮下,文学观念又会有一些什么变化呢?

实际上,当今对乾嘉学术的研究已经初步勾勒出一个较新的学术面目,其主要观点就是乾嘉学术是一个打破道统、重建学统与文统的知识建构活动。刘墨的博士论文《乾嘉学术的知识谱系》以及其后的《乾嘉学术十论》④是从知识谱系建构角度对清代汉学以及同时期其他学者的学术理论体系建构全面梳

---

① 白寿彝:《〈文史通义校注〉书后》,《史学史研究》1988 年第 2 期。
② 参见罗宗强:《魏晋南北朝文学思想史》,中华书局 1996 年版。
③ 详参罗立刚:《史统·道统·文统——论唐宋时期文学观念的转变》,东方出版中心 2005 年版。
④ 生活·读书·新知三联书店 2006 年版。

理思考的较早著作。刘奕《清代中期经学家的文学思想》①是近年考察乾嘉考据学者文学思想的一部力作,王达敏的《姚鼐与乾嘉学派》②则是从乾嘉考据文化思潮以及姚鼐的应战角度研究桐城文派学术与文学的又一重要著作。而钱竞、王飚著的《中国 20 世纪文艺学学术史》第一部上编《乾嘉时期文艺学的格局》对乾嘉文艺学有比较全面而又概括的论述,尤其是以理论思考的新颖深刻而令人眼前一亮。可见从理论高度透视乾嘉学者琐碎的训诂考据的"义",确乎是有效的思路,这也是彰显章学诚学术魅力的一个有效视角。通过对章学诚《文史通义》文史之学中文学层面的思考与研究,从乾嘉考据思潮的视野来审视章学诚的文学思想及其地位是很有必要的。

乾嘉汉学思潮虽然早期打出回归汉学的口号,但其最终的价值标准与指向却是中国文化与文学的源头——轴心期的先秦时期,这是对中国固有学术的源头追溯,作为中国学术总结的乾嘉汉学乃返本开新之学,这才是其意义与价值所在,也是其学术的特点。乾嘉学者在恢复原始儒家孔子之道的旗帜下的求真努力,使得他们对儒学的各种知识做了前所未有的开发拓展,由此形成一股知识论的潮流,儒学也逐步由价值论向知识论转换,知识论述成为学术体的共识与时代问题,话语权逐步转移到考据汉学家手里。学者们各自从自己的兴趣与特长出发,选择固有的儒学资源建构自己的知识体系,对传统学问的各个方面做了新的阐释与重构。"学"的含义发生了深刻的变化,在宋儒那里,"学"是以修身为根本的道问学,在清儒那里,"学"则是客观的知识考证,一以求善为根本,一以求真为目标,"道"在其中也不知不觉地发生了意义的迁移与转换。在乾嘉汉学这股文化思潮的推动下,章学诚的文史学思考也采用了知识考古的方式,那就是通过对校雠学的源头——汉代刘向、刘歆父子辨章学术、考镜源流的学术理念与方法的重新发扬,上承班固《汉书·艺文志》、郑樵《通志》,并批判吸取刘知几《史通》、刘勰《文心雕龙》的文史之学,以大史学包揽一切学术,以史统为学统和文统,建立自己以史学为中心的文史校雠学术体系,实际是一种道器合一、形上形下贯通的历史文化学。只有弄清楚章学诚学术思想体系的实质,才能看清其中的文学特色。

戴震开乾嘉新义理观之始,其论心性情理欲知、特别是"德性资于学问"③的思想,对同样是以求道为最高学术追求的实斋影响深远,这便是重知性之知、闻见之知在闻道之中的作用。与此同时,章学诚也不忽视尊德性

---

①　上海古籍出版社 2012 年版。

②　王达敏:《姚鼐与乾嘉学派》,学苑出版社 2007 年版。

③　戴震:《孟子字义疏证》卷上,中华书局 1961 年版,第 15 页。

在道问学中的作用。但其尊德性是道问学意义下的尊德性，已经悄然褪去宋儒的天人合一之道德伦理信仰色彩，而多以知识论范畴的主观契机来论人的才、学、识，在此意义上重视别识心裁、独断之学。其论史德、文德也是如此，是从学术知识而非信仰层面来谈人的德性。宋儒将学问知识与信仰合而论之，清儒则将学术从中分离出来，章氏无疑也是此中人物之一。因此从乾嘉新义理学的角度来审视章学诚关于史德、文德、性情、人品与文品等文学理论范畴的新见解，也是本书深入探讨的新视角与重点问题。

　　乾嘉时期，不管是戴震等人的汉学考据，还是章学诚的史学理论建构与学术文化史梳理，又或姚鼐重新接续唐宋古文的文道合一（宋明新儒学与先秦两汉文章的结合）传统、并适当吸收考据以树立桐城学派的文学大旗，都是通过对传统知识谱系的重构而开展的一种新的学术体系建构活动，其中充满了或显或隐的辩论与学术竞争。由此，本书从清代乾嘉道统、学统与文统角度重点分析了章学诚与桐城派、戴震、袁枚等的争论。桐城派的最大特点是统合了程朱道统和韩欧文统，成为清代文论的中坚。章学诚生当桐城派兴盛之际，其以史统文、通论文史、立足史家立场的学术气度遂与桐城派在古文理论上产生了争论。学界对此尚未抉微阐幽，本书作了比较。对于章学诚与袁枚、汪中的争论，以前的研究主要从思想、个体性格的角度来探讨，还没有阐发其文学思想的不同以及论争背后的意义，本书亦有所论列。对于章学诚与戴震等汉学家的争论，本书着重挖掘其学术思想分歧基础上的文论之异同，并从汉学与宋学之争的角度来审视其意义。

二　传统"文史"之学与子学传统的恢复

　　章学诚曾明确表示自己的学术追求是"成一子之书"①。中国传统学术虽然在汉武帝采纳董仲舒"罢黜百家，独尊儒术"的建议后，儒家经学独领风骚，诸子百家争鸣的局面一去不返，但子学的传统若隐若现，尤其是在一些特立独行、逆时风流俗的学者那里还有一些保留，比如汉代的王充②、唐代的刘知几③、宋代

---

① 《家书三》，仓修良：《文史通义新编新注》，第819页。
② 王充有著名的《论衡》一书。
③ 刘知几的《史通》所论虽为史学，但也是子学传统下的产物，他曾说自己是继承刘安《淮南子》、扬雄《法言》、王充《论衡》、应劭《风俗通》、刘劭《人物志》、陆景《典语》、刘勰《文心雕龙》的传统而撰《史通》："若《史通》之为书也，盖伤当时载笔之士，其义不纯。思欲辨其指归，殚其体统。夫其书虽以史为主，而余波所及，上穷王道，下掞人伦，总括万殊，包吞千有。自《法言》已降，迄于《文心》而往，固以纳诸胸中。"见《史通·自述》，刘知几撰，浦起龙通释，吕思勉评，李永圻、张耕华导读整理：《史通》，上海古籍出版社2008年版，第206页。

的叶适①。章学诚无疑也是与流俗时风相左的人物,这几个人对章学诚的学术精神之形成都有不同程度的影响。刘知几自不必说,王充、叶适是浙江学者,为章学诚的乡先贤,地域文化的传承,加上性格和学术质性的接近,章学诚对他们的学术有天然的亲和力,尤其在内在的学术精神气质上。如前所言,在乾嘉时期的复古以开新学术思潮下,不仅正统的先秦儒家思想得到新的阐发,那些与正统有关系又有一些偏离的诸子思想,比如老子、庄子、荀子、墨子等也进入视野,已经初步呈现出子学复兴的萌芽。其中汪中是代表人物,他的诸子学思想集中保存在《述学》一书中,主要研究了墨学、荀学以及老学,这些研究打破了诸子思想,尤其是墨学和荀学长期以来不受重视的局面,使得诸子学重新回到了学术研究的范围内,越来越受到学者的重视。章学诚曾经严厉批评过汪中的《述学》②,戴震的理欲论思想受到荀子性论的影响已是学界所熟悉的了,章学诚为学受到戴震的刺激,又自诩为戴震学术知音③,凡此种种,都表明他们处在同一种学术文化风气之中。

更应该看到的是,在章学诚之前,对中国传统学术的论述多见于子史、"文史"著作,这些也都对章学诚的学术产生了或深或浅的影响。《庄子·天下》篇,可以说是最早的学术史系统论述。其中的观点,比如:"天下之治方术者多矣,皆以其有为不可加矣!""古之人其备乎! 配神明,醇天地,育万物,和天下,泽及百姓,明于本数,系于末度,六通四辟,小大精粗,其运无乎不在。其明而在数度者,旧法、世传之史尚多有之;其在于《诗》《书》《礼》《乐》者,邹鲁之士、缙绅先生多能明之。其数散于天下而设于中国者,百家之学时或称而道之。"庄子认为古代通人治学综合贯通,但不幸的是:"天下大乱,贤圣不明,道德不一。天下多得一察焉以自好。譬如耳目鼻口,皆有所明,不能相通。犹百家众技也,皆有所长,时有所用。虽然,不该不遍,一曲之士也。判天地之美,析万物之理,察古人之全。寡能备于天地之美,称神明之容。是故内圣外王之道,暗而不明,郁而不发,天下之人各为其所欲焉以自为方。悲夫! 百家往而不反,必不合矣! 后世之学者,不幸不见天地之纯,古人之大体。道术将为天下裂。"④这些思想都在章学诚的学术方法与思想观念上有所反映,比如他屡屡慨叹当世学术"道术将为天下裂",《质

---

① 叶适有《习学记言》一书。

② 比如章学诚曾经专门撰写《立言有本》和《〈述学〉驳文》来批评汪中的《述学》。章学诚与汪中的学术争论,学界论述已经比较充分,此不赘。

③ 章学诚曾经专门撰写《朱陆》及《书〈朱陆〉篇后》等文反复阐发戴震思想的本质,并隐然将自己看作戴震学术的知音。见《书〈朱陆〉篇后》,叶瑛:《文史通义校注》,第 275 页。本书第五章第二节对此有更多论述,可以参看。

④ 此节引文出陈鼓应注译:《庄子今注今译》,中华书局 1983 年版,第 855—856 页。

性》篇云："吾闻庄周之言曰,'内圣外王之学,暗而不明'也,'百家往而不反,道术将裂'也。"①《言公上》篇云："诸子之奋起,由于道术既裂,而各以聪明才力之所偏,每有得于大道之一端,而遂欲以之易天下。"②以及《言公中》篇云："呜呼! 世教之衰也,道不足而争于文,则言可得而私矣;实不充而争于名,则文可得而矜矣。言可得而私,文可得而矜,则争心起而道术裂矣。"③都是受庄子思想启发而做出的观察和批评。他又认为当代学者不能见古人之大体。比如《〈郑学斋记〉书后》篇云："大约学者于古……得古人大体而进窥天地之纯。"④认为当世的学术不能通方,所以提倡贯通,主张义理、考据、辞章三者综合,以见大道。并以此来批评"一曲之士"⑤,也明显看出庄子的影响。

《礼记·经解》篇载："孔子曰:'入其国,其教可知也。其为人也温柔敦厚,《诗》教也。疏通知远,《书》教也。广博易良,《乐》教也。洁静精微,《易》教也。恭俭庄敬,《礼》教也。属辞比事,《春秋》教也。故《诗》之失愚,《书》之失诬,《乐》之失奢,《易》之失贼,《礼》之失烦,《春秋》之失乱。其为人也温柔敦厚而不愚,则深于《诗》者也。疏通知远而不诬,则深于《书》者也。广博易良而不奢,则深于《乐》者也。洁静精微而不贼,则深于《易》者也。恭俭庄敬而不烦,则深于《礼》者也。属辞比事而不乱,则深于《春秋》者也。'"⑥这些对六经思想的扼要概述也成为章学诚写作《易教》《书教》《诗教》《礼教》篇的知识思想基础,并启发他进一步做出自己的创新。

后世一些著名的学术史类著述与文章,以"文史"或者子书的面目出现,比如:董仲舒《春秋繁露·玉杯》阐明汉初春秋学的特质,刘安《淮南子·要略》评论先秦各家学说,司马谈《论六家要旨》将先秦学术分为阴阳、儒、墨、名、法、道德六家,以黄老为主,批判其他。班固《汉书·艺文志》,是继承、删削了刘向、刘歆父子的《六艺略》而成。《隋书·经籍志》是继《汉书·艺文志》后,现存最早的史志目录,分经史子集四部,并仿《汉书·艺文志》的体例,附以总序、小序,扼要说明诸家学术源流及其演变。刘勰《文心雕龙》,杜佑《通典》,刘知几《史通》,郑樵《通志·校雠略》,马端临《文献通考》,黄

① 叶瑛:《文史通义校注》,第417—418页。
② 叶瑛:《文史通义校注》,第171页。
③ 叶瑛:《文史通义校注》,第182页。
④ 仓修良:《文史通义新编新注》,第581页。
⑤ 这些思想在本书第一章的道论和六艺一体相通论部分有详细论述。
⑥ 《礼记正义》,李学勤主编:《十三经注疏》,北京大学出版社1999年版,第1368页。

宗羲《宋元学案》《明儒学案》,朱彝尊《经义考》,《四库全书总目》等等都汇入了章学诚的学术思考中。特别是刘向、刘歆父子对学术源流的校雠分类对章学诚的影响、郑樵《通志·校雠略》对章学诚撰述《校雠通义》的直接示范、朱彝尊《经义考》对章学诚编撰《史籍考》的启发,更是为学界所熟知。

我们认为,《文史通义》实际上是一部以子书面貌出现的文史学论著,可以与桓谭《新论》、王充《论衡》、刘勰《文心雕龙》、刘知几《史通》等联系思考。此类思辨性著作在中国传统学术述而不作的环境下,长期不受推崇。只是到了近现代,西方理论思辨学术模式进入中国后才得到重视。正如胡适所指出的那样,在中国两千多年的历史中,能称得上理论著作的书屈指可数①,《论衡》《文心雕龙》《史通》《文史通义》应该是其中的几部,基本上属于子书的范围。他们在传统目录学中,被收入"文史"一目(见《新唐书·艺文志》),性质是关于杂家、史学评论与诗文评的著作,章学诚以《文史通义》命名自己的著作显然是借鉴了这种观念,但又有自己的思考,即以史学概括一切学术,文学自然也在其思考范围之内。在章学诚的《与陈观民工部论史学》一文后有邵晋涵的跋语,由"文史"二字入手,阐述了《文史通义》的著述宗旨:"邵氏晋涵曰:'文史字见东方朔及司马迁传,唐宋以还,乃以论文诸家,目为文史。章君自谓引义征例出于《春秋》,而又兼礼家之辨名正物,斯为《文史通义》之宗旨尔。盖古人虽有其名,未尝推究至于此也。此篇论通志义例,包今古史裁,其意盖谓韩欧之文,不可与论马班之史,判若天渊。论似新奇,然由其所辨,反复推求,义意未尝不平实也。昔人论刘勰知文不知史,刘知几知史不知文,必如此书,而文史可以各识职矣。'"②邵氏之说,基本上将《文史通义》的研究范围、主题以及书名的含义说清楚了。文史之学,文史不分家,《文心雕龙》以最具文章形式之美的文体形式——骈体来论文学,《史通》则以之论史学,并不无悖论地严辨文史之别,章学诚的《文史通义》则综合前二者、立足大史学通论学术与文史著作,三者都是文章学的著作,文之与史,如何完全分割?

---

① 胡适在《五十年来中国之文学》一文中高度评价章炳麟是清代学术史的押阵大将,认为:"他的《国故论衡》《检论》,都是古文学的上等作品。这五十年中著书的人没有一个像他那样精心结构的;不但这五十年,其实我们可以说这两千年终只有七八部精心结构,可以称作'著作'的书——如《文心雕龙》《史通》《文史通义》等——其余的只是结集,只是语录,只是稿本,但不是著作。章炳麟的《国故论衡》要算是这七八部之中的一部了。"(季羡林主编:《胡适全集》第二卷,安徽教育出版社2003年版,第297页)

② 《章学诚遗书》,第127页。

三　浙东经史文并重的地域文化底蕴

从浙东经史学派的角度来看,一般认为章学诚是清代浙东史学的殿军。章学诚的学术有一个逐渐向地域文化传统体认与回归的过程,其标志就是晚年定论《浙东学术》篇的写就。尽管章学诚所建构的浙东学派受到学术界的不断质疑,但有一个不能否定的事实就是通过对邵廷采学术的推崇,使得章学诚学术与浙东学术的联系有了实证论据。章学诚曾经充满敬意地说道:"祖父生平极重邵思复文,吾实景仰邵氏而愧未能及者也。盖马、班之史,韩、欧之文,程、朱之理,陆、王之学,萃合以成一子之书,自有宋欧、曾以还,未有若是之立言者也;而其名不出于乡党,祖父独深爱之。吾由是定所趋向,其讨论修饰,得之于朱先生,则后起之功也,而根底则出邵氏,亦庭训也。"①邵廷采虽然不是浙东学术中的第一流重要人物,但他是将章学诚与浙东学术传统连接在一起的纽带。尤其关键的是,邵廷采的这种学术综合的方法与学术气度也深深影响了章学诚,《文史通义》虽以文史命名,但实际上融经学、理学、史学、文学为一体,全面衡论中国传统学术。

吴光由此认为浙东学派是经史学派②,陈平原也认为经史文合一乃浙东学派的重要特征③。重视学术史的研究是黄宗羲史学的特点,章学诚也以辨章学术、考镜源流为其文史校雠之学的基本方法。以义理通研文史是章氏的学术方法论,因此通过对浙东经史学术史的研讨来深入分析章氏文论思想的渊源和特色,尤其是心学精神对其文论的影响,比如对《文史通义·质性》篇的真正意义,日本学者山口久和以"恢复学术认知中的主观契机"④来重新解读,并高度评价章氏的学术方法论意义,这同样也适用于对章学诚文论精华的阐释。《文史通义》者,合文史而通之,以何通? 义理也,即今之所谓哲学理论与方法,在章氏,即道也。《文史通义》或论理学,或言文辞,或纵谈古今学术,涉及面贯通文史哲,很好地诠释了他上述所言的为学宗旨。

章学诚平时的读书札记中对浙东史学人物比如全祖望等的史学也多有评论,都显示出浙东地域文化与当地学者之学术对其的深刻影响,而且有些

---

① 《家书三》,仓修良:《文史通义新编新注》,第819页。
② 参见其一系列论著,如《黄宗羲与清代浙东学派》,中国人民大学出版社2009年版。
③ 陈平原著《从文人之文到学者之文》在讲述全祖望时,认为经学、史才、词科三者兼长是全祖望的特长,同样的评价也适用于黄宗羲,"再说开去,这或许正是黄、全所从属的浙东学派的特点"。参见生活·读书·新知三联书店2004年版,第175页。
④ 见《章学诚的知识论——以考证学批判为中心》第五章的有关论述。

潜移默化的影响是随着地方教育传统、风土人情等悄悄进入的。章学诚与邵晋涵的友谊与论学①，也是证明其与浙东史学关系的一个例子。邵晋涵虽然受时代考据学风的影响，其学术多被时人看作具有汉学色彩，但也有史学的一面。《四库全书总目提要》史部的提要多出于邵晋涵之手，也有人也将邵晋涵与章学诚一起作为浙东史学的殿军。

浙东学术的史学传统对章学诚以史学为本建立其学术体系的影响自不用多说，而浙东陆王心学的主体性精神对章学诚的影响更应当注意。章学诚文论的概念范畴如文德、敬恕、史德、质性、文理等等，都是带有章学诚独特心灵色彩、内蕴深厚的理论创新，不能仅仅以传统的含义来草草对待。

四 唐宋古文文统、明清科举文章与章学诚的文学教育

唐代古文的兴起是儒学革新的伴生产物，二者是二而一的关系。虽然宋代道学家对韩愈提出批评，认为其是由学文才转到求道上来，但毕竟文章是需要技巧和典范的，所以到了南宋末年，道学与古文达成了合谋，从此确立了道统与文统的联合。义理宗程朱、文章学韩欧是正统士子的基本知识学养，古文也从而确立了正宗的地位。骈文的写作成为一股暗流，但由于其在国家典章制诰中的应用，因而也不绝如缕。尤其是明代八股取士所形成的制艺、制义之流行，使得骈文的技法也得以为士子所研习，这就为骈文的再度兴盛埋下了种子。到了清代汉学兴起，汉学家在重新确立学统、恢复被宋儒尤其是道学家所"变异"的周孔儒家之道时，被唐宋儒家、道学家所极力贬斥的魏晋骈文进入了他们的视野，小学学养的深厚也使得他们对讲究骈偶俪词的骈文辞赋情有独钟，并从历代所研习的《文选》中找到了骈体文章的典范，由此《文选》派高举选学以与唐宋古文派抗衡，章学诚的文学教育与写作修养也受到了二者的影响。

就文学渊源来说，章学诚本人不擅长诗赋写作，其跟朱筠学习的是古文辞写作，他曾回忆说："为文不可不知师承，无师承者，不能成家学也。仆尝学古文辞于朱先生，彼时识力，颇有参朱先生所未及者；然遣辞造句，傅色揣称，盖不啻其一步一趋，不敢稍越，纵使左、马复生，不以易吾范也。如是有年，乃悟行文之道，纵横驰骤，惟吾意之所之。"②章学诚所说的"古文辞"是指以史书纪传文字为主的文章写作。在《上朱大司马论文》中章学诚从史学

---

① 邵晋涵，是浙东史学的重要学者，为章学诚挚友，二人往复论学，《章学诚遗书》中有多篇章学诚写给他的书信，二人曾经相约编撰《宋史》，惜未成。

② 《与史余村论文》，仓修良：《文史通义新编新注》，第 688 页。

立场论述了这个问题。他说:"古人著述,必以史学为归。"①所谓"史学"不是"史考""史选""史纂""史评""史例"之类,而是以"《春秋》教"为核心的司马迁以来的纪传史学②,这才是古人著述的核心,也是古文辞的正统③。他认为"古文必推叙事,叙事实出史学,其源本于《春秋》'比事属辞',左、史、班、陈家学渊源"④,后世推崇韩愈,但是,"昌黎之于史学,实无所解"⑤,这是因为,从学术源流发展来看:"六艺之教,通于后世有三:《春秋》流为史学,官礼诸记流为诸子议论,《诗》教流为辞章辞命,其他《乐》亡而入于《诗》《礼》,《书》亡而入于《春秋》,《易》学亦入官礼,而诸子家言,源委自可考也。昌黎之文,本于官礼,而尤近于孟、荀,荀出《礼》教,而孟子尤长于《诗》,故昌黎善立言而又优于辞章,无伤其为山斗也,特不深于《春秋》,未优于史学耳。"⑥我们认为,唐宋古文主要有两个源头:一个是先秦诸子文章及其流变,另一个是以《左传》《史记》为代表的史书叙事。章学诚认为韩愈所继承的是《诗》《礼》传统而不是《春秋》史学传统,因而不善叙事,实际上是从一个侧面否定了以韩欧为旗帜的唐宋古文文统,也借此批评了桐城派古文。在这样的思考中,章学诚建立了自己的史学文统。长期的科举八股时文的练习与教学实践也使得他的文章不免留下时文的痕迹,在遣词造句等方面都有体现。对于科举文章,章学诚也没有一味否定,而是尽量以学问充实其内容,提高其境界,并吸取其长处,用于古文写作。章学诚认为古文时文从文理上来说,是相通的⑦。

当然,中国史学的学术传统与知识积累无疑是章学诚学术的最大知识来源,特别是以司马迁、班固为代表的撰修史书的史学家,以及以郑樵、刘知几为代表的以论史为主的史学家,以及刘向、刘歆父子的学术校雠理论,对章学诚的巨大影响,学术界论述已多,这里就不赘述了。

第三节　章学诚学术精神与其文论的特点

在研究章学诚的文论思想时,要从其整个学术思想体系入手审视,根据

---

① 《上朱大司马论文》,仓修良:《文史通义新编新注》,第767页。
② 详参后文"《春秋》教"一节的有关论述。
③ 详细论述请看后面"古文"一节。
④ 《上朱大司马论文》,仓修良:《文史通义新编新注》,第767页。
⑤ 《上朱大司马论文》,仓修良:《文史通义新编新注》,第767页。
⑥ 《上朱大司马论文》,仓修良:《文史通义新编新注》,第768页。
⑦ 详细论述请看后面"时文"一节。

其学术特点来研究其文学思想。毫无疑问,章学诚首先是以一个史学家的面目被时人与后世学者所认识的,但章学诚自己的学术实际是由"史学义例"和"校雠心法"两个互相依存的方面组成的,即文史校雠,《文史通义》和《校雠通义》就是章学诚在这两方面研究的具体成果。其中《校雠通义》明著述源流,《文史通义》明史学义例,最终则是要在"源流清""义例明"的基础上达到"明道"的目标,因此这两部著作也就构成了章学诚思想的完整体系。也就是说,他既是一个史学理论家,又是一个学术史家,更是文化史学家,而且是一个有着自己的哲学理论基础的学者,在这个意义上,我们也可以说他是一个思想家。① 这使得章学诚的文论有了自己的鲜明特色。

一　文史贵通义:文史体系、文化史学建构中的文学

要弄清章学诚文论的性质、本质,还要从其整个学术思想体系入手,而不是仅仅局限于某些字句。章学诚本欲仿郑樵《通志》体例而成《文史通义》一书,《校雠通义》本名《校雠略》,为《文史通义》外篇。由于其一生随时著述,各篇文字名称庞杂,并没有一个统一的体例,只是大体可以分类,后来托王宗炎编排也不是十分成功,所以就使得《文史通义》成了未定型的著作。但仔细分析,今本《文史通义》两个主要版本也无太大问题,作为章学诚论学核心文字的内篇基本相同,只是外篇不同。今人仓修良所编《文史通义新编新注》合两个版本外篇为一体,又增加一些比较重要的篇章,有了大的进步。鄙意以为,《校雠通义》实际是包含在其广义的《文史通义》中的,所以欲研究章学诚的以"文史通义"总名其学术的思想体系,就没有必要去选择依据哪个版本的《文史通义》,而是以其全部著作书信等留下的一切文字资料为研究对象,然后按照其晚年比较成熟的思想体系去建构一个具有精义的章学诚学术思想体系,在此基础上分辨他的学术之各个方面。

章氏既谓六经皆史,六经一体,亦即六艺一体是史,亦是文。由其校雠学的辨章学术、考镜源流之历史发展观,则后世一切著述都是史,亦都是文。其学术特表明要论述的是文史通义之"义",是史义,亦是文义,即史与文所"明"的"道"。所以,章学诚的《文史通义》有《原道》篇以立其学术之形上

① 从其早年的思想看,同样是以历史文化学家面目名世的钱穆,可以说是章学诚的忠实弟子,但对章学诚作为一个思想家,尤其是对其继往开来的思想创新深度的充分认识稍嫌不够,其弟子余英时在史料考辨的基础上,对章学诚的思想全貌作过这样一个描述:"章学诚是以'文史校雠之学'——也就是由厘清古今著作的源流,进而探文史的义例,最后则由文史以明'道',来对抗当时经学家所提倡的透过对六经进行文字训诂以明'道'之学。其目标则是要夺六经之'道'以归之于史。"见余英时:《论戴震与章学诚》,第160页。

根据与最高境界追求，又有《易教》等经解篇以明六经皆史、史学经世的学术主旨与目的，复有《浙东学术》篇明其学术统系与治学精神，《原学》《博约》等篇阐明学术方法，《言公》《史德》等篇表明其学术品格，《史释》《史注》《申郑》等论史学义例，《文理》《文集》等篇论文学义例，就现今之《文史通义》编排来看，思想体系已粗具规模。

从深层思维来说，《文史通义》的学术体系是：一贯（原道）：义（道）贯经史文，史该天下学术；一分为二（即器求道）：道器，形上形下，经而流于文史；三部分（学以求道、文以明道）：道、学、文，即义理、考据、辞章。他曾说："史学本于《春秋》，专家著述本于官礼，辞章泛应本于风《诗》，天下之文，尽于是矣。"①三者分别是叙事、议论、抒情之文，其贯通的学术宗旨使得他对三者都有论述，但核心是叙事之文。对于一个以史家自居、又通论文史的文化史学家，其文学观念是不同于一般辞章家、诗人的。对于文学辞章的态度，古代士人大约有三种观念：一是小道末技轻视取消派，这一般是站在经学正统立场上的学问家；二是极力肯定广大派，如袁枚等非正统派文人。此两派看似对立，但其基本的观点则有一共同点，就是严分辞章之文与经史著述之文。章学诚则与二者不同，属于第三种观念的折衷派。他以辨章学术、考镜源流的治学精神通论古今学术，认为辞章之学亦是三分天下有其一，且从大史学的史义、史事、史文来说，文辞亦史学三分天下之其一，所以其所论述的狭义文辞，即现代意义上的文学有两个互相关联的方面，一是诗词歌赋等的纯文学，二是作为表达的文辞，二者究其本源则都本于《诗教》。其所论述的广义上的文则是以史文为中心的经史子集之文。鉴于文史通论的学术规模和旨趣，谈章学诚的文论思想要着重从一般的人性、人情等心理角度进而切入文字写作与创作心理层面来阐述文史书写的普遍规律，如《质性》篇、《史德》篇等，并从中国古代文章写作、文学创作的"文心"层面来比较、定位章学诚的特色，再者是从文体、文辞等文法的角度来探讨章氏的修辞、篇章等艺术技巧。当然，另一个更重要的角度是从形上形下的层面来研究关于文的体用、道器、发展演变等问题。

因此，对于章学诚的文学思想要从其整个学术体系和主要思想观点切入，依据其学术精神采取贯通综合的研究方法。文史之学中的文学，非现代义，然亦与现代意义之文学关系密切。章学诚为什么会形成这样的文学思想、文学观念？其主要观点、理论本质是什么？有何现实意义与历史价值？这些问题都要深入地思考。

---

① 《立言有本》，仓修良：《文史通义新编新注》，第358页。

二　学术辨源流：学术史意义上的文学思考

章学诚的学问总体上是一种文化史学的研究，核心是以史学为本的学术史研究。但章学诚首先是以一个历史学家的面目出现的，这使得对其的研究主要局限于历史学界，而且主要限于形而下的历史编纂学层面，对作为文学史家的章学诚这一面重视不够。章学诚的文学研究是有自己鲜明的学术特色的，这就是辨章学术、考镜源流的学术史方法。在他的这个"探照灯"扫描下，中国传统学术的源流正变一目了然。正是有了这样贯通的历史眼光，文学的特点、源流及其发展方向才有了清晰的呈现，文学的形上形下追求、道技两途的离合之辨才更明白。由辨章学术、考镜源流的学术史视角，章学诚进而窥见中国文化的源流，发现了人类历史发生、进化的奥妙，由此形成其深刻的历史哲学思想，并以此来审视人类的文化创造，文学亦在这样宏通的视野下得以呈现出自己的庐山真面目，也明确了自己的历史与现实位置。

章学诚是一个终生以追求学术的贯通为特色的学问家。"通"是章学诚学术的精髓，包括两个层次：横通与纵通。横通：乾嘉时代的学术；纵通：史学理论的总结，浙东学术的殿军。其文学研究也要先从这两个方面来审视。其一，横通的眼光，横向之通论比较：道统、学统与文统。其二，纵贯的眼光、历史的眼光，寻求文学大义，对中国文学史、特别是中国散文史的审视与其古文观念。对比清代以桐城派为代表的唐宋古文传统，章学诚所提倡的是以《春秋》"属事比辞"、《史记》列传以人物为叙述重心为代表的史学叙事传统。若超越其某些现在看来不合当今观念价值的评判，从纯学术的角度，可以清晰地显现章学诚文学史论述和文体批评的深度。因为章学诚不是一般的目录学家，而是借校雠学而展开学术史研究的大历史学者。

总之，章学诚是一位站在史家立场又通论文史即中国传统学术的学者，他的带有鲜明史家色彩的文论是中国史家文论的代表。有研究者指出："他的以史为宗古文理论，特别鲜明地反映出史学家文论的特点。"①文学史研究本质上属于历史研究，所以史家运用自己的史学特长来研究文学的发生发展自有其长处，章学诚《诗教》篇的文学史论述就是一个很好的例子。罗根泽也在其《中国文学批评史》中精辟地指出史学家文论的最大特点和成就在于史学眼光和历史意识，使得"他们的文学史观，比一般的文学家与文学批评家，较有见解……纯粹的文学家及一部分文学批评家，其对于文学的观

---

① 邬国平、王镇远著：《清代文学批评史》，上海古籍出版社1995年版，第595页。

察,是'横剖面'的,只知有好坏的价值,不知有历史的因素,是静止的批判,不是变动的探讨。史学家历览古今,则是'纵剖面'的,由古今的不同,而知前后的转变"。但也有缺点,史学家的"文学观与文学方法虽宏通不颇,而平淡无奇"。① 史家强烈的历史意识与其文学学术流变观的深刻,以及对文学发展的认识,是一般文人难以企及的,这点确是现代局限于狭义文学观念的文学研究者容易忽视的一个领域。

第四节　历史诗学与文化诗学视域下的审视

当今的学术研究方法无疑要立足于当代文化背景与理论体系,其话语的当代性是无可置疑的。但历史是一条河流,不能割断。当代的研究方法也是历史上的研究方法与思维方式的继续,所以一种学术理论与研究方法的产生必然继承了历史的资源,是历史上传统学术研究方法的继承、创新、变化与发展。因此,我们用当代学术话语与理论来反观透视古代学人的研究,虽不免唐突古人,有以今衡古之嫌,但只要把握古今之变,厘清古今之同异,抱同情理解之态度,则古人之智慧思考还是可以心领神会、资为借鉴的,司马迁所言"好学深思,心知其意"是也。对于章学诚这样的汉学思潮中具有宋学思维类型的学人,我们当然可以以古释古,顺着章学诚的思想脉络阐释其思想的各个方面,但我们更应当用其贯通的学术精神与方法来发掘其闪光点,并根据现代的解释学理论,用现代文学理论加以重新建构,通过培育其文学与学术思想的某些萌芽形成一棵参天的学术大树,来深入认识中国文化与文学的民族特色,并为建设新的民族文化而提供借鉴。我们要采用传统注疏与现代阐释方法相结合的方式,以彰显《文史通义》作为学术史著作的学术深度与理论高度,同时使二者相得益彰,也彰显章学诚古今会通的学术精神。引入历史诗学与文化诗学的概念就是这样的努力②。

"历史诗学"是伴随着新历史主义的发展而形成的一种文史理论,由历史学界向文艺理论界延伸,并逐渐成为引人关注的学术领域。根据张进、邱运华等国内学者的研究,历史诗学研究"文学"与"历史"之间的"关联""关系"问题。包含两个大的方面:其一,"历史"成为"诗学"的研究对象,即关

① 以上引文见罗根泽著:《中国文学批评史》,上海书店出版社 2003 年版,第 390 页。
② 近来西方新历史主义与历史诗学的译介,使得比较视野下的章学诚文学理论研究得到诸多关注。比如秦兰珺、李玉平:《章学诚与海登·怀特文史观之比较》,《郑州航空管理学院学报》2006 年第 6 期。

于历史的"诗性"问题的理论,它涉及历史及"历史修撰"在本质上的转义性、文本性、创造性、虚构性、审美性以及意识形态性等;其二,指"以历史为学科参照和原则方法的诗学",它涉及文学在本质上的"历史性"以及史学及其方法原则对文学的制约。由此,"历史诗学"出现了两个主要的流派,一个以美国历史学家海登·怀特的新历史主义史学为代表,指称以文学及其本质为参照而建构的史学理论;另一个以俄罗斯维谢洛夫斯基、巴赫金等的历史诗学为代表,是以史学及历史原则方法为参照而构设的文学理论。①

近来在中国文艺界兴起的"文化诗学"概念则是对维谢洛夫斯基、巴赫金等的历史诗学的进一步升华,其理论与应用富有中国特色,吸取了传统文史哲不分的理论资源,并鉴于新时期审美诗学的狭隘,以及国外文化批评的泛审美、泛文学的弊端而兴起,是从文化、审美、文本三个层面来研究文学的综合创新理论。这样意义上的文化诗学是童庆炳、李春青等北京师范大学文艺学团体学人的基本观点,他们认为:"文化诗学既不是有着严密逻辑的理论体系,也不是一种有着严格规定的方法论。毋宁说文化诗学是一种大致的研究路向——凡是从文化的综合性、复杂性以及各文化门类与文化层次的关联性入手来考察文学艺术现象的研究,均可称之为文化诗学。"②以此为标准,文化诗学"在中国有着悠长的思想文化传统,只是没有很好地继承下来"③。比如"知人论世""六经皆史"等就是古代的文化诗学,现代以来,"刘师培、鲁迅、王瑶、李长之、罗宗强等人开创并坚持的研究实践就是一种中国式的'文化诗学'"④。二十世纪四十年代,侯外庐就认为,章学诚的主要成就是以"文化史学"为本质的史学思想,《文史通义》虽然表面上是通论文史,实际上"更近于文化史"著作,他的"史意"本质"略当文化发展史的理论"。⑤ 因此,我们借鉴"文化诗学"的理论来审视章学诚的文论是契合研究对象的。

运用"历史诗学"与"文化诗学"的理论之目的,就是打通文史,从更宽泛的角度看待中国文学,既不会轻易否定现代文学的概念,也要遵循历史优先的原则,承认古人的文学观念,才能逼近历史的真实。对章学诚文论从历

① 以上采纳了张进的有关论述,见其《新历史主义与历史诗学》,中国社会科学出版社2004年版。以及邱运华:《"历史诗学"的两套理路与文论研究中的历史意识问题》,《广东社会科学》2007年第3期。
② 李春青:《论文化诗学的基本特征与操作路径》,《江苏行政学院学报》2014年第3期。
③ 童庆炳、邹赞:《从"文化诗学"到"文化研究"——北京师范大学童庆炳教授访谈》,《社会科学家》2012年12月。
④ 李春青:《论文化诗学的基本特征与操作路径》,《江苏行政学院学报》2014年第3期。
⑤ 《侯外庐史学论文选集》(下),人民出版社1988年版,第231页。

史诗学与文化诗学的视角切入,将理论化作实实在在的研究,通过新的综合审视,章学诚文论的精神实质和独特价值在几个坐标上得到了重新评价,可以深化对史家文论和中国历史主义诗学的认识,丰富古代文论研究的层面,在审美诗学与伦理诗学外,以史家文论为代表的历史诗学的价值也得到了体现,是将近几年兴起的历史诗学与文化诗学研究运用到古代文论领域的又一次有益尝试。

第五节　方以智与圆而神并重的阐释策略

对章学诚学术的阐释主要有两种倾向:一种是所谓客观的实证的研究,这是主流;另一种是自称带有主观色彩的阐释研究,这是近年来研究的新动向。后者以日本的山口久和与国内的章益国走得最远。[1] 尽管前者也有不自觉的主观误读,比如现代学术史上胡适、梁启超等对"六经皆史"的史料论解说,以及侯外庐等的思想启蒙说等。就章学诚这样的主体意识特别强的学者来说,适当运用现代阐释学的方法对于深化与推进其学术研究是很有必要的,至少当前是如此。比如王晴佳的《章学诚之史观与现代解释学》[2]一文,认为章学诚对历史的解释,他的"六经皆史"论以及其独特的"道"论都与西方现代解释学有相通之处。周建刚的博士论文《章学诚的历史哲学与文本诠释思想》就发挥了山口久和的治学特点,围绕章学诚的"史义"论分析章学诚的历史哲学思想,通过突出作者主体性的"别识心裁"来分析章学诚对乾嘉汉学的批判,以此来研究章学诚的文本诠释思想特点。作者认为:"章学诚在清代思想史上是一个十分特殊的人物,一方面清代学术的主要成就在于经学,而章学诚的学术领域则是史学;另一方面清代学术主流的方法在于考辨字义和事实,以求还原经典的原始面貌,这一方法论的特征是'客观实证主义';而章学诚则注重'发挥'而轻视'征实',力求从文

---

[1]　近几年,青年学者章益国的一系列文章也凸显了这种特点:《史与诗——论中国传统史学的诗性》,《学术月刊》1999 年第 10 期;《〈文史通义〉"圆神方智"说发微》,《历史教学问题》2006 年第 6 期;《也谈章学诚的"言意"观》,《华东师范大学学报(哲学社会科学版)》2007 年第 4 期;《章学诚"史德"说新解》,《学术月刊》2007 年 12 期;《章学诚的"才智类型"论》,《史林》2007 年第 6 期;《中国传统史学批评中的"默会知识"观》,《郑州大学学报(哲学社会科学版)》2009 年第 1 期;《隐喻型的章学诚和转喻型的戴震》,《山东社会科学》2012 年第 1 期;《论章学诚的"史意"说》,《学术月刊》2015 年第 4 期。其共同的特点是突出了中国学术文史互补的特色,以及章学诚学术中的主体性灵与诗性智慧。

[2]　陈启能、倪为国主编:《书写历史》第一辑,上海三联书店 2003 年版。

本的语文脉络中解读其思想意义,在方法论上强调主观的'性灵'和文本的'言外之意'。①对于自称"刘言史法,吾言史意"②的章学诚来说,主体性是其学问得以形成的重要因素,也是其学问的特点。因此,根据章学诚学术的特点适当发挥阐释者的主体性灵也是可以的,正如山口久和所说:"就章学诚而言,他的思想并不局限于世上盛传的'六经皆史'说(历史相对主义)。相反,他的思想精髓中隐藏着可以把他者理解的方法论、文本论、语言哲学、存在论等人文科学的整体纳入理论射程之内的可能性。"③

　　然而,对此种学术理路的运用是要适可而止的,写过《章学诚的生平与思想》的倪德卫后来认识到自己以及同行的章学诚研究存在主观化的倾向:"常见的危险是:把更多的我们自己或者我们所熟识的更多的观念投射到我们的研究对象上,这种情形比我们知道的还要多……研究章学诚这样的人物,这种危险性就更大。"④他分析其中的原因有两点:"首先因为他的思想和想象力的复杂性是如此之大,以至于如果你愿意,几乎没有不能在他身上'看到'的东西;其次虽然从传统和参照系而不是从时间来看,他与现代世界相距很远,但是,他在其自身传统中的原创性诱使我们(指西方人)从熟知的形象来看他,而从中国背景中这样看的合适性是有疑问的。"⑤对以往的研究方法有反思和纠偏,尤其是提醒我们要注意从中国固有文化的立场来研究章学诚,从其学术体系本身出发来思考其文论。

　　因此,笔者将秉持中道而行的原则,力求在这两种方法的融合中展现章学诚学术思想的魅力和文论思想的精华。用章学诚对传统术语的新解释来说,就是史料的记注奉行的是"方以智"的原则,而著述则追求"圆而神"的境界⑥,二者缺一不可。换一种说法,也就是先立乎其大,是在道问学思潮中的尊德性,又是在尊德性精神下的道问学,"求一贯于多学而识,而约礼于博文,是本末之兼该也"⑦,博约结合⑧,本末兼该。具体的学术路径就是:

---

① 苏州大学 2008 年博士毕业论文。
② 《家书二》,仓修良:《文史通义新编新注》,第 817 页。
③ 见山口久和著、王标译《章学诚的知识论》自序第 2 页。
④ 倪德卫:《儒家之道——中国哲学之探讨》,第 305 页。
⑤ 倪德卫:《儒家之道——中国哲学之探讨》,第 305 页。
⑥ 章学诚认为:"《易》曰:'著之德圆而神,卦之德方以智。'间尝窃取其义,以概古今之载籍。撰述欲其圆而神,记注欲其方以智也。"就史书来说,有"圆而神"与"方以智"两种类型:"《尚书》《春秋》,皆圣人之典也。《尚书》无定法,而《春秋》有成例……然圆神方智,自有载籍以还,二者不偏废也……史氏继《春秋》而有作,莫如马、班,马则近于圆而神,班则近于方以智也。"见《书教下》,叶瑛《文史通义校注》,第 49 页。
⑦ 《朱陆》,叶瑛:《文史通义校注》,第 263 页。
⑧ 具体的说法见《博约》上、中、下三篇。本书第一章第一节也有阐释。

"学必求其心得,业必贵于专精,类必要于扩充,道必抵于全量,性情喻于忧喜愤乐,理势达于穷变通久,博而不杂,约而不漏,庶几学术醇固,而于守先待后之道,如或将见之矣。"①最高的学术境界则是统合朱陆,以陆学性灵达到朱学的高深学问境界。章学诚心中一直将朱熹作为近世学术的最高典范,而对陆九渊的赞扬也是真诚的,他认为朱陆正是道问学与尊德性的典范,恰是人性中沉潜与高明两种类型的代表,也是学术博而能约、约而不陋的榜样。他说:"宋儒有朱、陆,千古不可合之同异,亦千古不可无之同异也。"②章学诚的最高理想则是和会朱陆。③

对于人们将其比作"当世之刘子玄"(指著有史学名作《史通》的刘知几),章学诚认为刘言的是史法,他自己重视的是史意,论学重"意""义"是章学诚学术的鲜明特点。但由于实斋论学之语的学究气,借用经典与宋学话语来阐发自己的新思想,这种"陈腐"的包装几乎遮蔽了其思想的生动,也增加了后人理解的难度。运用现代阐释学理论,复活作为文论家的章学诚之鲜活形象,是我们责无旁贷的任务。《文史通义》一书是章氏对中国学术史上大量文献阅读后的理论总结,需仔细疏注解义方能真正读懂其意旨。其书之"义"是"看似寻常最奇崛,成如容易却艰辛"(王安石《题张司业诗》),意蕴深远。因此,对章学诚学术与文论的解读,除了上面提到的纵横两个角度解读外,还要遵循其贯通的学术精神,从其整个学术思想体系分析其文论思想的实质,这是内通,也就是要纵通、横通、内通三通结合。根据此原则,本书选择了《文史通义》中的重要篇章,提炼若干主要文论范畴与命题,分别撰成各个章节。

基于章氏《文史通义》是史家文论的总结这个基本论断,本书有意识地从史家文论的宏大背景来分析章学诚文论。第一、史家之文的含义。史家之文,多取古义,然亦随时代风气和文学发展实际而论文,故其论文有三个大小不同的范围:一为广义之文,二为史籍之文,三为当时文学家所谓文。第二、文、事、道的关系。道器合一、文以叙事、文以明道经世,乃史家之文的形而上思考与体用之辨。第三、文与质的问题。史书文辞与书写,史家叙事尚实,反对虚构,然亦重文辞的技法。第四、史德与文德。临文以敬、论古必

---

① 《博约下》,叶瑛:《文史通义校注》,第166页。
② 《朱陆》,叶瑛:《文史通义校注》,第262页。
③ 章学诚虽然在晚年将自己纳入以陆王心学尊德性为精神的浙东经史文并重的学术传统中,但又将浙东学术的源头追溯到朱熹,可见章学诚作为清代道问学主流文化学术思潮中的人物,其思想已经超越了简单的朱陆之争,而是在道问学基础上尊德性,和会朱陆于一体。具体论述见第一章第三节。

恕,秉笔直书,实录精神与主体性灵的结合,属于作家修养论的范畴。第五、文之用。史家论文重经世和实用,不为空言,属于文章功用论的范畴。由于章学诚在行文时也没有特别区分几种文的含义与范围,所以,除非特别需要具体指明与分别的论题,我们的论述采取大史学、大文学的视野。

总之,将章氏文论置于中国古代文论的历史传统中去加以审视,突出中国固有文论的民族特色,是本书对章学诚的史家文论研究的一个基本立足点;以现代文学理论即历史诗学和文化诗学作为参照系来研究章氏文论,挖掘其古今相通的交接点,是本书的重要特色和创新之处。司马相如说:"赋家之心,苞括宇宙,总览人物。"①我们认为,史家之心亦是如此,究天人,通古今,纂组史事,寻求史义,讲求笔法,考究文字。章学诚的文史学术以史领文,通贯四部,对其进行全面综合的研究不仅必要,也是对章学诚学术贯通精神的最好继承。

中国史学源远流长,史家文论内容广泛,笔者无意也不可能对其作全面研究,撰述本书的初衷是希望透过章学诚文论这一斑以窥全豹,以此审视中国传统史家文论的特色,虽是奢侈之想,但愿这管锥之见还能增加对中国古代文论的一些认识。还需要说明的是,由于章学诚的《文史通义》并不是严格意义上的、像刘勰《文心雕龙》那样的"体大虑精"的具有严密理论逻辑的专著,收在《文史通义》中的诸篇文章是章学诚在不同时期、不同问题语境下的学术思考,分别突出了某个主旨,其中必然有互相不一致的地方,也有许多理论空白,所以,尽管笔者努力以较有体系的方式撰成此书,但有些地方的论述也会未达圆融之地。同时,每个章节也是一篇独立的文章,其中不免突出某一点而忽略其他,而有些问题又会在不同的章节中互相牵扯,论述难免纠缠,故请读者诸君见谅,并互相参看。

---

① 出自葛洪的《西京杂记》卷二"相如答作赋"条:"司马相如为《上林》《子虚》赋,意思萧散,不复与外事相关,控引天地,错综古今,忽然如睡,焕然而兴,几百日而后成。其友人盛览,字长通,牂牁名士,尝问以作赋。相如曰:'合綦组以成文,列锦绣而为质,一经一纬,一宫一商,此赋之迹也。赋家之心,苞括宇宙,总览人物,斯乃得之于内,不可得而传。'览乃作《合组歌》《列锦赋》而退,终身不复敢言作赋之心矣。"此对赋家创作心理的描绘既生动,又深刻。特别是通过对赋之迹与赋家之心的对比,体现出"究天人"的著述者之宏大抱负与微妙心灵体验,与司马迁撰写《史记》有异曲同工之妙,诚为汉代文章之两典范也。见葛洪撰,周天游校注:《西京杂记校注》,中华书局 2020 年版,第 88 页。

第一章 六经皆史学,文史求通义
——章学诚的学术思想与文学观

对于章学诚的最著名观点——"六经皆史"的意蕴与本质,学术界众说纷纭[1],笔者以为,应将其理解为"六经皆史学"[2],更确切的说法是六经皆后世一切学术也即章学诚所谓的大史学所取法之经典文本。六经不仅是价值来源,也是学习借鉴的范本。所以,后世一切学术撰述,都要"约六经之旨,随时撰述以究大道"[3],这应当是比较符合章学诚本意的解释。毫无疑问,章学诚提出这种观点并没有将六经降低到与一般史书一样的地位,这从《易教》《书教》等以"教"来命名就可以看出。"教"者,立宗旨,明作用,示意义,宣义例,定精神,为价值源头,对后世有示范、指导意义也。其义广矣,大矣! 那么,六经皆史的"史"就更不会降低到与账本、小说、稗官野史等所

---

① 学界早年对后世影响比较大的各种观点及主要代表人物有:一、"六经皆史料"说,此说以胡适(《章实斋先生年谱》,《胡适文集》第七卷,北京大学出版社 1998 年版,第 144 页)、金毓黻(《中国史学史》,河北教育出版社 2002 年版,第 329 页)、仓修良(《史家·史籍·史学》,山东教育出版社 2004 年版,第 567 页)为代表。二、"史义"说,此说以周予同(《周予同经学史论著选》,上海人民出版社 2010 年版,第 494 页)、山口久和(《章学诚的知识学》,第 81 页)为代表。论"六经皆史"说的地位,或谓实斋尊史抑经,开时代之风气(侯外庐《中国思想通史》第五卷,人民出版社 2004 年版,第 509 页),或云此说拾人牙慧,了无新意(汪荣祖《史学九章》,三联书店 2006 年版,第 235 页)。

② 参张万红《"六经皆史"辨正》(《广西社会科学》2011 年第 5 期)对有关说法的概述以及其他有关文章。其基本的论点都是对于现代学人基于文史分别、史学独立于经学等现代反封建思想对章学诚思想的"误读"的批评与纠偏,力图还原在章学诚那个时代的文化学术语境下的本义。现在看来比较中肯的解释,还是岛田虔次在《历史的理性批判——"六经皆史"说》中对此的分析,"六经皆史"作为章学诚的史学核心观点,指的是司马迁的"究天人之际,通古今之变,成一家之言",也就是六经皆史学。(岛田虔次著,邓红译:《中国思想史研究》,上海古籍出版社 2009 年版,第 356 页)

③ 岛田虔次在引用了章学诚的"夫道备于六经,义蕴之匿于前者,章句训诂足以发明之,事变之出于后者,六经不能言,固贵约六经之旨,而随时撰述以究大道也"这句话后指出:"我认为这一段引文是了解章学诚全部思想的关键。"(《历史的理性批判——"六经皆史"说》,岛田虔次著,邓红译:《中国思想史研究》,第 347 页)笔者也在本书的多个地方重点论述了这个观点。

谓史料相等同的层次①。当然,六经皆史说毕竟通过将六经从文化文字记载的源头还原为史学从而提高了史学的地位。正是通过对六经意蕴的解读,章学诚建立了其大史学的文史学体系,认为史学通过道器合一的方式记录当代典章,通过某种程度上恢复道教合一的传统,从而明道经世,讽喻达意。史学合经学、理学、文学为一体,章学诚由此努力追溯理想的古典黄金时代——三代。

在"六经皆史"的纲领下,章学诚基于辨章学术、考镜源流的治学精神,进一步阐述了子从经出、集乃经史子之流变等学术思想,将经史子集四部统统纳入大史学的学术统系中。对于文学,则从"文"的本体意义(六经皆文②)与工具论(文辞)意义上建立其文论观念。但在现实中,史文毕竟不能概括章学诚所轻视的文人之文、辞章之文。因此以史学引领文学,以史义贯通文义,为辞章之文寻求大义,文史求通义,是章学诚文学理论的一个重要特点。诚如有的学者所论,"《文史通义》系从文化史、学术思想史的源流演变过程中,辨明史学文学代表作品的著述体例,编撰原则,品评诸家高下,以期会通古今,创发新的整合形态的研究成果",意即"会通文史的深层义理",或"文史学的批评原理"。③

章学诚论学追求大义,道是其学术经世的理论基础,贯通是其学术的基本特色,而发扬自我的主体性是其学术成家的根本,《文史通义》之《原道》《易教》《浙东学术》等这几篇文字是章学诚论学的核心篇章,也是章学诚文论思想的理论基础。本章即以对此诸篇的解读为中心,并将与之有关的篇章内容也纳入其中,深入阐发章学诚学术思想的精意,并就《文史通义》有无《春秋教》的问题加以新的解释,深刻理解《文史通义》的主题,由此审视章学诚独特的史家文学观及其对文学大义的深刻阐发。另外,本章所论述的主要观点和精神也贯穿于后面各章所论述的各种具体问题中。

---

① 钱穆曾说:"这个'史'字,我们近代学者如梁任公,如胡适之,都看错了……梁任公曾说:卖猪肉铺柜上的账簿也可作史料,用来研究当时的社会经济其他情况。这岂是章实斋立说之原意?"(钱穆:《中国史学名著》,生活·读书·新知三联书店 2000 年版,第 304 页)
② "六经皆文"的思想与说法不是新鲜的见解,袁枚早就有此观点,钱钟书先生的学术基础就是建立于"六经皆文"的观念上的。可参见龚刚《论钱钟书对"六经皆史""六经皆文"说的传承发展》,《中华文论丛》2014 年第 3 期。近来傅道彬又对此作了深入阐发,见其《"六经皆文"与周代经典文本的诗学解读》,《文学遗产》2010 年第 5 期,以及专著《诗可以观——礼乐文化与周代诗学精神》,中华书局 2010 年版。
③ 朱敬武:《章学诚的历史文化哲学》,台北文津出版社 1996 年版,第 110 页。

第一节　章学诚的学术追求与治学之道

章学诚"六经皆史"观点的提出,其迥异于时风的治学方法的形成,都与他的"道"的观念有关①。《文史通义·原道》篇对"道"的新阐释,是他构筑自己文史理论大厦的基础。道器一体、即器明道是其六经皆史论的逻辑基础,也是史学经世的根本。并与当时持"经学即理学"、由训诂以明道的乾嘉汉学相抗衡。闻道是一切学术的宗旨,也成为他学术追求的最高目标②,并由此论述了求道之方法及途径等,初步奠定了其学术理论大厦的根基与框架。诚如章学诚的好友兼学术知音邵晋涵所言:"此乃明其《通义》所著一切,创言别论,皆出自然,无矫强耳。语虽浑成,意多精湛,未可议也。"③本节将结合《文史通义》的《原学》《博约》等篇深入论述这个问题④。

一　闻道为立言之本

孔子曰"志于道,据于德,依于仁,游于艺"⑤,求道是儒者的第一人生追求。自宋明以来,程朱理学一系重在道问学一面,陆王心学一系则首重尊德性。清初儒者有惩于明末阳明心学末流之空疏误国,提倡实学,道问学的传统受到重视,顾炎武的"经学即理学"的观点对清代学术思潮的发展方向影响巨大。由道问学的传统,清代学者重新考订"六经"之旨,倡"汉学"而斥"宋学",谓宋儒是"枵腹空谈性天",其悬空之理于世无补。然而,变相的道

① 余英时论章学诚"六经皆史"论与"道"的关系时认为,实斋"六经皆史"之论是和他对"道"的新观念分不开的。法国的戴密微谓实斋之"道"即存乎具体的历史实际中,倪文孙(即倪德卫)亦言实斋所谓"道"是人性中企求文明生活的一种基本潜能,而在历史中逐渐展现者。总之,实斋的"道"具有历史的性质,是在不断发展中的。正因如此,实斋看重当前的现实过于以往的陈迹,主通今而不尚泥古。(参余英时:《论戴震与章学诚》,生活·读书·新知三联书店2000年版,第55页)

② 王晴佳认为:章学诚所谓的"大道",即是不断变动、发展的历史本身。更确切一点说,是蕴涵在历史之中的一种形而上的、超验的精神或理念。如果想窥其涯涘,必须通过文史的研究……章学诚把对经典的解释与认识,等同于一种历史的研究……章学诚的历史研究,就变成了一种寻求文史之中的"通义"的研究。这里的"通义",与他所阐述的"道",应该是同义的。见王晴佳的《章学诚之史观与现代解释学》一文,陈启能、倪为国主编《书写历史》第一辑,上海三联书店2003年版,第214—215页。

③ 叶瑛:《文史通义校注》,第140页。

④ 还包括与之密切相关的《与陈鉴亭论学》《答沈枫墀论学》等几篇重要论学书信,一并酌情论述。

⑤ 《论语·述而》,杨伯峻译注《论语译注》,中华书局1980年版,第67页。

统意识,依然存在于号称"实事求是"的乾嘉学者的心中。闻道无疑也是乾嘉士人的最高人生追求,也是学术的最高目标和价值所在。在当时,章学诚从事文史校雠,为学之道与汉学的训诂考证不同,为阐明其治学理论与方法的合理性,明道也是其所悬之鹄。

在章学诚文史理论体系的形成过程中,对"道"的认识、对闻"道"方法的探求,一直是核心内容。他自青少年时代就对史学情有独钟,自言"吾于史学,盖有天授。自信发凡起例,多为后世开山"①。然而,当时学术界正是经学训诂最盛之时。章氏生性不善考索,而喜义理之探究,他在《家书三》中说道:"吾读古人文字,高明有余,沈潜不足,故于训诂考质,多所忽略,而神解精识,乃能窥及前人所未到处。"②然若不循汉学家由训诂考据以通经明道之途,则对义理之探究将有陷入宋学末流空谈境界之危险。章氏经过十余年思考探索,才初步确立由文史校雠以明道的学术路数。他在《上辛楣宫詹书》一信中说:"学诚从事于文史校雠,盖将有所发明。然辩论之间,颇乖时人好恶……惟世俗风尚,必有所偏。达人显贵之所主持,聪明才隽之所奔赴,其中流弊必不在小。载笔之士不思救挽,无为贵著述矣! 苟欲有所救挽,则必逆于时趋。"③他酝酿出一套较有系统的文史理论,其基本方法是通过文献整理即文史校雠来辨章学术、考镜源流,今本《校雠通义》的第一篇《原道》起初名为《著录先明大道论》,可见章学诚为学之初就将求"道"高悬为目标和根本。但他早年的治学是以校雠之学为重点,即通过刘向、刘歆的校雠方法来考辨文史之学的源流,进而探求文史的义例,最后由"文史"以"明道"。据胡适、钱穆的考证,今本《文史通义·内篇》中的重要理论都是1783 年以后才逐渐发展出来的,重要篇章都成于此时。他于 1783 年撰成《诗教》《言公》后,曾在给友人的信中说己作"其言实有开凿鸿蒙之功,立言家于是必将有取……足下不可不与闻也。或令人钞去,置之座右,较之《史例》《校雠》诸篇,似有进矣。"④可见他对《文史通义》的评价高于《校雠通义》。十八世纪八十年代是章氏学术思想发展的关键时期,钱穆认为"实斋重要思想,大部均于此时成熟"⑤,并指出 1789 年所作篇章"实为《文史通义》之中心文字,为研究实斋学术者最须玩诵之诸篇。"⑥章学诚在《朱陆》篇

---

① 《家书二》,仓修良:《文史通义新编新注》,第 817 页。
② 《家书三》,仓修良:《文史通义新编新注》,第 819 页。
③ 《上辛楣宫詹书》,仓修良:《文史通义新编新注》,第 657 页。
④ 《再答周筤谷论课蒙书》,仓修良:《文史通义新编新注》,第 734 页。
⑤ 钱穆:《中国近三百年学术史》,商务印书馆 1997 年版,第 467 页。
⑥ 钱穆:《中国近三百年学术史》,第 467 页。

中说:"天人性命之理,经传备矣。经传非一人之言,而宗旨未尝不一者,其理著于事物,而不托于空言也。"①其《浙东学术》篇又云:"天人性命之学,不可以空言讲也。故司马迁本董氏天人性命之说,而为经世之书。"②可见"性命"即指"道"而言,所谓"性命之文,尽于《通义》一书"③。在1779年的《姑孰夏课甲编小引》中,他说:"余仅能议文史耳,非知道者也。然议文史而自拒文史于道外,则文史亦不成其为文史矣。因推原道术,为书得十三篇,以为文史缘起,亦见儒之流于文史,儒者自误以谓有道在文史外耳。"④此话之深层含义是由"文史"之学亦可见"道",与他此前所说的"性命之文,尽于《通义》一书"正可互相印证。这说明在章学诚的学术理论与为学途径之形成中,"闻道"实具有指导意义,是他与其时举世所尚的经学训诂、汉学考据之学风相抗衡的理论武器。

他认为学者"学于道也"⑤,又说:"欲进于学,必先求端于道。"⑥他最重要的两部著作,《文史通义》和《校雠通义》,都有题名《原道》的专文,以阐明"道"之重要性,并赋予"道"以新的含义,以其作为"立言之本"。在《文史通义》的《原道》上、中、下三篇中,章学诚提出了一系列富有思想创见的重要学术观点。诚如其族子章廷枫所言:"是篇题目,虽似迂阔,而意义实多创辟。如云道始三人居室,而君师政教,皆出乎天;贤智学于圣人,圣人学于百姓;集大成者,为周公而非孔子,学者不可妄分周孔;学孔子者,不当先以垂教万世为心;孔子之大,学周礼一言,可以蔽其全体。皆乍闻至奇,深思至确,《通义》以前,从未经人道过,岂得谓陈腐耶?"⑦章学诚自己也认为"此实古今学术之要旨,而前人于此,言议或有未尽也。"⑧又比如"六经皆器"的理论,这些说法"皆妄自诩谓开凿鸿蒙,前人从未言至此也"⑨。这些独创的重要思想,正是章学诚建立其学术体系和方法的理论根据。叶瑛认为"此三篇实为全书总汇"⑩,钱穆也认为《原道》三篇乃"实斋

①　叶瑛:《文史通义校注》,第262页。
②　叶瑛:《文史通义校注》,第523页。
③　《跋戊申(1788)秋课》,《章学诚遗书》卷二十九,文物出版社1985年版,第325页。
④　《章学诚遗书》,第325页。
⑤　《与朱少白论文》,仓修良《文史通义新编新注》,第769页。
⑥　《答沈枫墀论学》,仓修良《文史通义新编新注》,第712页。
⑦　叶瑛:《文史通义校注》,第141页。
⑧　《与陈鉴亭论学》,仓修良《文史通义新编新注》,第717页。
⑨　《与陈鉴亭论学》,仓修良《文史通义新编新注》,第717页。
⑩　叶瑛语,见其《文史通义校注》,第124页。

所持最精义理"①,"为实斋学说之总枢"②。

二 道不离器与六经皆史

章学诚认为:"道之大原出于天……天地生人,斯有道矣……三人居室,而道形矣……故道者,非圣人智力之所能为,皆其事势自然,渐形渐著,不得已而出之,故曰天也。"③道原出于天,后来显现于三人居室的人类社会,是人类社会形成后的一个必然、自然的过程,是一个不得不然之"势",亦非圣人智力之所能为。可见章学诚所谓道,是天道也是人道,是体现于人伦日用之间的人类社会的行为规则及其社会规律,是自然的也是必然的。因此欲求道,必须从人类生活这个器入手,因为道在器中,由此章学诚提出著名的"道不离器"的观点,后儒所谓六经也是即器明道的,本质上来说"六经皆器也"④。因为章学诚认为,从三人居室开始形成人类社会后,这一历史趋势不断前行,典章制度逐渐成熟,到西周初年达到高峰,周公制礼作乐,六艺之学(后世尊为六经)即器明道,是对当时已经显现的天人之道的总结,因此,章学诚认为集大成者乃周公而非孔子,因为圣人之经纶治化,乃出于道体之自然,所谓"周公集其成以行其道,孔子尽其道以明其教"⑤。周公为先圣,孔子为先师。"故欲知道者,必先知周、孔之所以为周、孔。"⑥这是章学诚的一个著名的也是引起很大争议的思想观点。

"道不离器"是"六经皆史"的立论根本,而关于"道之自然"与"不得不然"的论述是关键之点,章学诚说:"道有自然,圣人有不得不然……道无所为而自然,圣人有所见而不得不然也……众人无所见,则不知其然而然……不知其然而然,即道也……圣人求道,道无可见,即众人之不知其然而然,圣人所借以见道者也……学于圣人,斯为贤人。学于贤人,斯为君子。学于众人,斯为圣人。"⑦钱穆认为:"实斋论道之意,盖采诸东原而略变者……惟东原谓归于必然,适全其自然,必然乃自然之极致,而尽此必然者为圣人,圣人之遗言存于经,故六经乃道之所寄。实斋则圣人之不得不然乃所以合乎道,而非可即为道,自然变,则圣人之不得不然者亦将随而变,故时会不同,则所

---

① 钱穆:《中国近三百年学术史》,第 422 页。
② 钱穆:《中国近三百年学术史》,第 442 页。
③ 《原道上》,叶瑛:《文史通义校注》,第 119 页。
④ 《原道中》,叶瑛:《文史通义校注》,第 132 页。
⑤ 《原道上》,叶瑛:《文史通义校注》,第 122 页。
⑥ 《原道上》,叶瑛:《文史通义校注》,第 123 页。
⑦ 《原道上》,叶瑛:《文史通义校注》,第 120 页。

以为圣人者亦不同,故曰圣人学于众人。"①戴震(东原)认为训诂章句足以尽"道",因为"六经乃道之所寄"。章学诚(实斋)则认为道是在历史进程中不断展现出来的,此乃"天"也,故云"自有天地,而至唐、虞、夏、商,皆圣人而得天子之位,经纶治化,一出于道体之适然。周公成文、武之德,适当帝全王备,殷因夏监,至于无可复加之际,故得借为制作典章,而以周道集古圣之成,斯乃所谓集大成也"②。六经乃先王之政典,而周公集其大成,孔子"述而不作",其所整理者乃周公之旧典也。在《校雠通义》中,章学诚也强调"六艺非孔氏之书,乃《周官》之旧典也。《易》掌太卜,《书》藏外史,《礼》在宗伯,《乐》隶司乐,《诗》领于太师,《春秋》存乎国史。夫子自谓述而不作"③,所以说"六经皆先王之政典也","六经皆史也"④。章学诚又认为应"即器以求道",而"六经"既为先王之政典,乃器也,虽经孔子整理,亦只能见三代之"道"。所以,"道备于六经,义蕴之匿于前者,章句训诂足以发明之;事变之出于后者,六经不能言,固贵约六经之旨,而随时撰述以究大道也"⑤。章学诚在此实际是针对汉学家"经学即理学"的观点提出了"史学即理学"的观点,遂有"文史不在道外"之说。

章学诚论道主张不舍人伦日用,认为道在事物,而学者明道,在即事物而求其所以然,由于古今社会生活和人事在变,所以六经不足以尽之,故只有从历代之文史中求之。经学训诂充其量也不过只能得道之一半,从事文史校雠正可以得见道之全体。1796年,他初刻《文史通义》若干篇寄呈朱珪,于所附信函中说:"近刻数篇呈诲,题似说经,而文实论史,议者颇讥小子攻史而强说经,以为有意争衡,此不足辩也……且古人之于经史,何尝有彼疆此界,妄分孰轻孰重哉!小子不避狂简,妄谓史学不明,经师即伏、孔、贾、郑,只是得半之道。《通义》所争,但求古人大体,初不知有经史门户之见也。"⑥虽说是无意与经学争衡,然而,由于章氏认为"六经皆史","盈天下皆为史学",故可谓"不争之争",承认《通义》所争,但求古人大体",此"古人大体"四字语出《庄子·天下篇》⑦,章氏屡言学术要见"古人大体",也就是不可分的切于天道人事之大道。可见,章氏所争即在"道"之全体,其"六经皆史"论的深层义蕴亦在此。

---

① 钱穆:《中国近三百年学术史》,第422—423页。
② 《原道上》,叶瑛:《文史通义校注》,第121页。
③ 《校雠通义·原道第一》,叶瑛:《文史通义校注》,第951页。
④ 《易教上》,叶瑛:《文史通义校注》,第1页。
⑤ 《原道下》,叶瑛:《文史通义校注》,第139页。
⑥ 《上朱中堂世叔》,仓修良:《文史通义新编新注》,第759—760页。
⑦ 见导论部分所引原文。

由于重"道",故章学诚于史学特标"史意"与"史义",在心为意,发于文为义。史学家首先要有别识心裁的史意,所以他认为"郑樵有史识而未有史学,曾巩具史学而不具史法,刘知几得史法而不得史意,此予《文史通义》所为作也"①。《文史通义》中许多篇章,从不同角度来论述史意与史义,要求史家"作史贵知其意",并将史意问题看作是关系到"史氏之宗旨"的重要问题,认为:"古者史官各有成法,辞文旨远,存乎其人。孟子所谓其文则史,孔子以谓义则窃取,明乎史官法度不可易,而义意为圣人所独裁。然则良史善书,亦必有道矣。"②其《申郑》篇云:"孔子作《春秋》,盖曰其事则齐桓、晋文,其文则史,其义则孔子自谓有取乎尔。夫事即后世考据家之所尚也,文即后世词章家之所重也,然夫子所取,不在彼而在此。则史家著述之道,岂可不求义意所归乎?"③《言公上》说:"载笔之士,有志《春秋》之业,固将惟义之求,其事与文,所以借为存义之资也⋯⋯作史贵知其意,非同于掌故仅求事文之末也。"④《亳州志掌故例议下》说:"夫志者,志也。其事其文之外,盖有义焉。"⑤其所谓"史义",非一般人所能掌握的浅显的"义",而是指那些能反映历史运动发展趋势、能"推明大道""持世救偏"的历史理论和观点,也就是史学著作所体现的"道"。

三　求道之方与为学之道

章氏学术不限于史学,《文史通义》或论理学,或言文辞,或纵谈古今学术,涉及面贯通文史哲,如前所引,他自述为学宗旨是将马、班之史学,韩、欧之文章,程、朱之理学,陆、王之心学,萃合以成一子之书⑥。在《原道》篇完成后,章学诚于《与陈鉴亭论学》中说:"道无不该,治方术者各以所见为至⋯⋯《文史通义》,专为著作之林校雠得失。著作本乎学问⋯⋯其稍通方者,则分考订、义理、文辞为三家,而谓各有所长。不知此皆道中之一事耳。著述纷纷,出奴入主,正坐此也。鄙著《原道》之作,盖为三家之分畛域设也。"⑦因此,在《原道下》篇中,章学诚指出后儒但守一经,更不能得道之大体和真谛,至若"训诂章句,疏解义理,考求名物,皆不足以言道也",只有

---

① 《〈和州志·志隅〉自叙》,仓修良:《文史通义新编新注》,第887页。
② 《和州志前志列传序例上》,叶瑛:《文史通义校注》,第679页。
③ 叶瑛:《文史通义校注》,第464页。
④ 叶瑛:《文史通义校注》,第171—172页。
⑤ 叶瑛:《文史通义校注》,第817页。
⑥ 《家书三》,仓修良:《文史通义新编新注》,第819页。
⑦ 仓修良:《文史通义新编新注》,第717页。

"取三者而兼用之，则以萃聚之力，补遥溯之功，或可庶几耳"①。

《原学》《博约》诸篇，即本《原道》主旨而论学问之事，于为学之道提出了许多卓见。章学诚悬"闻道"为治学最高境界，故在为学旨趣上特重义理之探求，强调树"立言宗旨"的重要。他在《与邵二云论学》中说："夫子曰：'朝闻道，夕死可矣。'夫必朝闻而可夕死，甚言不闻道者为枉生也……足下于文，漫不留意，立言宗旨，未见有所发明，此非足下有疏于学，恐于闻道之日犹有待也。足下博综十倍于仆，用力之勤亦十倍于仆，而闻见之择执，博综之要领，尚未见其一言蔽而万绪该也。"②邵晋涵为章学诚学术上的挚友，然犹直言邵氏于"立言宗旨，未见有所发明"，一个重要原因就在于邵晋涵博而不约，不求闻道。所以由博返约，就成为章学诚强调的求道之方和为学之道了。他在给孙星衍的论学书中也谈了这个问题，他认为："天地之大可一言尽，学固贵博，守必欲约，人如孔子，不过学周礼一言，足以尽其生平……昔老聃以六经太泛，愿问其要，夫子答以要在仁义，说虽出诸子，然观《汉志》所叙诸家流别，未有无所主者。昔人谓博爱而情不专，愚谓必情专而始可与之言博，盖学问无穷，而人之聪明有尽，以有尽逐无穷，尧、舜之知不遍物也。"③孔子的学问一言以蔽之不过"学周礼一言"，这就是学问要由博返约。章学诚也很坦诚地指出了老友的问题："执事才长学富，胆大心雅，《问字堂集》未为全豹，然兼该甚广，未知尊旨所在，内而身心性命，外而天文地理，名物象数，诸子百家，三教九流，无不包罗，可谓博矣……尊著浩瀚如海，鄙人望洋而惊，然一蠡之测，觉海波似少归宿，敢望示我以尾闾也！"④此乃针对孙氏博览太杂太广而无宗旨，学无归宿而言。章氏认为治学的关键是"学在自立"⑤，"道欲通方，而业须专一"⑥。正确处理博与约的关系的准则是"学欲其博，守欲其约"⑦。基于此，他认为"博学强识，儒之所有事也。以谓自立之基，不在是矣"⑧，也就是说"学必求其心得，业必贵于专精"⑨。

因此，章氏特重"专家之学"，并严于"学问"与"功力"之分，谓纂类与著

---

①　叶瑛：《文史通义校注》，第138页。
②　仓修良：《文史通义新编新注》，第664—665页。
③　《与孙渊如观察论学十规》，仓修良：《文史通义新编新注》，第398—399页。
④　《与孙渊如观察论学十规》，仓修良：《文史通义新编新注》，第398—399页。
⑤　《博约上》，叶瑛：《文史通义校注》，第157页。
⑥　《博约下》，叶瑛：《文史通义校注》，第165页。
⑦　《又答沈枫墀》，仓修良：《文史通义新编新注》，第716页。
⑧　《博约中》，叶瑛：《文史通义校注》，第161页。
⑨　《博约下》，叶瑛：《文史通义校注》，第166页。

述有别。他自溯学术渊源于浙东之学,谓"浙东贵专家,浙西尚博雅"①。当时重经学训诂的汉学考据家们,虽是承顾炎武尚博雅的浙西一系,却不知考据训诂乃做学问必备之功力而非学问。章学诚在《博约中》中以王应麟为例,说:"王氏诸书,谓之纂辑可也,谓之著述,则不可也,谓之学者求知之功力可也,谓之成家之学术,则不可也。""指功力以谓学,是犹指秫黍以谓酒也。"②秫黍可以造酒,但本身还不是酒,功力可以达到学问,但功力本身并不是学问。与此相关,章氏又严分纂辑与著述,说"整辑排比,谓之史纂;参互搜讨,谓之史考,皆非史学"③。当时汉学家多仿王应麟、顾炎武等以札记的方式治学著述,章学诚认为:"为今学者计,札录之功必不可少……然存为功力,而不可以为著作。"④对于史书来说,资料长编和史考类的著述章学诚不认为是著作,只有那些深究天人之际,通贯古今之变,而能成一家之言的史书才能称得上是著作。

再者,章学诚以为闻道之方不止一途,故学者必循己之性情而确立己之为学方法。其《与朱沧湄中翰论学书》说:"文章学问,毋论偏全平奇,为所当然,而又知其所以然者,皆道也……学术无有大小,皆期于道……学术当然,皆下学之器也;中有所以然者,皆上达之道也。"⑤他认为学术有大小,但都应当由器以求道。"不问天质之所近,不求心性之所安,惟逐风气所趋而徇当世之所尚,勉强为之,固已不若人矣……考订主于学,辞章主于才,义理主于识,人当自辨其所长矣。"⑥不能跟风,不顾自己的天性而追求世俗的名誉,此意《博约下》篇论之甚深。

总之,道无不该,学归于闻道,考订、义理、文辞三家,皆道中之一事。学贵专门,又尚通识,先本性情,归极大道,而尤须切于人事,以救世偏,经世致用,庶几为学之旨可以达矣!章学诚通过《原道》篇重新诠释道在文史的观念,从道器合一的角度阐明史学明道的观点,认为六经皆器,六经皆史,所以从更全面和根本的角度说,史学所以明道,能得道之大全,而六经作为史的一部分,所记录之事乃那个时代的器之状况,只能明那个时代的道。通过道不离器、即器明道、六经为先圣先王载道之器的道器合一之论,章学诚也希望恢复六经所树立的经世精神,在六经皆史的意义上达到经史合一,本经学

① 《浙东学术》,叶瑛:《文史通义校注》,第523页。
② 《博约中》,叶瑛:《文史通义校注》,第161页。
③ 《浙东学术》自注,叶瑛:《文史通义校注》,第524页。
④ 《与林秀才》,仓修良:《文史通义新编新注》,第741页。
⑤ 《与朱沧湄中翰论学书》,仓修良:《文史通义新编新注》,第708—709页。
⑥ 《答沈枫墀论学》,仓修良:《文史通义新编新注》,第713页。

经世精神以论史,合义理、考据、辞章为一体,以史义、史事与史文三者合一的史学来明道经世。在这个意义上,我们可以说章学诚的六经皆史论有以史学取代经学的意思,但更根本的还是以史包经、以经导史、经史合一。也正是在此通贯的学术观念下,章学诚之文亦包经文、史文与辞章之文,但中心是史文。这既突出了其史学家的文论特色,又通于以经立论的唐宋古文传统,也与文人辞章之文有了联系,使得章学诚的文论有了参考借鉴价值。

人伦日用之道,礼也,典章制度也,既是人文之道,也是圣人之道,为学问之核心,贯通于《易教》等篇。所以《原道》与《易教》篇要互文对读,方能深刻领悟章学诚的思想本质与论学主旨。

第二节　章学诚的学术精神与文史之“通”义

在六经之中,章学诚特别看重《易》,今本《文史通义》首篇就是《易教》,其“六经皆史”的著名论断就是此篇的首句。这一方面源于传统的《易》为六经之首的观念,另一方面也在于章学诚以《易》“教”统摄其文史之学的理论思考。《文史通义》中贯通全书、带有指导意义、体现章学诚治学精神与学术灵魂的篇章有二:一是《易教》,二是《原道》。《原道》篇的主要理论也建立在《易》道之上。通过对《易》道的深入阐释,章学诚贯通六经,总论一切学术,建立了其六经皆史的大史学学术体系。有学者认为:“章学诚的《文史通义》不是论《易》之书,而是用《易》之书……章学诚以《易》哲学统帅学术思想……”[1]诚哉斯言!对于《易教》篇的主旨,学者大多从“六经皆史”论入手思考,对于其所体现的章学诚之学术精神,还有待于进一步阐发。

章学诚的学术精神有两点特别突出:一是贯通,二是经世致用。而这都与其对《易》道的深刻领悟与灵活运用有关。《易教中》开篇说:“孔仲达曰:‘夫《易》者,变化之总名,改换之殊称。’先儒之释《易》义,未有明通若孔氏者也。”[2]通过比较历代学者对“易”的释义,章学诚认为只有孔颖达的解释最通达明白,也最能体现“易”的精神。易学的“通”“变”思想转化成了《文史通义》论学重在贯通的学术精神。章学诚认为六经皆先王之政典,所以六经皆史,亦即六经皆礼;文由史出,故六经皆文;易象包六艺,故六经皆象。总之,六经皆器,皆为道之用。《周易》的另一个重要的思想就是道器一

---

① 李叔毅:《读章学诚和〈文史通义〉》,《信阳师范学院学报(哲社版)》1986 年第 2 期。

② 《易教中》,叶瑛:《文史通义校注》,第 11 页。

体,章学诚由此认识到,器随历史而变,道也是变动的。即器以明道,六经显现的是古代先王之道,应当贯通一体来认识,方可得古代道术之全;而后世欲明治道,则要本着六经一体的精神来随时撰述以究大道,方为史学明道经世之学术目的与精神之所在。本节以此思路通过论述章学诚的六艺一体相通论思想,揭示章学诚的学术精神。

一　六经皆礼,《礼》进于《易》

章学诚遵循其贯通的学术精神与方法来审视六经,首先得出的一个论断就是六经皆史,究其实则是六经皆礼。《易教》篇深入论述了六经皆史的观点,其根本论据在于"六经皆先王之政典",政典其实就是礼:"韩宣子之聘鲁也,观书于太史氏,得见《易》象、《春秋》,以为周礼在鲁。"①《礼教》篇则曰:"礼之所包广矣,官典其大纲也。"②这里强调礼包括的范围很广,大纲是官典,其实就是先王之政典,其流传后世并得到尊崇,遂成为六经,所以章学诚明确提出了六经皆礼的观点:"《易》为周礼,见于……《书》亦周礼也……《诗》亦周礼也……"③

此观点乍看突兀,但实际上是符合章学诚的学术逻辑的。比如《诗》与《礼》的关系,章学诚在另一文中分析说:"《诗》义贵于风雅,夫人而知之矣。不知《诗》固通于《礼》也。无论正《风》、正《雅》、三《颂》,俱与《周官》《仪礼》相为出入。即变《风》、变《雅》,风云草木之篇,怨刺诽讥之作,亦当知有礼意,然后体会诗情,自然所见高出于人。于是发为文辞,乃合温柔敦厚之教。"④《诗经》由风雅颂三部分组成,而不管正风正雅、变风变雅,其所载之事、所抒之情、所蕴之意都符合《礼》之义,符合温柔敦厚之诗教。《春秋》亦礼:"夫子学《易》而志《春秋》,所谓学周礼也。"⑤学易就是学周礼,夫子以《易》之精神来修《春秋》,也是学周礼。

针对传统的孔子修六经、乃集大成者的观点,我们前面已经提到,章学诚的观点是周公制礼作乐,是集大成者,孔子学习周公,但述而不作,"非孔子之圣,逊于周公也,时会使然也"⑥。在上古乃至后世,礼学的一个基本功用就是政治的表征,是用以经世治国的政典及其礼仪,上至朝廷礼仪,下至

---

① 《原道上》,叶瑛:《文史通义校注》,第 2 页。
② 《礼教》,仓修良:《文史通义新编新注》,第 69 页。
③ 《礼教》,仓修良:《文史通义新编新注》,第 72 页。
④ 《清漳书院留别条训三十三篇》,仓修良:《文史通义新编新注》,第 620—621 页。
⑤ 《易教中》,叶瑛:《文史通义校注》,第 12 页。
⑥ 《原道上》,叶瑛:《文史通义校注》,第 121 页。这是《原道》篇的一个根本观点,周、孔之别也成为章学诚的一个核心思想。

平民百姓,礼是中国社会的基本规则,这也是为古今学者都认可的礼乐文明古国的一个基本制度。对于如此重要的典章制度,章学诚认为只有合乎天时、并且有王者(周公曾代成王摄政)地位的周公才有制作之权,而孔子的重要则体现在他学习周公的这种精神、发扬圣人的学说来为天下服务。由此,章学诚依据《周易》"时"的观念提出不能拘于礼的具体仪式,而要发掘礼之精神,周公制礼作乐,孔子学周公就是学其制作礼乐制度之义:"或曰:'周公做官礼乎?'答曰:'周公何能做也!'鉴于夏、殷而折衷于时之所宜,盖有不得不然者也。夏、殷之鉴唐、虞,唐、虞之鉴羲、农、黄帝,亦若是也,亦各有其不得不然者也,故曰'道之大原出于天'也。孔子曰'吾学周礼',学于天也,非仅尊周制而私周公也。"①后世治礼学者也要学习周公孔子之精神,以《易》的精神来为当世乃至将来服务,主张治《礼》的学者要能"折中后世之制度,断以今之所宜,则经济人伦,皆从此出,其为知来,功莫大也"②。这是清代礼学重新兴起的背景下章学诚提出的一个重要思想。

他由此批评清人的礼学仅仅局限于"五端",即五个方面,精神不够广大,他指出:"近人致功于《三礼》,约有五端:溯源流也,明类例也,综名数也,考同异也,搜遗逸也。此皆学者应有之事,不可废也。然以此为极则,而不求古人之大体以自广其心,此宋人所讥为玩物丧志,不得谓宋人之苛也。"③清人在研究礼学时局限于考据之学,不能从礼学的精神出发来经世致用,是玩物丧志。章学诚又从辨别礼与仪的不同入手,纵论礼之时义。他说:"大《礼》与天地同节,惟建官立典,经纬天人,庶足称礼之实,容仪度数,不过一官之长,何足当之! 古人所谓仪也,非礼也。"④强调要从礼之义而不是形式(仪)上来深刻认识礼的重要意义和作用。

《汉书·艺文志》以《易》为六艺之原,乾嘉学人谓道在六经,六艺为一切学术之原。章学诚则进一步主张君子治学的最高目标是用《易》的精神求道,学以致用:"君子学以致用其道。道者,自然而已。见为卑者扩而高之,见为浅者凿而深之,见为小者恢而大之,皆不可为道也。王君果有见于《礼》之必进于《易》欤?"⑤他希望人们治《礼》学"必进于《易》",提醒当世礼学之士以《易》道之广大精神来指导自己的治学,礼学经世,学以致用,所以重视的还是礼学经世的这一面价值意义,也体现章学诚学术精神的通经致用一面。

————————

① 《礼教》,仓修良:《文史通义新编新注》,第69页。
② 《礼教》,仓修良:《文史通义新编新注》,第70页。
③ 《礼教》,仓修良:《文史通义新编新注》,第70页。
④ 《礼教》,仓修良:《文史通义新编新注》,第69页。
⑤ 《礼教》,仓修良:《文史通义新编新注》,第70页。

二　易象包六艺,六经皆象

"易者,象也。"(《系辞传下》)"象"是《周易》的重要组成部分,也是以此象征万事万物,表达义理的基本方式。作为中华元典的"六经",亦皆是讲"象"的。王夫之曾经说过:"乃盈天下而皆象矣。诗之比兴,书之政事,春秋之名分,礼之仪,乐之律,莫非象也。而易统会其理。"①六经皆象,易统其理,这已经隐含了易象通于六经的观点,在当时的历史条件下章学诚不大可能读到王夫之的这段论述,但他进一步提出了《易》象包六艺之说。首先,章学诚指出"象"含义很广泛:"象之所包广矣,非徒《易》而已,六艺莫不兼之;盖道体之将形而未显者也。"②他又具体分析了《诗》《书》《礼》《乐》《春秋》中的各种象:"雎鸠之好逑,樛木之于贞淑,甚而熊蛇之于男女,象之通于《诗》也。五行之征五事,箕毕之验雨风,甚而傅岩之入梦赉,象之通于《书》也。古官之纪云鸟,《周官》之法天地四时,以至龙翟章衣,熊虎志射,象之通于《礼》也。歌协阴阳,舞分文武,以至磬念封疆,鼓思将帅,象之通于《乐》也。笔削不废灾异,《左氏》遂广妖祥,象之通于《春秋》也。"③所谓象乃"道体之将形而未显者",《周易》通过象来表示易理——义理。根据这样的逻辑,六经也都是通过对世间万事万物的记录描绘来显示道,所以说六经皆象。

关于《易》象的问题,章学诚还进一步论述了其与《诗》的比兴之关系,他说:"《易》象虽包六艺,与《诗》之比兴,尤为表里。"④《易》象与《诗》之比兴能相通,主要是因为《易》象与《诗》之比兴都是借助客观事物,通过丰富的想象,传达深厚意旨,所以二者在寄寓意旨方面能相通。章学诚又从《诗教》篇所阐述的战国乃至后世诗文皆源出于《诗》教的观点论述了诸子百家之文深于比兴,也就是深于取象的特点:"夫《诗》之流别,盛于战国人文,所谓长于讽喻,不学《诗》,则无以言也。然战国之文,深于比兴,即其深于取象者也。《庄》《列》之寓言也,则触蛮可以立国,蕉鹿可以听讼。《离骚》之抒愤也,则帝阙可上九天,鬼情可察九地。他若纵横驰说之士,飞钳捭阖之流,徙蛇引虎之营谋,桃梗土偶之问答,愈出愈奇,不可思议。然而指迷从道,固有其功;饰奸售欺,亦受其毒。"⑤当然,诸子百家也因此或多或少往往背离

---

① 王夫之:《周易外传》卷 6,中华书局 1977 年版,第 213 页。
② 《易教下》,叶瑛:《文史通义校注》,第 18 页。
③ 《易教下》,叶瑛:《文史通义校注》,第 18 页。
④ 《易教下》,叶瑛:《文史通义校注》,第 19 页。
⑤ 《易教下》,叶瑛:《文史通义校注》,第 19 页。

了先王之教，因为："人心营构之象，有吉有凶；宜察天地自然之象，而衷之以理，此《易》教之所以范天下也。"①由此进一步阐述了易教之广大。

而且，章学诚还从通类的角度论述了易象与诗之兴、春秋之例、周官之礼的相通，他说："夫象欤，兴欤，例欤，官欤，风马牛不相及也，其辞可谓文矣，其理则不过曰通于类也。"②象与兴、例、官看似不相干，但它们的言辞错综有文，道理不过是贯通类别，所以能相通。不仅"《易》象通于《诗》之比兴"③，而且"《易》辞通于《春秋》之例"④。并做了具体的论说："严天泽之分则二多誉，四多惧焉。谨治乱之际，则阳君子，阴小人也。杜微渐之端，姤一阴，而已惕女壮。临二阳，而即虑八月焉。慎名器之假，五戒阴柔，三多危惕焉。至于四德尊，元而无异称，亨有小亨，利贞有小利贞，贞有贞吉贞凶，吉有元吉，悔有悔亡，咎有无咎，一字出入，谨严甚于《春秋》。盖圣人于天人之际，以谓甚可畏也。"⑤得出易辞"一字出入，谨严甚于《春秋》"的判断。《易》与《春秋》虽然记录的内容和方式有别："《易》以天道而切人事，《春秋》以人事而协天道，其义例之见于文辞，圣人有戒心焉。"⑥但都是通过严谨的文辞表达天人合一的大道，后世君子也要学习圣人的这种思想。总之，"君子之于六艺，一以贯之，斯可矣。物相杂而为之文，事得比而有其类。知事物名义之杂出而比处也，非文不足以达之，非类不足以通之；六艺之文，可以一言尽也"⑦。六经相通，君子治学要六艺并重，以类相通，以圣人之道一以贯之。

章学诚论史学有史义、史事、史文的"三义"之说，由此我们可以认为：史事即器，史文即象，史义即道。从六经皆象的角度看，六经皆文。所以，由"六经皆史"来说，是史以明道；从"六经皆文"来说，则是文以载道，而学术之要义则贵在通经致用。

三　易道统六经，六经皆器

根据周易的道器合一之说和一阴一阳之谓道的理论，章学诚反复强调，六经皆为明道之器，道为一而不可分，故六经一体，这也体现了他治学的贯通特点。

①　《易教下》，叶瑛：《文史通义校注》，第19页。
②　《易教下》，叶瑛：《文史通义校注》，第18页。
③　《易教下》，叶瑛：《文史通义校注》，第20页。
④　《易教下》，叶瑛：《文史通义校注》，第20页。
⑤　《易教下》，叶瑛：《文史通义校注》，第20页。
⑥　《易教下》，叶瑛：《文史通义校注》，第20页。
⑦　《易教下》，叶瑛：《文史通义校注》，第18页。

《原道中》篇对"道不离器"作了详细论述,并提出六经皆器的观点:"《易》曰:'形而上者谓之道,形而下者谓之器。'道不离器,犹影不离形。后世服夫子之教者自六经,以谓六经载道之书也,而不知六经皆器也。"①古代学在官府,六经分别由专门的官吏掌握,具体来说:"《易》之为书,所以开物成务,掌于春官太卜,则固有官守而列于掌故矣。《书》在外史,《诗》领大师,《礼》自宗伯,《乐》有司成,《春秋》各有国史。"②这些都是即器明道的典章制度,学者学习之后,就直接用于国家政教以及百姓人伦日用之常,可见,六艺皆为治世之典章,乃器,非即道也。后世则将六艺神化为六经,认为天地万物人类万世之道都在六经,即经求道,不知六经本为对天地社会人事的记录,是器,充其量只能见三代之道。所以章学诚提出以史学包含经学,即器明道。

"《易》与天地准,故能弥纶天地之道。"③从学术最高境界——求道的角度看,六经皆为了明道,或者说都是道体的体现,六经并治,贯而统之,方可得古代道体之全:"六艺并重,非可止守一经也;经旨闳深,非可限于隅曲也。而诸儒专攻一经之隅曲,必倍古人兼通六经之功能……未足窥古人之全体也。"④他批评世俗陋儒眼光狭窄,专攻一经,不通六经,是只见隅曲,不观通衢大道,不能充分全面认识圣人体悟出的天人合一之道。这也充分体现了章学诚治学贵在贯通的精神。

针对乾嘉学者道在六经,六经乃恒久之至道、不刊之鸿教,天不变、道亦不变的机械观点,章学诚反复阐明了道不离器,道在天下事物中的观点,并以孔子述六经的事例阐明了正确的治经治学方式:"夫子述六经以训后世,亦谓先圣先王之道不可见,六经即其器之可见者也。后人不见先王,当据可守之器而思不可见之道。故表章先王政教,与夫官司典守以示人,而不自著为说,以致离器言道也。夫子自述《春秋》之所以作,则云:'我欲托之空言,不如见诸行事之深切著明。'则政教典章、人伦日用之外,更无别出著述之道,亦已明矣。"⑤由此批评后儒的治学治经方式:"而儒家者流,守其六籍,以谓是特载道之书耳。"⑥道是随着器之变化而变化的,应该切近天下事物、人伦日用来言道求道,而不是一头钻进故纸堆。同样是去原道,章学诚阐明

①　《原道中》,叶瑛:《文史通义校注》,第132页。
②　《原道中》,叶瑛:《文史通义校注》,第132页。
③　《易教下》,叶瑛:《文史通义校注》,第18页。
④　《原道下》,叶瑛:《文史通义校注》,第138页。
⑤　《原道中》,叶瑛:《文史通义校注》,第132页。
⑥　《原道中》,叶瑛:《文史通义校注》,第132页。

的道是历史性与变动性的史之道，《原道》之道源于《易》道，即变动流转、生生不息的天地之道、人世之道。传统观点认为"易"有三义：简易、变易和不易。① 其中"变易"是"易"之精义。章学诚的道是变动的，"不特三王不相袭，三皇、五帝亦不相沿矣"②。随着器的发展而道本身不断演变，演化到周公时，已逐渐趋于完备，所以周公能集大成。孔子有德无位，无制作之权，不能集大成，只能学周公之道并加以发扬。后世儒者既然尊崇孔子，那么就不应该学孔子之不得已，而应该学习夫子即器以明道的精神。对此问题，章学诚在《与陈鉴亭论学》这封书信中做了深入阐述："孔子不得位而行道，述六经以垂教于万世，孔子之不得已也。后儒非处衰周不可为之世，辄谓师法孔子必当著述以垂后，岂有不得已者乎？何其蔑视同时之人而惓惓于后世邪！故学孔子者，当学孔子之所学，不当学孔子之不得已。然自孟子以后命为通儒者，率皆愿学孔子之不得已也。以孔子之不得已而误谓孔子之本志，则虚尊道德文章，别为一物，大而经纬世宙，细而日用伦常，视为粗迹矣。故知道器合一，方可言学。道器合一之故，必求端于周、孔之分，此实古今学术之要旨。"③由对周、孔之分的论述，章学诚一方面批评了徒尊宋学的朱学信徒："宋儒之学，自是三代以后讲求诚正治平正路，第其流弊，则于学问、文章、经济、事功之外，别见有所谓'道'耳。以'道'名学，而外轻经济事功，内轻学问文章，则守陋自是，枵腹空谈性天，无怪通儒耻言宋学矣。"④另一方面，对试图将经学绝对化的清朝考证学，章学诚也不认可，批评乾嘉考据学者钻到故纸堆中治学，"以《尔雅》名物，六书训故，谓足尽经世之大业"⑤，其弊端一是只知向后看，只能研究古代之道，二是不能联系当世之事即器来推究大道，学术因此缺乏现实意义。借此阐明了其道器合一、文史明道的学术宗旨，以及史学经世的学术精神。

道是不能空言的，要即器以明道。对于章学诚来说，就是撰修史书。可见，章学诚用易学之精神来治学为文，史学研究的虽是过去的历史，但其意义却是指向未来的。他用易理分析说："《易》曰：'神以知来，智以藏往。'知来，阳也。藏往，阴也。一阴一阳，道也。文章之用，或以述事，或以明理。事溯已往，阴也。理阐方来，阳也。其至焉者，则述事而理以昭焉，言理而事

---

① 孔颖达：《周易正义序》引《乾凿度》说，北京大学出版社1999年版。
② 《易教上》，叶瑛：《文史通义校注》，第1页。
③ 仓修良：《文史通义新编新注》，第717—718页。
④ 《家书五》，仓修良：《文史通义新编新注》，第819页。
⑤ 《与陈鉴亭论学》，仓修良：《文史通义新编新注》，第717页。

以范焉,则主适不偏,而文乃衷于道矣。"①章学诚的学术由此蕴含了某些可资阐发的思想因子,这也是章学诚的学术在近代受到变法求新之有识之士推崇的根本原因。②

《易教》上、中、下三篇恰恰是"文""史"之"通"义,除了论述六经皆史的观念之外,也论述了六经皆文的思想,为其文史学奠定理论基石。前两篇主论"史",后一篇主论"文",然文史相通,六经一体,俱为明道经世之器,由道器一体观,六经一体明道经世,后世亦可循此精神随时撰述以究大道。

章学诚的《文史通义》因为很好地吸取借鉴了《易》学的广大精神,从而具有了生生不息的学术魅力,时至今日,仍然吸引着一些学人不断从中阐发出精义,得到有益启示并指导着我们的学术研究。

第三节　章学诚学术的主体性特点

章学诚的学术和思想尽管已经得到了较多的关注,研究的角度和深度也颇为可观,但由于实斋致思方式以及思想表达的独特,仍然有许多节点需要疏通,其中实斋学思与象山心学的深层关系就是一个需要抉幽阐微的问题。学界此前多注意的是浙东史学中的王阳明心学精神与章学诚的关联,实则作为浙东学术源头之一的陆九渊心学与实斋学术精神更相契合。本节通过二者的比较,既可以发掘章学诚思想中的心学因素,又能借此凸显章学诚学术的主体性特点。

一　实斋自我学术定位与对浙东学术中陆学精神的提炼

先从实斋晚年的自我学术定位和学派归属谈起,这就是《浙东学术》一文的宗旨问题。关于实斋是否属于浙东学派,或者是否存在一个实斋所建构的浙东学派,近年来还有争论,这提示我们对于这个问题的思考应该换一个思路。不管是余英时还是山口久和,都特别强调章学诚因为要与戴震相抗衡,而重构浙东学统,并凸显陆王一系学统在浙东学统中的精神意义。余英时认为:"实斋撰《浙东学术》篇,从心理方面说,显然是要为自己在宋、明

---

① 《原道下》,叶瑛:《文史通义校注》,第139页。
② 钱穆说:"仁和龚自珍,著书亦颇剽窃实斋。"(钱穆:《中国近三百年学术史》,商务印书馆1997年版,第460页)梁启超也高度评价章学诚说:"其所著《文史通义》实为乾嘉后思想解放之源泉……为晚清学者开拓心胸,非直史学之杰而已。"(梁启超著,朱维铮导读:《清代学术概论》,上海古籍出版社1998年版,第69—70页)

以来的儒学传统中找一个适当的位置。"①"实斋撰《浙东学术》的另一种心理背景则直接与东原有关。"②余英时认定章学诚通过对朱陆学统流变的分析,将自己与戴震对比,以当代的陆象山自居。③ 山口久和也说章学诚为了设定一个足以对抗戴震的学统,而不惜违背历史事实虚构了浙东史学派。④然而,章学诚仅仅是为了与戴震争胜而建构此浙东学统,并以历史上的朱陆并立来确立自己与戴震相抗衡的学术地位吗? 笔者认为,这还是比较表面的论述,因为这关乎实斋一生学术思想大旨,是其晚年的自我盖棺定论。对于章学诚来说,其深层的意蕴则是为自己的学术方法定性,并寻找学术史上的根据。因为章学诚非常强调学术的性质和源流,这也是他自认的特长。众所周知,辨章学术、考镜源流是章学诚文史校雠的基本学术方法。

实斋一生孜孜以求,不断探索自己的学术路径,在已经定型并取得成功后,他还要凝练自己的学术精神,并纳入一个显赫的学统中。于是乡贤和地域文化传统进入他的视野,在重建浙东学统的同时,也将自己的学术精神凸现出来,并贯穿到这一学术的历史长河中:"浙东之学,虽出婺源,然自三袁之流,多宗江西陆氏,而通经服古,绝不空言德性,故不悖于朱子之教。至阳明王子,揭孟子之良知,复与朱子抵牾。蕺山刘氏,本良知而发明慎独,与朱子不合,亦不相诋也。梨洲黄氏,出蕺山刘氏之门,而开万氏弟兄经史之学;以至全氏祖望辈尚存其意,宗陆而不悖于朱者也……浙东之学,言性命者必究于史,此其所以卓也。"⑤

言性命者必究于史,玄虚的经学因为进入史学而经世致用,一向被认为缺乏形而上的史学因为也能明道而迅速上升为学术的中心,"经之流变必入于史"⑥,"六经皆史","盈天地间,凡涉著作之林,皆是史学。六经特圣人取此六种之史以垂训者耳"⑦。在对朱陆学术流变的演绎中,史学在经学经世致用中的重要地位得以凸现(清代学术主流是经学);在这样的自信中,陆学在浙东学统中的显赫地位也凸现出来。但有一点疑问必然会由此产生,那就是陆学并无显著的史学传统,显然,实斋在此所凸现的陆学主要是就其学术精神而言的,而不是具体的学术观点。而且,现在学界的一个基本观点就是宋学重德性,而清学具体所指就是乾嘉学术重知性。实斋作为乾嘉学术

① 余英时:《论戴震与章学诚》,生活·读书·新知三联书店 2000 年版,第 64 页。
② 余英时:《论戴震与章学诚》,第 70 页。
③ 余英时:《论戴震与章学诚》,第 93 页。
④ 山口久和:《章学诚的知识论》,上海古籍出版社 2006 年版,第 49 页。
⑤ 叶瑛:《文史通义校注》,第 523—524 页。
⑥ 《与汪龙庄书》,仓修良:《文史通义新编新注》,第 693 页。
⑦ 《报孙渊如书》,仓修良:《文史通义新编新注》,第 721 页。

主潮中的人物虽然强调陆学,其学思中的象山心学精髓也根深蒂固,但正如余英时所言,实斋在继承陆王心学精神的同时,也在不知不觉中从内部改造了陆王,他把"尊德性"的陆王变成了"道问学"的陆王。① 这是我们在阐发实斋学思中的陆王心学精神时需要谨慎对待的一个问题。

二　著述先明大道与先立乎其大

我们知道,实斋论学非常注重求道,他的《文史通义》和《校雠通义》都有《原道》篇,他屡屡言及求"古人大体""窥天地之纯"等,如:"大约学者于古……始得古人大体而进窥天地之纯。"②"古人大体",指古人为学的宗旨、宗主和本质,"天地之纯"则指"道"。如上节所论,在章学诚文史理论体系的形成过程中,对"道"的认识、对闻"道"方法的探求,一直是核心内容。闻道作为士人的最高人生追求,同时也是学术的最高目标,乃人生价值之所在。在实斋看来,要闻道,则学术必须要有"宗主",贵专家之学。关于宗主,日本学者山口久和认为章学诚所说的宗主是学者的主观性、主体性,学者能否成为专家,完全要看有没有这个宗主。③ 那么,将宗主蕴蓄其中的专家究竟是何种人物呢? 余英时在解释"浙东贵专家,浙西尚博雅"时对专家说明如下:"实斋的'专家'是对学问先具有一种大体的了解,并且逐渐从大处建立起自己的'一家之言'。"④可见实斋为学精神与象山的近似了。实斋屡说"读书但观大意""窥见古人大体"一类的话,此在字面上显然近乎象山所强调的"先立乎其大"。陆子"先立乎其大"乃承续孟子思想精神又发明之,章学诚则又在清代道问学的文化学术思潮下扬弃改良,为己所用。所以,二者的区别也是明显的,其根本在于一是基于尊德性意义上的大,一是基于道问学意义上的大。但从这里也可以看出在实斋学术思想形成过程中陆学精神对他的启迪作用。

余英时又分析说:"实斋所谓'专家'便是他时常称说的'一家之言';而学者能否'成一家之言',又复系于他有无'别识心裁'……实斋的'专家'又通于'约'之义,而以'别识心裁'为其主观之枢纽。"⑤由此可见,闻道与学术方法的博约有关,因为"博学强识,儒之所有事也。以谓自立之基,不在是

① 余英时:《论戴震与章学诚》,第 77 页。
② 《〈郑学斋记〉书后》,仓修良:《文史通义新编新注》,第 581 页。
③ 山口久和:《章学诚的知识论》,第 40 页。
④ 余英时:《论戴震与章学诚》,第 76 页。
⑤ 余英时:《论戴震与章学诚》,第 75—76 页。

矣。学贵博而能约,未有不博而能约者也"①。实斋自认最知东原学问根本,既作为竞争批判的对象,也隐然将自己看作东原当世知音,并惋惜当世名流硕学不懂戴震为学宗旨。之所以如此,就是二人都是由形而下而求形而上之道,为学路径有可比性。但他又批评东原的另一面,也就是被当世学人极力称道的训诂考据,为何? 即源于实斋为学走的是象山心学一路,而东原则为朱子门徒(此从学术方法、精神角度而言,非指具体观点)。朱子由博返约,而朱学末流如清代汉学考据者则博而不约,学无宗主。戴震虽亦为汉学考据,但却是学有宗主,实乃得朱子学精髓,然戴震却数典忘祖,攻击朱子。所以才有实斋的如下说法:"夫空谈性理,孤陋寡闻,一无所知,乃是宋学末流之大弊。然通经服古,由博反约,即是朱子之教,一传而为蔡九峰、黄勉斋,再传而为真西山、魏鹤山,三传而为黄东发、王伯厚,其后如许白云,金仁山、王会之,直至明初宋潜溪、王义乌,其后为八股时文中断。至国初而顾亭林、黄梨洲、阎百诗皆俎豆相承,甚于汉之经师谱系。戴氏亦从此数公入手,而痛斥朱学,此饮水而忘其源也。然戴实有所得力处,故《原善》诸篇,文不容没。"②陆子虽学博不如朱子,但在学有宗主上则与朱子同,浙东学者宗陆而吸取朱子通经服古、由博返约的学术精髓,而且将陆学的活精神发扬变通,所以出现了各具特点的各个时期的代表人物:"浙东之学,虽源流不异,而所遇不同。故其见于世者,阳明得之为事功,蕺山得之为节义,梨洲得之为隐逸,万氏兄弟得之为经术史裁。授受虽出于一,而面目迥殊,以其各有事事故也。"③章学诚通过追溯朱子和陆子两派学术的流传史,也为浙东学术寻觅到了陆学精神,其实是为自己的学术确立了具体人物传承的实证和精神上的源头。

三 学有天性与师心自用: 性情与学问

陆学在为学方法中特重心的主观能动作用,章学诚则重视天性和性情。他说:"学有天性焉,读书服古之中,有入识最初,而终身不可变易者是也。学又有至情焉,读书服古之中,有欣慨会心,而忽焉不知歌泣何从者是也。功力有余,而性情不足,未可谓学问也。性情自有,而不以功力深之,所谓有美质而未学者也。"④重视天性,有人天性高明,有人天性沉潜,章学诚认为

① 《博约中》,叶瑛:《文史通义校注》,第161页。
② 《又与少白书》,仓修良:《文史通义新编新注》,第783页。
③ 叶瑛:《文史通义校注》,第524页。
④ 叶瑛:《文史通义校注》,第161—162页。

自己属于高明一路①。

朱陆之不同，从天性来说，正是一沉潜，一高明。章学诚从人的天性，也就是性情的禀赋不同来谈朱陆之异同，这是纯粹从人的知性以及认识论的角度着眼，将朱陆为学方法的不同中的伦理德性因素稀释了，将求圣之学变成了求知之学，也就是将尊德性意义下的为学之不同变成了道问学意义下的不同，又将此不同归根于天性中的高明与沉潜的禀赋之异，学术的不同路数根源于性情的不同倾向，朱陆之异同根源在此。陆学剑走偏锋，朱子则中锋用笔，陆子壁立万仞，朱子深如大海。故在某些方面朱可与陆会通，然象山之特立精神终有不可掩者，朱学者多所未喻。实斋突出象山在浙东学术中的鼻祖、精神领袖地位，并不仅仅是与考据学者争地位，实则是实斋对象山心学有真体验，对学术研究中主体性作用的肯定。章学诚将汉学领袖戴震的学术路向归为朱子一途，学界有人不懂，实际上章学诚是就学术方法而不是就义理而言，众所周知，戴震在思想上是反朱熹的。同样，章学诚对陆九渊的赞赏也是依据学术精神方法而不仅仅是伦理价值。

象山曾被批评为师心自用，但对象山思想的正面意义，学界的阐发还很不足，其启迪意义是巨大的，须透过字面来体会其精神。象山是站在峰峦山巅来俯视学术大要，顿悟中华文化的智慧，直指人心，指出向上一路。实斋为学也特别强调"别识心裁"和"神解精识"，山口久和以"恢复学术认知中的主观契机"来高度评价章氏的学术方法论意义。② 这表面上看来带有浓厚的直觉意味，甚至显得神秘，但却揭示了人类认识世界的某些特点。创造性与强调自我自立精神是实斋对陆氏尊德性思想精义的发挥，重视主体在道问学中的主导地位，而其目的则是有所发明，提出新见解新理论，以成一家之言，而不是纯粹的资料收集分类，这才是实斋心目中的"学"。在阐述何为"史义"时，章学诚就特别强调了主体的心灵独断在史学上的意义："《春秋》之义……所以通古今之变，而成一家之言者……微茫杪忽之际，有以独断于一心。及其书之成也，自然可以参天地而质鬼神，契前修而俟后圣。"③这种对"心"的主体能动作用的重视与象山心学相通。

实斋又特别强调功力与学问之别，认为学问必本性情。《史德》《文德》《质性》等篇深入探讨了人的性情与学问的关系。章学诚认为学者必循己性情而确立己之为学方法，不可盲目追随时风，失去自我。其《与朱沧湄中翰

---

① 见《家书三》，仓修良：《文史通义新编新注》，第 819 页。
② 山口久和：《章学诚的知识论》，第 169 页。
③ 《答客问上》，叶瑛：《文史通义校注》，470—471 页。关于"别识心裁"的主体性及其在章学诚学术中的重要作用，请参后文关于章学诚的历史诗学一节，有更详细的论述。

论学书》说:"古今学术,循环盛衰,互为其端;以一时风尚言之,有所近者必有所偏……夫世之所尚,未必即我性之所安,时之所趋,何必即我质之所近!舍其所长而用其所短,亦已难矣。"①他认为善学之士,应根据己之所长,本己性情为学,不可因好名之心,随风上下。章学诚认为:"言学术,功力必兼性情,为学之方,不立规矩,但令学者自认资之所近与力能勉者,而施其功力……高明者由大略而切求,沉潜者循度数而徐达。资之近而力能勉者,人人所有,则人人可自得也。"②学问必本性情,为学之人须从性之所近,而深之以功力,极于专精,始能成学。章氏认为这实际就是王阳明"良知"之遗意,而"王氏致良知之说,即孟子之遗言也"③。显然,这样的解读自然是对王阳明"致良知"的合理误读,正体现了陆九渊"六经皆我注脚"的为学方法。对实斋的启示,就是对经典的创造性阅读,以及其意义的主体阐发。

四　实斋的史学经世思想与陆学中的践履精神

众所周知,历史上朱陆不同的一个重要体现就是陆学尊德性为先,重视道德的践履,与朱子汲汲于书本的道问学大别。象山极为强调将心学修养付诸实行,观其从政经历就可以看到这一点。因而,陆学实具有实践品格,在此意义上与史学的经世品格是有相通之处的。

陆九渊反复强调"道外无事,事外无道"④,认为:"此理塞宇宙,所谓道外无事,事外无道。舍此而别有商量,别有趋向,别有规模,别有形迹,别有行业,别有事功,则与道不相干,则是异端,则是利欲,为之陷溺,为之窠臼。说即是邪说,见即是邪见。"⑤只要循此心中之理,也就是宇宙间的至大至真之道:"宇宙内事乃己分内事,己分内事乃宇宙内事。""宇宙便是吾心,吾心即是宇宙。"⑥直心而行,就可以行在知民,政在安民,知行合一,达于事功而不刻意为之。章学诚所强调的陆学精神在浙东学派的活的灵魂及其具体体现也正是这种切于人事、经世致用的学术气质,对于章学诚来说就是史学所以经世的思想。他屡屡言之:"史学所以经世,固非空言著述也。且如六经,同出于孔子,先儒以为其功莫大于《春秋》,正以切合当时人事耳。后之言著述者,舍今而求古,舍人事而言性天,则吾不得而知之矣。学者不知斯义,不

---

①　《与朱沧湄中翰论学书》,仓修良:《文史通义新编新注》,第709—710页。

②　《博约下》,叶瑛:《文史通义校注》,第165页。

③　《博约下》,叶瑛:《文史通义校注》,第165页。

④　陆九渊:《陆九渊集》,中华书局1980年版,第395页。

⑤　陆九渊:《陆九渊集》,第474页。

⑥　陆九渊:《陆九渊集》,第483页。

足言史学也。"①这是因为,章学诚强调六经皆史,在哲学上主张应"即器以求道",而"六经"既为先王之政典,乃器也,虽经孔子整理,亦只能见三代之"道"。所以,对于后出之事,六经不能概括,但可以遵循周公制经、孔子述经的精神,通过修史来探究当代之道。史学切人事,更重视从现实社会人生中发现道,所以道器合一②。

反对朱子以来只以读书为学术的观点,是清代许多学人的共识,如颜元等人就提出学问之事必须实行,而此前明代的王阳明也主张理在事中,不赞成朱子以读书为求道明理的途径,而再求其源头则是陆九渊了。所以章学诚将浙东学术的史学经世思想追溯到陆子,并以之为浙东学术的精神血脉,是有道理的。众所周知,当年朱陆相争,其中一个重要的方面就是道问学与尊德性之争,尊德性就是强调道德的践履实行,这也是陆学之长。陆九渊认为自己所讲之理是实理,实理才能实行。

郑吉雄认为,抓住贯穿章学诚观念中的浙东学派的一条线索是理解实斋史学思想的关键,这就是:"实斋认为浙东学者的共同特色,是各人均因应自身特殊的时代背景,透过践履而有特殊的创造、特殊的成就;他们都是体贴时代的特性,以具体的行为来证明道德价值的学人。这就是实斋用以贯串浙东学者的一条线索。"③其中的核心思想是实斋用"切人事"来说明"史"的其中一层含义,所以任何学者因应时代特殊性,而有特殊实践成就,都是史学精神的体现。这样就可以解释实斋在《浙东学术》篇中突出浙东学者"言性命者必究于史,此其所以卓也"的论断具有实斋自己的逻辑,以解后人的疑惑。我们认为这中间的关键就是史学经世的思想。陆学精神在章氏看来适于个体自我的发展,故其谓"阳明得之为事功,蕺山得之为节义,梨洲得之为隐逸"云云,强调陆学的活精神以及其致用品格,所谓"尊德性"云云,在章氏不仅是恢复学术认知中的主观契机,实际上也是章氏为学的真精神,而史学恰恰就有如此学以致用的品格,浙东学术最后归结到史学所以经世,正是陆学精神在浙东的逻辑归宿。

五 从心学到史学:道的恒久与变动

陆九渊认为,变化是事物的普遍现象。变化大致包括"物理"和"人情"

---

① 《浙东学术》,叶瑛:《文史通义校注》,第524页。
② 具体论述参见前面道论一节。
③ 《浙东学术名义检讨》,陈祖武主编《明清浙东学术文化研究》,中国社会科学出版社2004年版,第27—28页。

两个方面。他说:"人情物理之变,何可胜穷,若其标末,虽古圣人不能尽知也。"①"《易》曰'穷则变,变则通,通则久',是以'自天佑之,吉无不利'。所谓变而通之者,必有其道。"②唯理主义者认为理具有超越时空的存在的永恒性,此势必陷入天不变、道亦不变的保守境地,当时空已变,其流弊渐显。陆九渊虽然也强调理的重要性,但其心智哲学以心的广大流动很好地克服了朱子学的这个弊端,而在后世不断产生勃勃生机。章学诚对浙东学术精神中陆学精神的提炼就切中了这一点。

在人类的历史活动中,永恒不变的道是不存在的,从陆象山的眼光来看,道是不断运动变化的,"其为道也屡迁,变动不居"③。在王阳明那里,天理也是随时变易的,在经史关系上,他反对将经和史区别开来:"以事言曰史,以道言曰经。事即道,道即事。《春秋》亦经,五经亦史。"④虽然传统认为经乃常道,而史则变动不居。但王阳明认为道事合一,所以后世作为历史著作的《春秋》本来是五经之一,那么五经也都是古史。朱熹是不喜欢历史的,他说:"《左传》有甚么道理? 纵有,能几何?"⑤在朱熹看来,"看史只如看人相打,相打有甚好看处? 陈同父一生被史坏了。"⑥在儒学话语中,经乃道之载体,道是超历史的,是不受时间性和空间性制约的存在,是放之四海而皆准的。章学诚"六经皆史"论则突出了经的历史性和时间性,道是一个不断展现的历史过程。这样,当理和事、经和史的二元对立消解以后,历史是运动变化的类似观念就呼之欲出了。⑦ 显然,陆王心学与浙东史学的内在关系也是一个值得深入探讨的问题,此不赘。

我们还可以从学术接受史来引申思考,那就是近代心学的复兴也表明了陆学与章学诚思想学术精神的内在联系。著名哲学史家张立文认为陆王心学的精神有三点对近代产生了积极作用:一是强调"自立""自省""自觉""自奋""自重"的精神,二是强调"自作主宰",要求发挥人的主体能动作用,三是注重实理实事,躬行践履。⑧ 饶有意味的是:在近代心学复兴的背景下,章氏之学也得到了高度评价,其蕴意也值得深思,当中的一个方面无疑就是章氏学思中的陆学精神。

---

① 陆九渊:《陆九渊集》,第 2 页。
② 陆九渊:《陆九渊集》,第 213 页。
③ 陆九渊:《陆九渊集》,第 29 页。
④ 吴光等编校:《王阳明全集》,上海古籍出版社 1992 年版,第 10 页。
⑤ 黎靖德编:《朱子语类》,中华书局,1994 年版,第 2938 页。
⑥ 黎靖德编:《朱子语类》,中华书局,1994 年版,第 2965 页。
⑦ 参看陈锐:《浙东学派与哲学中的历史主义》,《中国哲学史》2006 年第 1 期。
⑧ 张立文:《心学之路——陆九渊思想研究》,人民出版社 2008 年版,第 403 页。

第四节　章学诚的"《春秋》教"与文史之通"义"

　　章学诚为什么最终没有写出《春秋教》("《春秋》教"①)？对于这个问题学术界有不同的观点，现存两种版本的《文史通义》当中都有《易教》《书教》《诗教》篇，"遗书本"还收录了《礼教》篇，但只要稍稍阅读，就可以发现《礼教》篇的理论深度显然无法与其他几篇"教"类文章相比，只能是一篇不成熟的草稿，但毕竟是出自章学诚本人的手笔，也可以体现章学诚的思想与学术。但《春秋教》篇则在章学诚的各种文献中都没有收录，那么，就产生了一个问题，章学诚有没有写作《春秋教》的计划？还是有此计划，但由于种种原因没有写出？或者说已经写出，但遗失了？《春秋教》篇的主旨又是什么呢？笔者以为这是关乎《文史通义》之主旨的重要问题，更是关乎中国学术精神的根本问题。

一　《文史通义》有无《春秋教》篇的学术争论

　　章学诚临终前，曾把文稿托付给友人萧山王宗炎，希望他编校自己的文集，王宗炎收到后，就对编定体例产生了困惑，同时也就《礼教篇》是否已经写成的问题发出了疑问："《礼教篇》已著成否？《春秋》为先生学术所从出，必能探天人性命之原，以追阐董江都、刘中垒之绪言，犹思早成而快睹之也。"②

　　民国时期比较早注意到章学诚学术的重要性并做了第一部章学诚年谱的日本著名汉学家内藤湖南应该是看到了王宗炎这一"复书"，他在《章学诚的史学》(1928 年)一文中以此为证据提到："章学诚以《易教》《诗教》《书教》三篇论述了古来著述的源流。此外，他还著有《礼教》一篇，但是没有收入初版《文史通义》中。这是由于与《易教》《诗教》《书教》相比，此篇论文有欠力度。曾有友人劝说章氏写一篇《春秋教》，未果。这是因为章学诚的《书教》论中已经包括了《春秋》的内容，所以写了《书教》就无另写《春秋教》之必要了。"③其主要观点是因为已经有了《书教》篇就无须另写《春秋

---

　　① 应当标点为"《春秋教》"还是"《春秋》教"，恰如"《诗教》"还是"《诗》教"，其实是需要严谨对待的。本文之所以作此区分，则是想表明用"《春秋教》"，指的是篇名，用"《春秋》教"则指章学诚的学术观点。

　　② 此段引文俱见《王宗炎复书》，《章学诚遗书》附录，第 624 页。

　　③ 内藤湖南著，马彪译：《中国史学史》，上海古籍出版社 2008 年版，第 377 页。

教》篇了。受到内藤湖南身为外国人却最早做出章学诚年谱这个刺激,胡适也开始了对章学诚的研究,并迅速做出了一部更详尽的章学诚年谱,在这个过程中他也注意到了这个问题。① 仓修良、叶建华著《章学诚评传》一书中亦这样认为:"《文史通义》中的《礼教》篇撰成很晚,直到王宗炎将其全部文稿作了初步分类编次时,还在信中问'《礼教》篇已著成否',所以,我们说此篇可视为章氏的绝笔之作。至于像《春秋》《圆通》诸篇则均未最后撰成。"②

　　综合诸家观点可以肯定,章学诚生前并没有撰写出《春秋教》,这似乎也不是一个问题。根据余英时的说法,最早提出《文史通义》独缺《春秋教》问题的是钱穆。从此这成了一个学术问题。那么这其中的原因何在? 具体情况又是什么呢?

　　钱穆在《孔子与春秋》一文中首次提出了《文史通义》独缺《春秋教》问题。他认为:"章氏治学,重史又过于重经,《春秋教》一篇,万不该不作。大抵章氏遇到这题目,实苦于无从著笔呀!"③钱穆认为根据章学诚一贯的孔子有德无位,不能作六经的观点,故对《春秋教》难以落笔。钱穆批评章学诚"不明白在古代人观念中,圣人著作论'德'不论'位'",④对于章学诚强分周公之道与孔子之教不认可,因为章学诚突出了周公的原始制作之意义,却相对贬低了孔子的思想原创价值,这是汉唐儒学与宋明理学的一大学术区别。钱穆作为朱熹的信徒和宋学的推崇者,对于章学诚的这种观点自然不能认同。

　　余英时认为章学诚有"权威主义"思想,"在《原道》上中下三篇中表现得最为清楚"。⑤ 这些似乎是导致章学诚没有写《春秋教》的原因,但是余英时又认为这一理论上的困难,就《文史通义》的全部系统而言,并非无法补救,他引用章学诚《与陈鉴亭论学书》中的论述:"孔子不得位而行道,述六经以垂教于万世,孔子之不得已也。后儒非处衰周不可为之世,辄谓师法孔子必当著述以垂后,岂有不得已者乎?"由此推导出自己的解释:"孔子制作《春秋》一经,正可以'不得已'之说解之,何况知我罪我,夫子已自道之耶? 所以实斋之终于不写《春秋教》者,实由其权威主义之思想

① 见胡适著,姚名达补订:《章实斋先生年谱》,《胡适文集》第七卷,欧阳哲生编,北京大学出版社 1998 年版,第 71 页。
② 南京大学出版社 1996 年版,第 91 页。
③ 参见钱穆:《两汉经学今古文平议》,九州出版社 2011 年版,第 263 页。
④ 参见钱穆:《两汉经学今古文平议》,九州出版社 2011 年版,第 263 页。
⑤ 此文原载《新亚书院学术年刊》第 16 期,1974 年 9 月,现收录余英时:《论戴震与章学诚——清代中期学术思想史研究》,三联书店 2000 年版,第 56—57 页。

倾向所使然也。"①因为六经皆先王之政典,孔子无位而作《春秋》,此乃违
反学术掌于王官的原则,也就是说孔子已经有了变通的做法。所以实斋没
有撰写《春秋教》是由于其思想倾向所致,也就是说他因为坚持自己的学术
信仰而没有遵循孔子的变通做法。

王克明也就这一问题提出了自己的解释:"《春秋》首重华夷之辨,夷
夏之防……乾隆时期,文网尚密……于是章先生著论时,当心存顾忌,自
是情理中事。乃以隐密及移转方式,将《尚书》与《春秋》相提并论,如此
则表面上无《春秋教》之篇目,实则寓意于《书教》之中。"②其基本观点是
《春秋教》的主旨隐含于《书教》一篇,但他与内藤湖南的不同之处在于他
从章学诚所处的清代夷夏大防的特殊历史背景和思想状况出发来论述这
个问题。

周启荣的《史学经世:试论章学诚〈文史通义〉独缺〈春秋教〉的问题》③
一文在概述此上几种说法后分析认为,实斋没有撰《春秋教》的原因既不在
其理论系统的困难,亦非其权威主义倾向所使然,更不是由于《春秋》有夷夏
之大防的忌讳,而是认为整个《文史通义》的主题也就是《春秋教》篇的主
旨,所以实斋也就没有必要再撰述《春秋教》篇了,或者说由于《春秋教》所
关涉的问题太多太大,也就不太容易在一篇文章中将所有问题阐释清楚又
明白深刻,所以章学诚对于没写《春秋教》也就心安理得,并没有文字表露其
要写此文章。

周启荣由此进一步提出了更多的论题,认为:"《春秋》之教所应牵涉之
问题当包括:1.《春秋》集'六艺'之教的大成。2. 何谓'六艺'之教? 3. 孔
子所作的《春秋》与'六艺'的继承关系。4. 何以孔子要作《春秋》? 5. 孔子
的《春秋》与实斋所从事的学术理论研究有何关系?""若要写《春秋教》,此
五大问题必须讨论。但此等有关'春秋教'的问题并非孤立不相连属。事实
上,实斋已在其主要的专章分别阐释清楚。"④

笔者深受此文章之启发,并沿着周启荣提出但还没有深入论述的问题
方向继续前进,申述章学诚的"《春秋》教"之含义,以及其在章学诚学术思
想中的关键地位。

---

① 此文原载《新亚书院学术年刊》第 16 期,1974 年 9 月,现收录余英时:《论戴震与章学
诚——清代中期学术思想史研究》,三联书店 2000 年版,第 56—57 页。
② 王克明:《史学大家章学诚》,(中国台湾)永吉出版社 1987 年版,第 66 页。
③ 《台湾师大历史学报》第 18 期(1990 年 6 月),第 169—182 页。
④ 周启荣:《史学经世:试论章学诚〈文史通义〉独缺〈春秋教〉的问题》,《台湾师大历史学
报》第 18 期,第 177 页。

二 《春秋》是学术、史学的关节点

我们知道,章学诚学术思想的一个关键观点是周孔之分。他认为六艺分两类,或者说是两个层次、两层意蕴:一是周公之道,一是孔子之教。《春秋》作为连接三代与后世的关键点,既是学术文化变迁的转折点(道公而学私),也是史学史(从大史学学术体系到后世狭义的史学)的枢纽,六艺中《春秋》是后世诸史之源,后世史学的鼻祖。

让我们先从《春秋》的性质及其与六艺之教的关系谈起。

在章学诚的话语中,《春秋》有两种,一是周公制礼作乐以来史官所记录掌握的旧典,乃典章制度也,也就是鲁史《春秋》,其未经孔子删订,并非六经之一的《春秋》。其二是孔子根据《易》《书》《诗》《礼》之义例,参考百国宝书,因鲁史而作的《春秋》,章学诚的"《春秋》教"讨论的是后者。《春秋》虽然也是六经之一,但与其他经又有不同。孔子对周礼之旧典是述而不作,但《春秋》显然有作的成分。正是由于《春秋》的这一特殊性,使得它在周孔之别的历史变化与学术变迁中具有独特而重要的地位。《春秋》乃传承六艺之教的史学范本,在古今学术史上具有枢纽地位。

如前所言,周启荣认为:孔子所作的《春秋》不仅包含六艺中《书》《诗》内容及文体之教,还兼具《易经》及《礼经》之教。对此,章学诚有深入的论述。

先看《春秋》与《书》的关系。章学诚认为《春秋》家学乃继承《书》学而来,二者本一家之学也:"古无私门之著述,六经皆史也。后世袭用而莫之或废者,惟《春秋》《诗》《礼》三家之流别耳。纪传正史,《春秋》之流别也;掌故典要,《官礼》之流别也;文征诸选,《风诗》之流别也……或曰:文中子曰:'圣人述史有三,《书》《诗》与《春秋》也。'今论三史,则去《书》而加《礼》,文中之说,岂异指欤?曰:《书》与《春秋》,本一家之学也。"①虽然说古代六经皆史,但为后世史学继承者惟《春秋》《诗》《礼》三家之流别耳。其中《春秋》又居于更重要的地位。从体用关系来说,《春秋》之体源于《书》,《春秋》之用继承《诗》教。《书教上》通过解释孟子"王者之迹息而《诗》亡,《诗》亡然后《春秋》作"的观点,深入论述了《书》与《春秋》的这种继承关系。章学诚认为孟子此言的意思是"王者迹息而《诗》亡,见《春秋》之用;《周官》法废而《书》亡,见《春秋》之体也。"②

章学诚自己也对《书教》篇的观点比较满意,不无自豪地说:"近撰《书

---

① 《方志立三书议》,叶瑛:《文史通义校注》,第572页。
② 《书教上》,叶瑛:《文史通义校注》,第31页。

教》之篇,所见较前似有进境,与《方志三书》之议,同出新著,前已附致其文于足下矣。其以圆神方智定史学之两大宗门,而撰述之书不可律以记注一成之法;又迁书所创纪传之法,本自圆神,后世袭用纪传成法,不知变通,而史才、史识、史学,转为史例拘牵,愈袭愈舛,以致圆不可神,方不可智。"①根据自己的理论加以推导,后世史学不能很好地解决圆神与方智的关系,也就是体用合一的问题,导致圆不可神、方不可智。

邵晋涵对《书教》篇也给予了很高评价:"纪传史裁,参仿袁枢,是貌同心异。以之上接《尚书》家言,是貌异心同。是篇所推,于六艺为支子,于史学为大宗;于前史为中流砥柱,于后学为蚕丛开山。"②肯定了章学诚将《书》与《春秋》贯通的论述。六艺皆史,后世史学却仅是六艺中之一艺——《春秋》流脉集腋而成,在六经中,《春秋》实际是中国史体初祖,章氏和之前的史家在这一点上颇有共识。然而细绎章氏《书教》及论方志体例诸篇,可以看出,章学诚在六艺之《尚书》和《春秋》二者关系上有一全新并一以贯之的认识,为前人所未发,即:后世史学体例上虽循《春秋》家学而来,精神上却必归宗《尚书》;《尚书》不能传远,其支裔折入《春秋》而成《左氏传》,为《史记》《汉书》所绍法,春秋家学蔚为大国矣。史学需师法《尚书》之精神,缘于《尚书》之体起迄自如,最好地体现了史学经世之意,圆而神。所以章学诚说:"《尚书》《春秋》,皆圣人之典也。《尚书》无定法,而《春秋》有成例。故《书》之支裔,折入《春秋》,而《书》无嗣音。有成例者易循,而无定法者难继,此人之所知也。"③由于《书》无嗣音,而其精神已经流入《春秋》,又加上《尚书》无定法,而《春秋》有成例,所以后世史学实际是以《春秋》为典范。理想的史学应该是圆而神与方以智的完美结合,辩证统一。

再看《春秋》与《诗》的关系。章学诚非常重视孟子关于《诗》与《春秋》关系的有关论述,及其背后的文化学术思想之间的继承发展:"孟子曰:'王者之迹息而《诗》亡,《诗》亡然后《春秋》作。'盖言王化之不行也,推原《春秋》之用也。"④认为《春秋》之用继承《诗》教。章学诚又认为《诗》教也广大:"学者惟拘声韵为之诗,而不知言情达志,敷陈讽谕,抑扬涵泳之文,皆本于《诗》教。"⑤"春秋笔法"表达了作者的褒贬好恶,其实也是一种言情达志,将抑扬涵泳寓于笔端,起到教化作用,类似于《诗》之讽喻比兴。《史德》篇就此提出明

---

① 《与邵二云论修〈宋史〉书》,仓修良:《文史通义新编新注》,第 671 页。
② 《书教下》附录,叶瑛:《文史通义校注》,第 53 页。
③ 《书教下》,叶瑛:《文史通义校注》,第 49 页。
④ 《书教上》,叶瑛:《文史通义校注》,第 31 页。
⑤ 《诗教下》,叶瑛:《文史通义校注》,第 78 页。

白《诗》之特点对于理解《春秋》之主旨与意义的重要作用："程子尝谓：'有《关雎》《麟趾》之意，而后可以行《周官》之法度。'吾则以谓通六艺比兴之旨，而后可以讲春王正月之书。"①这些思想其实也贯串于《诗教》篇，本书对于《诗教》篇的主旨和章学诚的春秋笔法观点也有详细论述，详参后文。

关于《春秋》与《易》的关系，章学诚认为："《易》象通于《诗》之比兴，《易》辞通于《春秋》之例。"②具体来说："《易》以天道而切人事，《春秋》以人事而协天道，其义例之见于文辞，圣人有戒心焉。"③《易》与《春秋》表面看来一侧重天道，一侧重人事，但在天人关系上，二者是相通的，而且《春秋》也继承了《易》例的谨严。此意在阐释《易教》篇时已经详论，此不赘。

通过《易》为礼书的观点，章学诚也论述了《春秋》与《礼》的关系。在章学诚的话语中，礼者，官礼也。《礼教》篇分析说："以官礼之制言之，三法掌于周官太卜，是《易》本春官之典守，故韩子见《易》象而以为周礼在鲁也。（章氏自注：说详《易教》篇。）若求《礼》于《易》，则《大传》所云'天尊地卑'十数语，约略足以尽之。先儒演为《易》例，则如阴阳、刚柔、贵贱、时位、得失、贞吝之类，一如《春秋》发凡。大抵《易》之抑阴扶阳，与《春秋》之防微杜渐，皆以经礼为折中也。"④易例与《春秋》的思想相通，都以《礼》学为准则。"春秋笔法"之微言大义，也就是章学诚一贯主张的著述本于官礼之意。

《文史通义》以《校雠通义》之义法辨古今道术源流，为今之学术立义例。就古今道术源流演变来看，《春秋》为一大关键转折点。可以说《尚书》是周代"官学"，《春秋》则是孔门"家学"，这是"三代以上之史"与"三代以下之史"的主要区别。章学诚明确指出，后世之史实际继承的是《春秋》家学："二十三史，皆《春秋》家学也。本纪为经，而志表传录，亦如左氏传例之与为终始发明耳。故刘歆次太史公百三十篇于《春秋》之后，而班固叙例亦云，作春秋考纪十二篇，明乎其继《春秋》而作也……则《春秋》家学，虽谓今日不泯可也。"⑤可以看出《春秋》家学的统领意义。

"官学"体现的是"治教合一"的理想社会状态，章学诚描述这种状况说："古者道寓于器，官师合一，学士所肄，非国家之典章，即有司之故事，耳目习而无事深求，故其得之易也。"⑥而"家学"则已处于"治教分离"的时

---

① 《史德》，叶瑛：《文史通义校注》，第221页。
② 《易教下》，叶瑛：《文史通义校注》，第20页。
③ 《易教下》，叶瑛：《文史通义校注》，第20页。
④ 《礼教》，仓修良：《文史通义新编新注》，第70页。
⑤ 《校雠通义·宗刘第二》，叶瑛：《文史通义校注》，第956页。
⑥ 《原道下》，叶瑛：《文史通义校注》，第138页。

代,学者必须通过艰深的个人努力以把握"道"之存在,而在史学这一具体的知识活动中,则表现为史学家以"独断"的心灵能力把握"史义"①,《春秋》之所以对后世的史学具有巨大的影响力,其原因就在于此。《春秋》上承《诗》《书》《礼》《易》之教,下开后世私家著述之先河,是周孔之别、道教分合的关键点,也是古今学术演变的节点。

三 "《春秋》教"与《文史通义》的主题

综上所述,我们认为《春秋》教"的核心主旨一言以蔽之,即"《春秋》家学",是史学的宗旨。"《春秋》家学"涉及章学诚所说的史学三义:史义、史事、史文,也就是道、学、文。史义之求即道,乃历史之道、社会之道;史事之求即学也;史文之求即文章也。《春秋》家学不仅在史事、史文之有一定法度,更在于贵有"史义"。

章学诚高唱六经皆史之论,分别撰《易教》《书教》《诗教》《礼教》(《乐》因失传,或者说已经入《礼》与《诗》而只剩下五经)阐发其学术主旨,而总其成者则是未撰成也不可能撰成的《春秋教》,其学术旨归则在于史学经世。②章学诚的"史学"正是这种重"人事"的经世之学,也即"春秋家学",这正是"经学"的精神,也是章学诚提出六经皆史的本意。章学诚在《答客问上》中对"春秋家学"有极为精彩的辨析,特将此长文引述如下,本书后面也会从多个角度阐述其中蕴含的深意:

> 章子曰:史之大原,本乎《春秋》。《春秋》之义,昭乎笔削。笔削之义,不仅事具始末,文成规矩已也。以夫子"义则窃取"之旨观之,固将纲纪天人,推明大道。所以通古今之变,而成一家之言者,必有详人之所略,异人之所同,重人之所轻,而忽人之所谨,绳墨之所不可得而拘,类例之所不可得而泥,而后微茫杪忽之际,有以独断于一心。及其书之成也,自然可以参天地而质鬼神,契前修而俟后圣,此家学之所以可贵

---

① 关于"别识心裁"在章学诚学术追求和治学方法方面的重要性,在本书第四章历史诗学一节有详细论述。

② 由春秋家学而来的经世传统,亦后世今文公羊学的主旨,梁启超论清代两大学术思潮,由汉学考据到春秋公羊学治世两大思潮中,认为正是章学诚起了中介作用。梁任公在《清代学术概论》一书序言中极其敏锐地发现:"有清一代学术,可记者不少,其卓然成一潮流,带有时代运动的色彩者,在前半期为'考证学',在后半期为'今文学',而今文学又实从考证学衍生而来。故本篇所记述,以此两潮流为主,其他则附庸耳。"(梁启超撰,朱维铮导读:《清代学术概论》,上海古籍出版社1998年版自序,第2页)在论及章学诚在清学中的位置时,梁启超说道:"在全盛期与蜕分期之间,有一重要人物,曰会稽章学诚。学诚不屑屑于考证之学,与正统派异。其言'六经皆史',且极尊刘歆《七略》,与今文家异。然其所著《文史通义》,实为乾嘉后思想解放之源泉。"(同上,第69页)

也……《六经》皆史也，形而上者谓之道，形而下者谓之器。孔子之作
《春秋》也，盖曰："我欲托之空言，不如见诸行事之深切著明。"然则典
章事实，作者之所不敢忽，盖将即器而明道耳。①

章学诚突出了六经的指导意义，但作为人类社会生活的道则是随着历史进
程而逐渐展开的，道不离器，即器言道，随时著述以明道，这就是学术经世。
实斋之道是治道，是可以经世的实道而非玄想的虚道，是贯通古今天人的社
会运行之道。六经皆史，是指六经都是记载当时人类社会生活状况的历史
著作，人类具体的社会生活是器，道存在于其中，人类的历史活动既是道的
载体，也是在道指导下的存在，所以说道不离器，也可以说器不离道、道器合
一。道不是圣人创造的，圣人只能体道，总结道（指周公），传授道（指孔
子）。世间一切著作就其根本来说都是对人类生活的历史记载——史书，或
者是从史书而来的支流。子集诸家，其源皆出于史②。六经记载的是过去
历史中所展开的道，其后的历史之道要遵循六经的典范而随时撰述以究之。
史学经世，就是经当世之事，因为历史是不断发展的，历史的特点就是变，所
以只有史学才能经世。从章学诚建构大史学来概括世间一切学问的宏大志
向来推论，"《春秋》教"由此成为《文史通义》的主题。

第五节　"六经皆史"与章学诚的 文学观和文学大义论

在传统的文学本源论中，主流的观点是"文本于经"。章学诚主张"六
经皆史"，基于世间一切学问皆是史学的基本观点，以史为本，以史统文，由
此建构其鲜明的文章观与文学观。之所以以"文史"标其著述，并通论其义，
盖在章氏心中，论史学即是论文学，论文学亦必本史学，二者合二为一。《文
史通义》者，论世间一切文也③。章学诚又从中国文化演变与文章学术的源
流入手，认为六经乃三代之典章制度之史，后世经史子集皆为此的演变与发

① 《答客问上》，叶瑛：《文史通义校注》，第470—472页。
② 见《文史通义》的《诗教》《文集》篇的有关说法，具体论述可参见第四章文化诗学一节。
③ 内藤湖南在《章学诚的史学》一文中分析"文史"一语时指出："通常，学者们是将章学诚作
为史学家来看待的，而他本人的看法则正如其著作之标题所示，毋宁说是更侧重有关文史
原则的研究；而所谓文史，又大体涉及了所有的著述。《唐书·艺文志》中的'文史类'一词
即作为广义之文学评论的意义而使用的。'文史通义'的意思，用今天的话来说，即著述评
论的根本理论。"见内藤湖南著，马彪译：《中国史学史》，上海古籍出版社2008年版，第
371—372页。

展,因此以史贯通中国学问文章,建构其以史学为本的宏大的学术体系,各种学问在其体系中已经各安其位、条序井然、贯通为一。我们对其文学的论述要基于其以史学为本的理论立场,从其整个的学术体系入手来全面研究其略显复杂的文学观念。

同时,我们还要考虑具体的历史语境以及章学诚为什么会有如此的文学观念。在乾嘉考据学的滚滚潮流中,章学诚强调学在自立,“文”的观念就是其独特的文史学术思想体系建构中的一个富有新意的创造,是值得深入探讨的问题。当时的学术界有哪些主要的潮流派别倾向?章学诚要直面它们并超越之:有空疏无学的伪陆王——宋学,偏离程朱的理学末流——汉学考据,徒事华藻的辞章之士——袁枚等才子诗人,以及介于三者之间的桐城文章。在乾嘉时期强调学问在文章写作中的重要性背景下,章学诚鲜明地亮出了自己的观点——以史为本,撰史著文以明道经世。“六经皆史”的论断提高了史的地位,由此“文本于史”也取代了传统文论的“文本于经”思想。

一　大史学文章观与对著述之文的重视

基于其六经皆史,亦即六经皆文的基本观点,不管是本体层面的文,还是工具层面的文,都进入了章学诚文史学的视野。只是其在论述时不免层叠,造成我们在分析论述其文论思想时的困难。我们综合考虑后认为,章学诚的文学概念可以分为四个层次:其一,从宏观的学术史大视野来说,从著述(文章)源头上来说,六经皆史,六艺皆文。其二,六经之后,天下文章以史为核心,此文指史文。其三,后世则演变出文人之文,且在文章界处于强势地位。其四,是具体的文辞运用之文,这是微观层面的问题。章氏所重者乃第二个层次的史及其表现——史文,也就是他所谓的著述之文。他认为:“六经以还,著述之才,不尽于经解、诸子、诗赋、文集,而尽于史学。凡百家之学,攻取而才见优者,入于史学而无不绌也。”①从内容来说,章学诚主要将当时文章分为著述之文与文人之文,对文人之文,基本持否定立场。他曾明确地说:“文人之文,与著述之文,不可同日语也。著述必有立于文辞之先者,假文辞以达之而已。譬如庙堂行礼,必用锦绅玉佩,彼行礼者,不问绅佩之所成。著述之文是也。锦工玉工,未尝习礼,惟借制锦攻玉以称功,而冒他工所成为己制,则人皆以为窃矣。文人之文是也。故以文人之见解,而议

---

①　《与陈观民工部论史学》,《文史通义新编新注》,第406页。

著述之文辞,如以锦工玉工,议庙堂之礼典也。"①章学诚认为二者之所以"不可同日语",就是因为著述之文是学有所得,有独立创新的思想主旨,具有别识心裁,不得已而发之于辞的,所谓"著述必有立于文辞之先者"即是如此。而文人之文则是那种胸中无真识精解,无病呻吟的人云亦云之虚文。因此,章学诚主张以著述之文来提升文人之文的品格,贯通论述其大"义"。作为工具意义层面的文,则是文辞的运用,虽然经史子集四部都涉及文辞的问题,但章学诚在这方面的论述则主要集中于著述之文(对章学诚来说主要指的是史学文本)与文人之文(主要是诗词歌赋等韵文和一般文人的古文)。

由于章学诚的文学观念多侧重于著述之文,所以他强调以学为文,重视学问在文章中的决定作用。其《文学叙例》一文说:"文之与学,非二事也……先王立为教官师氏之法,率天下之才知,齐之六德六行,而保氏申之以六艺,是由学立而文以生焉。"②古代的六艺之教就是以学为本,演进到后世科举取士,也是希望通过文章来考察举子的学问,而不是仅仅看其文章的文辞如何。由此可见,章学诚所言之"文学"乃"以学为文",是"学有所得不得已"而为之"辞说",而后世则以文为学。章学诚所言之"文"乃"讨论经史,辨正典章,讲求学术之文"③,可见其所持的文学观念仍属于传统的广义的文学范畴,其所言之文章包括非文学的应用文章,学术著作自然也在其内,但又有所侧重。

二 文以明道与文的相对独立性

如前所言,章学诚的史学涉及三个重要问题,包含史义、史事、史文三个方面。史义即是道,只是此道不同于经学家之道,经学家认为道在六经,为恒久之至道,而章学诚从历史的观点出发,认为道是历史之道,是随着历史进程不断发展的,道在史中,史以存道,从形而上的意义来说,"道体无所不该,六艺足以尽之"④。道为文之本,史为道之载体,文为史之外在表现工具。道需要义理、博学、文章三者共同来完成:"义理不可空言也,博学以实之,文章以达之,三者合于一,庶几哉周、孔之道虽远,不啻累译而通矣。"⑤道为全体,一;义理是个别,多。从史学的著述宗旨和道、学、文的三者关系

---

① 《答问》,叶瑛:《文史通义校注》,第489页。
② 仓修良:《文史通义新编新注》,第528页。
③ 《文学叙例》,仓修良:《文史通义新编新注》,第529页。
④ 《诗教上》,叶瑛:《文史通义校注》,第60页。
⑤ 《原道下》,叶瑛:《文史通义校注》,第140页。

来说,是学以致道,史以存道,文以明道。

所以,章学诚也提倡"文以载道"说,但此"道"既非宋学家之道,也非汉学家之"道",而是能够经世的史学大义。叶瑛说:"实斋则谓道在事物,初不出乎人伦日用之间。学者明道,应即事物而求其所以然,六经固不足以尽之。"①这是因为不管汉学还是宋学都只是固守儒家六经这种文本,实际就是舍器而言道,而只有史学才能在对"天下事物,人伦日用"的记载中明道经世。章学诚研求"道"的途径已逾越了乾嘉学者道在六经的范围,而把目光投向人类社会生活,探求的是人之道。史学正是通过这样的学术来存道,而其具体载体则是文,史文撰写的最终目的是明道经世。关于章学诚的道之含义,前面已有详细论述,此不赘。

章学诚论学特别强调道器合一,所以在道与文的关系上则表现为文是器,文为道服务,但二者是统一的,道的阐明与传承离不开作为器的文。在《丙辰札记》中章学诚譬喻说:"事辞犹骸体也,道法犹精神也。苟不以骸体为生人之质,则精神于何附乎?"②章氏以骸体与精神的关系作喻,来阐明"道不离文"的观点。因此,文章的艺术形式也很重要。《辨似》篇就指出:"经传圣贤之言,未尝不以文为贵也。盖文固所以载理,文不备,则理不明也。"③认为文章的艺术技巧有利于明道,以生动的比喻批评宋儒的"工文害道"论:"夫子教人博学于文,而宋儒则曰:'玩物而丧志。'曾子教人辞远鄙倍,而宋儒则曰:'工文则害道。'夫宋儒之言,岂非末流良药石哉?然药石所以攻脏腑之疾耳。宋儒之意,似见疾在脏腑,遂欲并脏腑而去之。"④譬如病在脏腑,但治病却不能将患病的脏腑一并去之,也不能因噎废食,认为追求文章的艺术形式必然会影响对道的阐明,这种思想也是不对的,其实二者是完全可以统一的。

由此可见,在文以载道、文以明道之外,文也具有一定的独立性,文有其自身的形式要求。在明道的实用功能外,还具有独立的悦目悦心的审美价值,所以还要讲求文字的美感。在这方面,后文有更详细的论述。

三　史意、史义与文义

章学诚对于自己的史学特地强调"史意",以别于刘知几的"史法"。诚如朱敬武所论,史意可视为章学诚文史理论的拱顶石,它居于概括全局、统

① 叶瑛:《文史通义校注》,第124页。
② 《章学诚遗书》,第388页。
③ 叶瑛:《文史通义校注》第340页。
④ 叶瑛:《文史通义校注》第140页。

合开合的枢纽地位。章氏的"史意"说明学术的本原，治史的目的，考辨还原文史学的整体，兼论历史与时势的变革、个人的际遇，统合史家的主观、史实的客观，既论述史事、史文、史义（"别识心裁"和"写作方法"），又在史家三长（史才、史学、史识）之外，推阐史德。① 可以说"史意"是章学诚史学的灵魂，而史意又通达文心，二者共同构成章学诚文史学的精微之处，富含深意。

史意侧重主体的意，是对历史现象的理解，表现于史书中就成了史义。文本于史，文义之求即在阐明史义，文以明道。章学诚以史为本，文史求通义，由此文义必本于史义方见其大、其深、其广。学术之通义是章学诚的学术追求与特点，以六经皆史贯通经、史、文，求其义（道）而学术明道经世。章学诚以历史学家的宏通历史眼光与视野审视民族历史文化的变迁，在学术经世中寻求历史学的大义，并在大史学的视野中为文学界定其价值——文学大义，以大史学视野审视中国学术文化传统，以文化大义、学术大义为自己学问追求的最高目标，立足于历史文化来论文学，并以其宏通的眼光倡导文学大义，文学不再局限于一般文人的浅斟低唱之抒情范围，转而从历史文化的高度来提升文学的地位，并由此展开了自己对文学观念、文学发展、文学写作等一系列不同于一般文士的思考，展现了独树一帜的史学文论思想建构，体现了历史学家文学思想的特色，构成中国文论的一道独特风景，成为我们进行中国文论研究的不可回避的一个方面。

因此，章学诚不是局限于一般狭义史学的范畴，而是从学术文化的角度来谈历史学，恰如钱穆评价章学诚时所说："章实斋讲历史有一更大不可及之处，他不站在史学立场来讲史学，而是站在整个的学术史立场来讲史学。"②以史为本，贯通天人性命之微（经、哲），以文济史、文史通论，由史入手来看人类历史与民族文化，站在学术史的立场来讲史学与文学，以史为本位来讲文学，从文化立场讲文学大义。在其时的学术话语中，章学诚还没有"文化"的概念表述，只能将文学置于史学的范围。章学诚讲"文史"之通"义"，文学大义是置于史学大义视域中的，文因史立，文之义即史之义，同归于明道经世。

众所周知，古人对文的重要意义非常重视，《周易》系辞说："《易》有圣人之道四焉：以言者尚其辞，以动者尚其变，以制器者尚其象，以卜筮者尚其占。"③言辞为四道之一。曹丕说文章乃经国之大业、不朽之盛事，韩愈提

---

① 具体论述见朱敬武：《章学诚的历史文化哲学》，文津出版社 1996 年版，第 44 页。
② 钱穆：《中国史学名著》，生活·读书·新知三联书店 2005 年版，第 302 页。
③ 《易传·系辞上》，黄寿祺、张善文：《周易译注》，上海古籍出版社 2001 年版。第 553 页。

倡古文是阐明古道,文辞之义大矣哉!章学诚无疑也继承了这一点,但需要指出的是,章学诚的文学大义说的是本体性的文,而非工具性的文。文化文学观、历史文学观背后的大史学实即人文学、人类文化学,故章学诚的文学观是人文学、文化学文学观,这就为文学大义寻找到了根源依据。文学因依附于史学而展现了存在价值,史学乃人类文明文化史而大其义并成为大史学,由此显现了章学诚的学术之广大。章学诚为学的大义在于恢复一个人文文化的理想社会秩序,这个理想的世界就是圣贤之道在历史中的显现与实现,即体即用,道器合一。史学文学之大义在政教,在对历史之道的表达,既是对人类文明的总结阐释,也是为人类社会的发展提供指导教义。

　　而且,章学诚认为史学研究的目标不在于"存古"而在于"经世",是指向未来的。他认为自己的《文史通义》是一部有着文学大义、充满性情的书:"鄙著《通义》之书,诸知己者许其可与论文,不知中多有为之言,不尽为文史计者,关于身世有所怅触,发愤而笔于书。尝谓百年而后,有能许《通义》文辞与老杜歌诗同其沉郁,是仆身后之桓谭也。"①也是一部充满着现实关怀、仁者情怀的著作。当然,由于时代与作者自身的局限,章学诚思想中不免有维护封建传统礼教,乃至比较迂腐的一面。这在学术争论中也有体现,最集中典型的就是他对袁枚、汪中的批评。对此,我们毋庸讳言,但也应当抱着陈寅恪所提倡的同情了解之态度,遵循冯友兰所提倡的抽象继承原则,部分肯定其良苦用心与意义。

　　道公而学私,乃周孔之别之微言大义也②。章学诚学术之最高目标是重新回溯中国人文主义的源头,树立一个人文主义的理想目标,希望重新回到一个有理想有秩序的社会。在此理想世界,大道流行,天下为公,即体即用,文道合一。文学大义,沟通历史与现在,并指向未来。

---

① 《又与朱少白》,仓修良:《文史通义新编新注》,第 774 页。
② 这方面的论述还可以参看张广生:《周公、孔子与"文明化成":章学诚的儒学之道》,《清史研究》2006 年第 1 期。

第二章　史心通文心，史笔亦文笔

——章学诚的作者修养与创作批评论

文由心生："心生而言立，言立而文明。"①论文而不本于心，非探本之论也。章学诚自谓其《文史通义》之作是"上探班、刘，溯源官礼，下该《雕龙》《史通》"②，故沿刘勰《文心雕龙》与刘知几《史通》，由史心到文心，畅论"为文之用心"是其学术思想的一个重要方面。史家之心，纵览古今，编纂史事，寻求史义，讲求笔法，考究文字。天人性命之微，史德文德不可不讲也；心性情理之际，史法笔法不可不慎也。史心通文心，史笔亦文笔；史心惟微，文心惟妙。《文史通义》之《史德》《文德》《文理》《质性》《言公》《辨似》《黠陋》《俗嫌》《俗忌》《古文十弊》等篇由才、学、识、德、性、情、气、阴阳等概念切入，纵论心性，深入论述了史心、文心的问题。本章从章氏对文德史德、文情文性、文理文气、文品人品、文律文例、史笔文笔等文论概念范畴的论述入手，综合分析其关于作者修养与创作心理的精微文心论，以见章氏文论思想之特点、创新及时代意义。

第一节　章学诚的"文德"论与文本书写原则

中国古代对作家③的主体心性道德修养，也就是文德，是非常重视的。从孔子提出"有德者必有言"，到王充正式提出"文德"一词，其后，刘勰、颜之推、王通、韩愈、柳宗元、程颢、欧阳修、宋濂、魏禧等人继有论述。对

---

① 《文心雕龙·原道》，刘勰著，范文澜注：《文心雕龙注》，人民文学出版社 1958 年版，第 1 页。
② 《与严冬友侍读》，仓修良：《文史通义新编新注》，第 706 页。
③ 也包括批评家，因为古代批评家的论著也是一种创作，而且很长时间之内也是按照创作文学作品的模式进行的，比如陆机的《文赋》，刘勰的《文心雕龙》；或者是一种广义的创作，比如一些具有子书性质的著作，如王充的《论衡》，刘知几的《史通》，当然也包括章学诚的《文史通义》。

文德的主流认识是要求作家注重道德修养,认为人品高尚的人才能写出文品高雅的作品。章学诚对此也有论述,他同样认为作家要以诚为文,但其理论和思考的重心、兴趣点却不在这里,而是另有一些新颖的见解,值得深入分析。

章学诚论"文德"与"史德"问题相关,他所注重的是主体在文章写作和批评过程中的"心术"问题。主要包括两个方面的内容,即"临文必敬"和"论古必恕",分别论及的是创作与欣赏批评两个层面的问题。当然,这两个方面也是互相关联的。其基本原则是"立言为公",即真正的立言论说都是为了申述天下大道,而非逞一己之私心。值得注意的是,章学诚讲文德是站在天人性情之辨的角度,超越了一般的道德文章论,也比单纯的才性论多了一层天人之辨的内涵,综合吸取了前人的理论思考成果并加以提升,是站在讲明大道的学术高度的深入思考和理论结晶。既要发挥著述者个体的天性,又要努力以天下为公作为学术的目标,也就是说:追求公私、天人之统一才是章学诚论文德史德、论学术的最高境界。

一 临文必敬的创作心态

《文史通义》中有《文德》《史德》《质性》《辨似》《言公》等篇章论述了文德问题。《文德》篇开头就提出了自己的新观点,即"临文必敬"与"论古必恕",他说:

> 夫子尝言"有德必有言",又言"修辞立其诚",孟子尝论"知言""养气"本乎"集义",韩子亦言"仁义之途""《诗》《书》之源",皆言德也。今云未见论文德者,以古人所言,皆兼本末,包内外,犹合道德文章而一之;未尝就文辞之中言其有才,有学,有识,又有文之德也。凡为古文辞者,必敬以恕。临文必敬,非修德之谓也。论古必恕,非宽容之谓也。敬非修德之谓者,气摄而不纵,纵必不能中节也。恕非宽容之谓者,能为古人设身而处地也。嗟乎! 知德者鲜,知临文之不可无敬恕,则知文德矣。①

可见,章学诚所说的这个"德"与孔子所说的"有德必有言""修辞立其诚",孟子所说的"知言""养气"不完全一致。章学诚认为"文德"也不是通常所说的合道德文章为一,以道德统辖文章的伦理道德论批评思想,而是指写作与批评鉴赏的态度、心境与原则、方法,是专指文辞运用中与才、学、识相并

---

① 叶瑛:《文史通义校注》,第278页。

列的德。所谓德，并非指传统所说的作者主观的道德品行修养，而是指"著书者之心术也"。这当然也是一种德，只是此德非彼德，包含创作与批评两个方面的原则问题。

下面先讨论创作方面的"临文必敬"问题。章学诚认为，文章是作者心灵的产物，所以对作者主体心性的心灵状态要慎重。前人对言、心、气等问题非常重视，比如韩愈和柳宗元："韩氏论文，'迎而拒之，平心察之'。喻气于水，言为浮物。柳氏之论文也，'不敢轻心掉之'，'怠心易之'，'矜气作之'，'昏气出之'。"①"诸贤论心论气，未即孔、孟之旨，及乎天人、性命之微也。然文繁而不可杀，语变而各有当。要其大旨则临文主敬，一言以蔽之矣。"②韩柳等古文大家论心论气还只是涉及文章写作时的心理状态和一般态度，还没有上升到天人性情之辨的精微与高度。

对此问题可以联系《史德》篇的有关论述来加以阐述。章学诚认为史书撰修者当然需要刘知几所说的才、学、识，但"此犹文士之识，非史识也。能具史识者，必知史德。德者何？谓著书者之心术也"③。可见，史德的核心在心术。那么何谓心术？章学诚又分析说："夫秽史者所以自秽，谤书者所以自谤，素行为人所羞，文辞何足取重。魏收之矫诬，沈约之阴恶，读其书者，先不信其人，其患未至于甚也。所患夫心术者，谓其有君子之心，而所养未底于粹也。"④对于公认的品德不好的人，其史书中的问题大家自然能够看出，这不是史德的关键所在。问题的关键在于那些修史的君子，他们虽然品德上没问题，但由于心性中的天人性情、阴阳禀气等先天因素，而导致史书书写中的问题，这才是要注意的心术之关键。为什么如此说呢？请看章学诚的论述："夫史所载者事也，事必借文而传，故良史莫不工文，而不知文又患于为事役也。盖事不能无得失是非，一有得失是非，则出入予夺相奋摩矣。奋摩不已，而气积焉。事不能无盛衰消息，一有盛衰消息，则往复凭吊生流连矣。流连不已，而情深焉。凡文不足以动人，所以动人者，气也。凡文不足以入人，所以入人者，情也。气积而文昌，情深而文挚，气昌而情挚，天下之至文也。"⑤文章是对世间万事的描述，作者在行文时难免会受事情本身的影响而产生感情。事物总是有生有死，有消有涨，风流总被雨打风吹去，凭吊流连，而有感慨万千。文以气为主，好的文章必然充满了情气，也就

---

① 叶瑛：《文史通义校注》，第 279 页。
② 叶瑛：《文史通义校注》，第 279 页。
③ 叶瑛：《文史通义校注》，第 219 页。
④ 叶瑛：《文史通义校注》，第 219 页。
⑤ 叶瑛：《文史通义校注》，第 220 页。

是作者的真挚情感,然而,由于作者个人的主观性情与要表达的大道总会产生公与私的矛盾,天人之间必有不能完全统一之处:"其中有天有人,不可不辨也。气得阳刚,而情合阴柔。人丽阴阳之间,不能离焉者也。气合于理,天也;气能违理以自用,人也。情本于性,天也;情能汩性以自恣,人也。史之义出于天,而史之文不能不借人力以成之。人有阴阳之患,而史文即忤于大道之公,其所感召者微也。"①章学诚认为,人作为禀赋阴阳二气而生的鲜活个体存在,或者偏于阳,或者阴气盛,不可能阴阳完全平衡,那么人的行为也不可能完全达到天地自然的公正境界,作者的个体性情就会由于人为的偏失而导致文章的主旨不能与道为一,使得史书有可能貌似公允,但却有偏失。尽管作者主观上认为自己是公正的,但实际上不免偏于一己之私,史书的感召力也大打折扣。

之所以大段引述这一段,是因为此前有学者断章取义,只看到了气积文昌、情深文挚的"天下之至文"论述,以为章学诚深刻地认识到了文学本于情感的本质,而没有看到章学诚在此认识之下对气与情的警惕。正是认识到了人禀天地阴阳之气而生以成性,所以人之情既可本于天地之性,也可能偏离,也就是有天人之辨,因为在古人的价值论述逻辑里,天道也就是天地之性是公正的。若情不本于性,就会不自觉地偏离大道之公,所写出的史文也会"似公而实逞于私,似天而实蔽于人,发为文辞,至于害义而违道,其人犹不自知也"。由此可见,写作者的心、性、情对文章观点的公正与否至关重要,所以要临文必敬,也就是:"当慎辨于天人之际,尽其天而不益以人也。尽其天而不益以人,虽未能至,苟允知之,亦足以称著述者之心术矣。"②只要认识到这个问题并努力向天人合一的目标迈进,就可以说有了文德的自觉认识。可见,章学诚的文德、史德修养理论实质是指学术认知中主体如何发挥天赋之质性而达到对历史本质的正确认识,也就是天人合一的境界,只要有了这样的自觉,虽然事实上不可能完全达到,但也算有史德文德,体现出章学诚对此传统问题的深入细致的认识。

二 论古必恕的批评原则

文德论的另一个问题是论古必恕,这是关于批评原则的问题。如前所引,章学诚认为:"论古必恕,非宽容之谓也……恕非宽容之谓者,能为古人

---

① 叶瑛:《文史通义校注》,第220页。
② 叶瑛:《文史通义校注》,第220页。

设身而处地也。"①所谓恕，就是能为古人设身处地着想，也就是历史地具体地看问题。在评论古人文章之时，要联系古人所处的时代环境和文章写作的具体背景来评论，既能为古人设身处地，也不能无原则地宽容。既不能拿今人的标准苛求古人，也不能没有标准。在《文德》篇中章学诚以汉魏以来的正统论为例说明这个问题："陈寿《三国志》，纪魏而传吴、蜀，习凿齿为《汉晋春秋》，正其统矣。司马《通鉴》仍陈氏之说，朱子《纲目》又起而正之。"②之所以诸人的正统观会有这些不同，就在于他们这些人的历史处境不同，自然以他们那个时代的标准、站在他们自己的立场来定谁是正统。陈寿是晋朝人，晋乃由魏"禅让"而来，所以以魏为正统。习凿齿为东晋名儒，所著《汉晋春秋》以蜀汉刘备为正统，魏曹为篡逆，并认为晋虽受魏，但应继承汉祚，否则晋朝国统不正。二人之不同，则由于分处西晋、东晋，时势不同了。同样的道理，司马光与朱熹的不同也是如此。后人妄论其是非正误，是犯了不能知人论世的错误。根据这样的认识，在《史德》篇中，章学诚又以后人判定司马迁《史记》为谤书的例子，来批评那些主观臆断之人，他认为："史迁百三十篇，《报任安书》所谓'究天地之际，通古今之变，成一家之言'。自序以谓'绍名世，正《易传》，本《诗》《书》《礼》《乐》之际'，其本旨也。所云发愤著书，不过叙述穷愁，而假以为辞耳。后人泥于发愤之说，遂谓百三十篇皆为怨诽所激发，王允亦斥其言为谤书。于是后世论文，以史迁为讥谤之能事，以微文为史职之大权，或从羡慕而仿效为之；是直以乱臣贼子之居心，而妄附《春秋》之笔削，不亦悖乎！……朱子尝言，《离骚》不甚怨君，后人附会有过。吾则以谓史迁未敢谤主，读者之心自不平耳。"③司马迁虽然说过"发愤著书"，但他的意思不过是说自己处境穷愁潦倒，并不是说自己著史时也受自己情感的牵引而失去公允。作为一个严谨的史学家，他对历史的记载叙述并没有失去基本的史学立场和实录的原则。如果"读者之心自不平"，就会先入为主，随声附和时人之见，缺乏独立思考。因此，我们要认识到自己貌似公允的观点和判断也必然受到天人性情之辨的干扰，貌似客观的言论实际必含有主观因素，撰写创作文章是如此，撰写批评文章也是如此。

可见，不管是临文必敬，还是论古必恕，都要求主体心性情归于正、平。对作者主体心性的重视是章学诚论文的一个重心，也是他的文章被时人认

①　叶瑛：《文史通义校注》，第278页。
②　叶瑛：《文史通义校注》，第278页。
③　叶瑛：《文史通义校注》，第221页。

为蹈宋儒习气的一个原因。当然,时人之见正是章学诚所警惕的似是而非之见。因为章学诚虽然沿袭了宋儒的言辞,但其含义实则已经改变。他论性多从气质之性入手,认为人有血气心知之性情,其心术之论来源于《礼记·乐记》:"夫民有血气心知之性,而无哀乐喜怒之常,应感起物而动,然后心术形焉。"①可见此"心术"不是道德之意,而是与人的血气心知有关。这也是乾嘉汉学家的基本观点,他们一反宋儒将心性上升到天理的形而上高度的超越思维,而是从朴素的血气心知等观念入手来探讨人的心性情。对人性、人格问题的思考由偏于伦理道德的德性向偏于才、学、识的知性方面倾斜,这正是乾嘉时期中国哲学思潮的新特点。德性资于学问,知性又须资于质性,追求性情与学问的统一,这是章学诚对前人和时人观点的新综合,是道问学(知识论)视域下的尊德性(性情、天性),又是尊德性基础上的道问学②。因此,对于如何解决心术与文章统一的问题,章学诚提出的另一个解决办法是多读书,求真学问。比如对传统的"集义养气论",章学诚是这样重新阐释的:"顾文者气之所形,古之能文者必先养气,养气之功在于集义,读书服古,时有会心,方臆测而未及为文,即札记所见,以存于录,日有积焉,月有汇焉,久之又久,充满流动,然后发为文辞,浩乎沛然,将有不自识其所以者矣。此则文章家之所以谓集义而养气也。"③读书思考日积月累下来,人的见识境界必然提高,精气神必然充沛,这就是集义养气,发为文辞,浩乎沛然,自己也感到神奇,其中的奥秘自己也未必完全理解。这就将性情与学问统一起来,是章学诚在新的历史条件下解决著书者心术问题的新方案。

三 立言为公的著述宗旨

论文德还要从章学诚的整个学术追求与学术精神的方面进行分析,才能将一些貌似矛盾,但实则又能够辩证统一的问题讲清楚。我们知道,求道是章学诚学术的最高目标,但在章学诚看来,此道是出于天道自然的人类正道,虽然也可以体会,但不是个人发明的道,所以道公而学私。学以致道,文以明道,著述者必有公心,方可有公言。所以,文德问题的表层是公私、天人的纠缠,而深层的意蕴则是章学诚树立的立言为公的史学追求目标,所以论文德不能不重视《言公》篇。在讲求知识产权和个人著述的今天,这篇章学

---

① 孔颖达:《礼记正义》,北京大学出版社 1999 年版,第 1104 页。
② 余英时:《论戴震与章学诚》,生活·读书·新知三联书店 2000 年版,第 151 页。
③ 《跋〈香泉读书记〉》,仓修良:《文史通义新编新注》,第 587 页。

诚自诩为"其言实有开凿鸿蒙之功，立言家于是必将有取"①的文章由于与我们现在的观念距离较远，似乎还未得到重视，其实这也是章学诚文德论的一个重要方面。

《言公》篇反复论证的一个观点就是"古人之言，所以为公也，未尝矜于文辞，而私据为己有也"。本着学术为天下的一贯理念，章学诚将探究人类文明的大道作为自己学术人生的最高目标。在章学诚看来，"古人所欲通者，道也"②，他们"志期于道，言以明志，文以足言。其道果明于天下，而所志无不申，不必其言之果为我有也"③。这是因为章学诚认为，古代官师政教合一，学术为公，无私人之著述。④后来道术为天下裂，诸子百家各以其道争于天下，遂有私人之著述，但"诸子思以其学易天下，固将以其所谓道者，争天下之莫可加，而语言文字，未尝私其所出也"⑤。诸子百家以昌明自己学派的主张为主旨，还没有私心。到了后来，学人"不知言公之旨，而欲自私自利以为功，大道隐而心术不可复问矣"⑥，"后之学者，求工于文字之末，而欲据为一己之私者，其亦不足与议于道矣"⑦。为此章学诚感慨地说："世教之衰也，道不足而争于文，则言可得而私矣；实不充而争于名，则文可得而矜矣。言可得而私，文可得而矜，则争心起而道术裂矣。"⑧可以说是每况愈下，言公之旨也随着历史的变迁而隐没无闻。

那么，在学术著作为私人所有的时代，如何达到学术为天下的境界呢？章学诚认为："道，公也。学，私也。君子学以致其道，将尽人以达于天也。人者何？聪明才力，分于形气之私者也。天者何？中正平直，本于自然之公者也。"⑨通过个人的主体努力，充分发挥自己的天性之真、善，力求天人合一，追求大道之公，真正达到"庶几哉言出于我，而所以为言，初非由我也"⑩的境界，就是言公之大义了。

综合章学诚的几处论述来看，章学诚并没有因为要求大道之公、主张立言为公就忽视个体的心性性灵，恰恰相反，他非常重视学者的个体性情，极

① 《再答周筤谷论课蒙书》，仓修良：《文史通义新编新注》，第734页。
② 《言公中》，叶瑛：《文史通义校注》，第182页。
③ 《言公上》，叶瑛：《文史通义校注》，第169页。
④ 这是《原道》篇的主要观点之一。
⑤ 《言公上》，叶瑛：《文史通义校注》，第170页。
⑥ 《言公中》，叶瑛：《文史通义校注》，第184页。
⑦ 《言公中》，叶瑛：《文史通义校注》，第185页。
⑧ 《言公中》，叶瑛：《文史通义校注》，第182页。
⑨ 《说林》，叶瑛：《文史通义校注》，第347页。
⑩ 《原道下》，叶瑛：《文史通义校注》，第139页。

力强调主体天性在成学中的作用。这样的言论充斥在他的著作以及与他人论学的书信中。比如前引《博约》篇的"学有天性""学有至情"论①,对学者天性至情的赞美溢于言表。所以,章学诚论文德的另一个值得注意的方面是,学者要根据自己的真性情来治学作文,文章要写出自己的真性情真见解,而不能鹦鹉学舌、人云亦云、似是而非。这也是章学诚强调以诚为学、为文的新意。

文德问题在章学诚所处的乾嘉时代已经是一个不得不辨的大问题,请看下面的一段言论:"吾见今之立言者,本无所谓宗旨,引古人言而申明之,申明之旨,则皆古人所已具也。虽然,此则才弱者之所为,人一望而知之,终归覆瓿,于事固无所伤也。乃有黠者,易古人之貌,而袭其意焉。同时之人有创论者,申其意而讳所自焉。或闻人言其所得,未笔于书,而遽窃其意以为己有,他日其人自著为书,乃反出其后焉。且其私智小慧,足以弥缝其隙,而更张其端,使人瞀然莫辨其底蕴焉……故君子恶夫似之而非者也。"②文中列出了种种立言著文时的弊端丑行,或者沿袭古人之论而不自知,这是学问太浅薄所致,尚可原谅。但那些明知而剽窃他人学说思想的行为,则是典型的盗名欺世,学术之患,正在于这种似是而非之论,然则著述者之心术可不慎哉?

言公是章学诚建构其史学文本的理想目标,也是他所认为的古代经典文本——六经的特点。但随着战国私人著述的产生与繁盛,不仅天下为公、治教合一的道术为天下裂,明道之文也由言公变为言私。章学诚理想中的史学文本是以言公为追求目标的,所以在史书撰写中要讲史德、文德,其目的就在于克服天人心性性情中的"私"的部分,以求合于言公之目的。战国以后之文,由于自抒其情志,所以沿《诗》教以下之文渐流于言一己情志的文人之文,而合于《春秋》教的史文亦受文士之文的影响而与言公之旨有一定距离。

言公之文与言私之文的区别在于,前者明大道,后者抒私意私情。当然,前者也有天有人,天人性情,天理人欲,亦需要明辨,故要讲史德文德。在六经皆史的视野下,前者指的是史学之文,后者类似今人所说的纯文学,即诗词歌赋之文。章学诚之所以贬低文士之文与文士之识,而推崇著述之文,即史文,高度赞赏史学之识,其根本就在于他认为文士之文只知书写一己之私,炫耀文采,而且天马行空,任意虚构,只是展现了辞章工夫而已。但

① 叶瑛:《文史通义校注》,第161—162页。
② 《辨似》,叶瑛:《文史通义校注》,第340—341页。

史家之文则是在已有材料的基础上断以己意,又要忠于历史,发明史义,天人性命之微妙存乎心中,所以更要有史德文德的高要求。

史德文德有价值论的问题,亦有主体心性性灵与创造性的问题,学问成家要尽其天而不益以人,又要以一己的活的心灵触摸历史文化的真实生命。所以言不由衷者也不具史德,心术不正者更不具史德。宋儒理论中的圣贤修养非以灭情为本,而是主张养情之正,养气之平。气有天人之别,情亦有天人之分,关键在养。同时,天与人之间是有合一的可能的,实斋的史德文德论是建立在这个理论基础上的。实斋之德性论是对宋儒心性修养理论的发展扬弃,而不是完全背离。其尊德性中既保留了宋儒的基本价值取向,又有了发展,就是把平时的德性修养之玄虚转为实际写作的态度,从实际操作中论德性,这是章学诚对此问题的解决方案。

总之,《言公》篇所树立的天下文章为公的文本书写原则与传统思想是紧密相关的,是传统德性论在文辞书写领域的体现与发展,这些原则在今天仍不失其价值与借鉴意义。

第二节　章学诚的"文如其人"论

"文如其人"(包括其反命题"文不如其人"),也就是"文品与人品"的问题,是一个贯穿了中国传统文学批评几千年的问题,对此历代学者也做了许多新的阐释。在《文史通义》中,章学诚也在多处思考和论述了这个问题,且提出了一些新的思路和观点,这集中于《质性》篇,现结合其他篇章有关论述加以总结。

一　学者之文品

品者,品格、品性也。对于"文"与"人"来说,都包含这两个层面:文章的思想内容与艺术风格,作家的品德修养与才性性情。对于"文如其人"的解读,中国传统的论述并不能分辨这中间所涉及的两个层面:一个层面的问题是多强调作品的思想内容与作者的道德人格要一致,另一个层面的问题是强调作品风格与作者的气质性情会一致,由此使得问题变得模糊而纠缠不清。现代的论述者则多秉持近代以来从西方所传入的现代文学理念,从虚构审美为基本特征的文学理论及其创作理论来分析"文"和"人",认为在作家的人格中有现实人格与艺术人格之分,这样的理论观照势必将此问题弄得更加复杂。我们认为,要分析这个传统问题,首先要立足于中国传统文化与文学的实际来历史地梳理这个问题的来龙去脉,然后与西方文化文学中的类似问题进行比较分析,以见出中国传统观点的本质及其特点。本文的论述仅局限于第一个层面,从中国传统文化与文学的特点出发,在中国传统"文如其人"问题的历史长河中,看看章学诚对此问题的思考有何特点和新意。

　　众所周知,中国传统的"文"的概念含义有一个发展的过程,首先是诗文之分,但有时论"文"又包含"诗",如唐代的柳宗元曾说:"'文'有二道:辞令褒贬,本乎著述者也;导扬讽谕,本乎比兴者也。著述者流,盖出于《书》之谟、训,《易》之象、系,《春秋》之笔、削,其要在于高壮广厚,词正而理备,谓宜藏于简册也。比兴者流,盖出于虞、夏之咏歌,殷周之《风》《雅》,其要在于丽则清越,言畅而意美,谓宜流于谣诵也。"①当然,我们也不能将柳宗元所说的"比兴"之文局限于诗,毋宁说是指以抒写情志为主的诗文,其近于章学诚所说的文人之文,而著述者流则近于章学诚的著述之文的概念。对于与"诗"相对的狭义的"文",我们现在称之为古典散文,大体可分为两类:应用散文和创作散文。应用散文的特点是内容尚实,不尚虚构,创作散文则有意虚构,恣意为文。中国古代散文大多都属于应用散文,这种文章重"实"尚用,不以文采追求为主要目标。章学诚立足于传统的"文"的观念,没有将以虚构和审美为本的现代意义上的文学作品纳入其思考范围。即使是对传统的"文",他也有所侧重。众所周知,他分辨了两种"文":文人之文与著述之文,且重视后者。章学诚的著述之文近于应用散文,但范围又有所扩大,有时也包含一些立言有宗旨、诗言其志的文人之文。这是因为章学诚特别强调性情学问在文章写作中的重要地位,并由此切入"文如其人"问题的论述。

　　先看下面一段能集中体现章学诚重要思想的论述:"学问文章,古人本一事,后乃分为二途。近人则不解文章,但言学问,而所谓学问者,乃是功力,非学问也。功力之与学问,实相似而不同。记诵名数,搜剔遗逸,排纂门类,考订异同,途辙多端,实皆学者求知所用之功力尔!即于数者之中,能得其所以然,因而上阐古人精微,下启后人津逮,其中隐微可独喻,而难为他人言者,乃学问也……文章必本学问不待言矣,而学问中之功力,万变不同,《尔雅》注虫鱼,固可求学问,读书观大意,亦未始不可求学问,但要中有自得之实耳。"②这段话有三个问题值得探讨:其一,学问与文章的统一;其二,学

---

①　《杨评事文集后序》,郭绍虞:《中国历代文论选》第二册,上海古籍出版社1979年版,第148页。

②　《又与正甫论文》,仓修良:《文史通义新编新注》,第807页。

问与功力的区别;其三,学问的求取之法。就第一个问题来说,章学诚所隐含的意思是学问是沟通人与文的桥梁,或者说"文如其人"还是"文不如其人"的关键在于是否有真学问。他批评了乾嘉考证学者的学问观,认为功力不是学问,只是学问的前提,真正的学问是"中有自得之实",也就是要有自己的独立见解。在《答沈枫墀论学》中,章学诚强调说:"夫考订、辞章、义理,虽曰三门,而大要有二,学与文也……夫文非学不立,学非文不行,二者相须,若左右手。"①提出以学为文的思路。我们知道,章学诚的宏大学术志向是欲合义理、考据、辞章为一,所以他一方面对宋明儒高标的玄虚之义理加以史学的实学化,所谓"言性命者必究于史",另一方面,他又超越乾嘉考据学的见木不见林,强调道的形而上的追求。而这一切的关键是"学以求心得也"。总之,学与文密不可分,这正是解开章学诚论述人的品性与文之品性复杂问题的深层含义的钥匙。

二　学品与人品

根据传统的言为心声的德言论,文章是作者心性的外在表现,但《辨似》篇却提出了这样一个令人困惑的现象:"人藏其心,不可测度也,言者心之声,善观人者,观其所言而已矣。人不必皆善,而所言未有不托于善也。善观人者,察其言善之故而已矣。夫子曰:'始吾于人也,听其言而信其行;今吾于人也,听其言而观其行。'恐其所言不出于意之所谓诚然也。夫言不由中,如无情之讼,辞穷而情易见,非君子之所患也。学术之患,莫患乎同一君子之言,同一有为言之也,求其所以为言者,咫尺之间而有霄壤之判焉,似之而非也。"②一般来说,"言不由中"(言不由衷)的现象还好识别,令人困惑的是那些似是而非的文辞,令人难辨真伪,为什么会出现这种现象呢?《质性》篇从人的品性的复杂性入手,分析了其原因。

《质性》篇提出,欲透过文情而识文心,必须考察文情后面的文性,这才是认识一篇著述之文思想本质和作者真实学问的根本,而文性又决定于作者的品性。在此文中,章学诚指出,传统上人们认为有三德——中行、狂、狷;在孔子的时代有了伪中行——乡愿;后世每况愈下,又有了伪狂、伪狷。因此"学者将求大义于古人,而不于此致辨焉,则始于乱三而六者,究且因三伪而亡三德矣"③。章学诚因此欲"于撰述诸家,深求其故",深入分析后世

---

① 仓修良:《文史通义新编新注》,第714页。
② 《辨似》,叶瑛:《文史通义校注》,第338页。
③ 《质性》,叶瑛:《文史通义校注》,第416页。

"文不如其人"的原因。

这又回到前面所说的古代"文如其人"论述中道德、才性两个层面混杂论述的问题。章学诚的解决之道是尽量脱去伦理道德的内涵，以文性置换文品，以人之学问真假来判文性之真伪，其关键在于是否根据自己的天性来问学，成一家之言是解决这个问题的核心。这也是前文所引《答沈枫墀论学》一文的主旨。如果没有自己的真见解，而是人云亦云，就会出现这样的现象：

> 吾观立言之君子，歌咏之诗人，何其纷纷耶？求其物而不得也，探其志而茫然也，然而皆曰：吾以立言也，吾以赋诗也。无言而有言，无诗而有诗，即其所谓物与志也。然而自此纷纷矣。有志之士，矜其心，作其意，以谓吾不漫然有言也。学必本于性天，趣必要于仁义，称必归于《诗》《书》，功必及于民物，是尧、舜而非桀、纣，尊孔、孟而拒杨、墨。其所言者，圣人复起，不能易也。求其所以为言者，宗旨茫然也……豪杰者出，以谓吾不漫然有言也，吾实有志焉，物不得其平则鸣也……盖其旨趣，不出于《骚》也……若夫托于《骚》以自命者，求其所以牢骚之故而茫然也。①

此处，章学诚列举了"立言之君子，歌咏之诗人"所出现的文与人不统一的种种现象，包括著述之文与文人之文。实际上章学诚重视的是著述之文，顺便论述了文人之文，因为章学诚认为屈原是千古文人之祖。后世的文人之文也如著述之文那样有两种，一种是真正的有志之文，一种是无病呻吟的假文。在《史德》篇中，他热情地称赞《史记》与《离骚》是"千古之至文也"，认为"其文之所以至者，皆抗怀于三代之英，而经纬乎天人之际者也"②。同时，我们对于章学诚的学问观也要重新分析。从其论述来看，有真性情的远大志向之士也是广义上的有学问的有识之士，司马迁、屈原就是这样的人。另外，对于章学诚来说，他的脑海里没有现代以虚构审美为特征的文学概念，其文学所指就是传统的以抒情言志为主的文人之文，因此，"文如其人"的问题才理所应当地进入了他的理论视野。而原来两条线索的交叉，实际成了作家性情与文章内容的关系问题，由于立言无宗旨，就出现了文与人不统一的现象。这就将文品与人品的问题归结到学问与性情的问题方面了。

对于身处乾嘉考据实证学风氛围之中的章学诚来说，一方面要认同道问学的第一性，另一方面又不能违背自己的天性来问学，这是他面对考据学

---

① 《质性》，叶瑛：《文史通义校注》，第416—417页。
② 叶瑛：《文史通义校注》，第222页。

的挑战而不得不去解决的第一大问题。章学诚天性不喜考据，但又想与之抗衡。如何找到一条既不悖于自己的天性，又能有所树立的道路，成了章学诚苦苦思考的一个大问题。最后在《原道》《原学》《博约》《质性》等篇的写作中，他终于蹚出了一条通向求道目标的为学之路。所以，我们要超越章学诚标举史学大旗的表面，而从文史哲的整体，也就是中国传统学问的特点出发来阐发章学诚的学术、思想。对于章学诚来说，就是欲合考订、辞章、义理为一炉，求道是为学的最高目标，为学的契机在于找到与自己天性符合的方法。《文史通义·博约中》提出了著名的天性至情论①，章学诚认为人的天性是从出生到老死也不容易改变的，这种天性就是人的资质、禀赋与个性，在学习的过程中不易改变。但在读书学习的过程中，又会有一种不知从何而起的歌泣相伴，会有或悲或喜的内心体验，这种情感活动就是"至情"。"学问"不仅具有"天性"，同时还是"至情"之学。因此，"文史之学"须与"天性资质"相合为用，强调为学者的主观情性。他认为："功力可假，性灵必不可假。性灵苟可以假，则古今无愚智之分矣。"②这是章学诚自己的"性灵观"，作为"功力"的知识积累可以借鉴他人的既有成果，而"性灵"则是自己天生独有的质性。

因此，解决文品与人品统一的问题又回到了学问真假的问题，学问之真假又取决于是否与天性至情统一。可见，章学诚解决文如其人问题的思路也是人的才性，只是他论述的重心在学者的才性，顺便论述文人的才性。

三　文情与文性

文情、文性与才性、品性的关系是复杂的，尽管章学诚从性情与学问的角度提出了一个解决的思路，但如何才能循自己的天性而达于大道，达到文如其人的理想境界，则是关乎天人之辨的深微问题。这里涉及一个问题：文情即文章的情貌，与文性即文章的内在质性，是否统一的问题。

对此问题，《史德》《文德》篇也有深刻的思考，前面在论述章学诚的文德论时已经涉及文情与文性的问题。比如前引《史德》关于气、情与文章的关系，章学诚认为"天下之至文"③一定是作者发自肺腑的真情之文，这样的好文章其中必然蕴含着作者的充沛情感——气，但人禀天地阴阳之气以生，由于受到个体情感的影响，就会产生天人之间的不一致，也就是说文章会有

---

① 叶瑛：《文史通义校注》，第 161—162 页。具体引文见前面章学诚主体性一节。
② 《与周永清论文》，仓修良：《文史通义新编新注》，第 726 页。
③ 《史德》，叶瑛：《文史通义校注》，第 220 页。

"似公而实逞于私,似天而实蔽于人,发为文辞,至于害义而违道,其人犹不自知"①的危险。由于人的血气之私,气质中就会有偏离大道之公的危险,文章就会不自觉地表现出某种偏颇,这样就出现了文情与文性不能完全统一的现象。

要解决此问题,《文德》篇提出的是"要其大旨则临文主敬一言以蔽之矣。主敬则心平,而气有所摄,自能变化从容以合度也。"②就是说,临文时的态度也影响到文与人是否统一的问题。其核心是作家写作时的立场、态度对文本生成的影响,章学诚的思考是临文以敬。除了写作时的心态,《质性》篇提出的根本解决之道是:"阳变阴合,循环而不穷者,天地之气化也。人秉中和之气以生,则为聪明睿智。毗阴毗阳,是宜刚克柔克,所以贵学问也。"就是通过学问来变化性情。因为,"情本于性也,才率于气也。累于阴阳之间者,不能无盈虚消息之机。才情不离乎血气,无学以持之,不能不受阴阳之移也。陶舞愠戚,一身之内,环转无端,而不自知"。对于章学诚来说,最高的理想境界是通过修养而达到中行的人格,退而求其次,狂狷之士通过学问以变化气质,亦可。这样,"于学见其人,而以情著于文,庶几狂狷可与乎!"③

上述这样的人写出的文章就会达到文情与人格的统一,文情与文性的统一。否则,就会出现似是而非的"文不如其人"的现象。这是因为,文情之真伪在于人格之真假,后世"因三伪而亡三德",使得文情也出现了真假之辨。表面的文情有三种,实际上有真假之分,可以说从文性角度来看,有六种文性,这正如人格由三种而变为后世之六种。可见,从文情角度来说,"文不如其人"的论断是正确的,但从文性的角度来说,则"文如其人"的命题也是成立的。

四 学品与文品

对于章学诚的这些新思考,我们有必要把它放在乾嘉时期的学术思潮和新义理思想的大背景下来观照,以见出这些新见解的意义。

在导论部分我们已经指出,乾嘉新义理观由戴震开其端,戴震认为"德性资于学问"④,学问变化气质。人的德性是一个不断成长的过程,而学习在其中的作用是关键的。这里还有一点需要说明,那就是戴震等人

① 《史德》,叶瑛:《文史通义校注》,第220页。
② 叶瑛:《文史通义校注》,第279页。
③ 以上见叶瑛:《文史通义校注》第418页。
④ 戴震:《孟子字义疏证》卷上,中华书局1961年版,第15页。

对人的德性内涵的理解不同于宋儒的狭窄，也不同于宋儒对德性中道德伦理内涵的先天强调，这与章学诚的观点有相通之处。如前所论，古人在论述文品时特别强调与人品的统一，而人品则偏于人的道德修养。而章学诚所说的文德不是传统意义上的道德心性修养，而是临文时的心理状态和态度，主要体现于文辞书写过程中，由此形成文本与心性是否统一的问题，解决此矛盾的核心是坚持临文必敬与论古必恕的态度①，也就是要重视心术的问题。

　　章学诚对人性、人格问题的思考由偏于伦理道德的德性向偏于才、学、识的知性方面倾斜，其特点是褪去人品与文品的伦理道德色彩，而转换为通过分析人的性情与文的主旨如何统一的问题，以分析文与人不统一的原因，并提出解决之道。学问真假的核心在于立言有无宗旨，学问之真假既关乎文章之真伪，又关乎人品之优劣与文品之高下。这就从德性范畴潜移入知性领域，从知识论、认识论角度为这一古老的命题赋予新意，也是一个去魅的过程，因而使得章学诚的思想具有了某些现代色彩。乾嘉新义理学是考据学的产物，其核心是以求真为最高学术目标，这与宋明儒学的求善为最终归宿不同，也是暗合现代科学主义思潮的，胡适等人对戴震、章学诚的推崇就是基于此种学理，不可不谓眼光独到。因此，章学诚的解释预示着中国文化的一个转向，那就是儒家泛道德主义的思想开始了"祛魅化"的历程。这一过程在以后的历史中由于外来文化的冲击而加速，但清儒对中国文化的反思已经表明了文化内在的发展趋向，章学诚文论的意义也就在这里。

第三节　章学诚的"文理"论与创作思想

　　文章写作有无内部规律可循？文章本身有无自己的规律？这都是千百年来困扰文人学者的一个大难题。章学诚所说的"文理"理论对此问题做了阐发②，体现了他的高明独断之新见。章学诚追求能发挥个体性情才性特质又有独创性的高明之学，认为这才是真正的学问。文章是个体才性的外在表现，文理也是与作者的心性才性紧密相关的，所以要谈文理离不开作者

①　关于此问题的详细论述，请参看前两节心术论与文品论。
②　《文史通义》有《文理》一文。桐城派尊奉归有光的《史记》评点所阐发的文法，号为古文秘传，章学诚对此加以批评，但对文章之道本身所论不多，笔者结合其他处有关论述广而论之，全面探讨章学诚的"文理"论。

的主体因素。因此文理表面上是文章的问题,但在章学诚那里则变成了作者的问题,这是章学诚与一般文章家注重文章评点、具体行文等技法论不同的关键。章学诚在这方面的思考对于我们今天的文章学、写作学、文学创作理论研究都是很有启发意义的。

章学诚曾明白说道:"文亦自有其理。妍媸好丑,人见之者,不约而有同然之情,又不关于所载之理者,即文之理也。"①文理就是文章作为一种语言艺术的妙处,其虽与本身要表达的义理无法完全割裂,但主要不在于此。他还说过:"是以学问之事,可授受者规矩方圆,其不可授受者心营意造。"②这是将学问分作两个方面,若以此来论文理,则这里的"规矩方圆"偏重于具体的"文例"范围,指著文时大家共同遵循的一些规定,这是普遍的、群体的;"心营意造"则偏重于主体的创造,包括作者的感想以及判断,以及由此所形成的构思及文章表达的基本设想等,是主体的心灵感悟,无法作为既定的文法传授。因为各人的性灵心性不同,具体文学作品所表达的是主体在特定情境与心境下的思考,不能作为固定的方法传达教授给他人。章学诚举例说明:"比如怀人见月而思,月岂必主远怀? 久客听雨而悲,雨岂必有愁况? 然而月下之怀,雨中之感,岂非天地至文? 而欲以此感此怀,藏为秘密,或欲嘉惠后学,以谓凡对明月与听霖雨,必须用此悲感方可领略,则适当良友乍逢,及新婚宴尔之人,必不信矣。"③可见,章学诚所说的文理侧重于主体的心性,是已经把握了文章艺术规律后所达到自由的境界,类似于庄子说的庖丁解牛之技进于道的状态。

我们认为,章学诚论文理是与多种因素有关的,综合前面的论述,大约有几个关系需要深入分析:其一,文章所要表达的内容(义)与文章的文体本身之理,即文义与文理的关系。其二,文情、文性与文理的关系,即性灵与文理、规矩与自由的问题。其三,文例、文律与文理的关系,涉及文章体裁法度的问题,是对一定之法与无法之法的辩证思考。表面上,章学诚论文理也涉及一般人所论的文章义例问题,但其深层意蕴和本质则是富有独特个体体验和创造的文章写作的规律问题,文理与文义、文例、文性、文情、文律、文法等诸多方面既互相联系,但又不完全相同,其灵魂则是章学诚反复强调的作者性灵、质性禀赋。为了论述的逻辑条理,下面只能强行分别,逐一论述,其实之间存在交叉会通。

---

① 《辨似》,叶瑛:《文史通义校注》,第 340 页。
② 《文理》,叶瑛:《文史通义校注》,第 288 页。
③ 《文理》,叶瑛:《文史通义校注》,第 288 页。

一　文旨文义与文理

文章是用来表达思想感情、叙述事理的，所以，表达的内容、主旨与方式是紧密相关的，更与表达者自身的学问修养程度有关，这是章学诚反复论述的一个主题。他认为只有言之有物，有真学问的文章，也就是自具面目、文旨文义深刻的文章才会是好文章，这样的文章才是有文理可言的。

章学诚反复强调，文章必本学问，文章写作的第一要务在于学问之深浅与真假，这是文章义理通否的关键。他认为："学问文章，古人本一事，后乃分为二途。近人则不解文章，但言学问，而所谓学问者，乃是功力，非学问也。"①章学诚首先分析了何谓学问的问题，他从当时人们的一个认识误区开始辨析，时人误将求知的功力当作学问，这好比是误将酿酒的稻米当作美酒。而学问必须是学有自得，既能将古人的深刻幽深的意思明白地阐释出来，又能给后人以启发。更重要的是，这种真正的学问必须是自己的独得之秘，"其中隐微可独喻，而难为他人言"，由此写成的文章，自然是文理通达的妙文。这种文章的文理是与文义密切相关的，是与作者的学问紧紧联系在一起的，自然也很难向他人解释清楚。

所以，他反复强调"立言之要，在于有物。古人著为文章，皆本于中之所见"，"学问为立言之主，犹之志也；文章为明道之具，犹之气也。求自得于学问，固为文之根本；求无病于文章，亦为学之发挥。"②文义之本在于主体的学问造诣深浅。要认识文理之妙处，关键在于真正领会作者的为文之旨。他分析列举了一些人，包括苏轼等名家对文章妙处的认识情况："世之能文章者，以为言语之工，体撰之妙，能状难达之情，拟之化工造物，而文章之能事尽矣；行乎不得不行，止乎不得不止，拟之万斛泉源，随地涌出，而文章之能事尽矣；思涉乐其必笑，方言哀而已叹，拟之雍门鼓瑟，成连蹈海，而文章之能事尽矣。"③他们主要是从文辞的巧妙运用与体物之妙的角度论述文章的文理，认为这样的文章达到了"文章之能事尽矣"的地步，自然文理高超，由此也就认识到了文章的奥妙，但章学诚认为："知古人之所言而不知古人所不言，未可谓之知言也。知古人之所蹈而不知古人所不蹈，未可谓之知行也。三百之《诗》具在也，文字无所加损也，声音无所歧异也。体物之工，言情之婉，陈义之高，未尝有所改变也。然而说《诗》之旨一有所异，则《诗》之

---

① 《又与正甫论文》，仓修良：《文史通义新编新注》，第807页。章学诚对此的具体论述见前节关于"学者之文品"的引文。

② 《文理》，叶瑛：《文史通义校注》，第287页。

③ 《杂说》，仓修良：《文史通义新编新注》，第353页。

得失霄壤判焉。是则文章之难,不在其言,而在其所以为言也。"①强调作文之难,不在表面的文辞运用,难在为文之主旨,主旨要有深义才有文理,所以要识别文章之义理高下、文章本身的文理好坏,关键还在于要能认识到背后所体现的作者学问造诣之高下。

二 性灵质性与文理

文情、文性关乎作者之质性、性灵,既是学品与文品的问题②,也关乎文理之高下。章学诚论学最重天性,认为作者的性灵即是学问成家的根本,当然也是文章之文理好坏的关键。

在章学诚那里,性灵的含义是指人的质性。人的质性不同,则当发挥自己的所长,避其所短,方才能使学问成一家之言。《假年》篇在解释年岁有尽、学问无穷的矛盾时,也从发挥质性特长的角度论述解答了这个问题。他举例说:"蟪蛄纵得鲲鹏之寿,其能止于啾啾之鸣也。盖年可假,而质性不可变;是以圣贤爱日力,而不能憾百年之期蹙,所以谓之尽性也。"人的生命是有限的:"以有尽之生,而逐无穷之闻见;以一人之身,而逐无端之好尚,尧、舜有所不能也。"孟子曾说:"尧、舜之智,而不遍物。尧、舜之仁,不遍爱人。"③文章后面附有族子章廷枫的一段解释:"叔父每见学者自言苦无记性,书卷过目辄忘,因自解其不学。叔父辄曰:'君自不善学耳。果其善学,记性断无不足用之理。书卷浩如烟海,虽圣人犹不能尽。古人所以贵博者,正谓业必能专,而后可与言博耳。盖专则成家,成家则已立矣。宇宙名物,有切己者,虽锱铢不遗。不切己者,虽泰山不顾。如此用心,虽极钝之资,未有不能记也。不知专业名家,而泛然求圣人之所不能尽,此愚公移山之智,而同斗筲之见也。'"④从"专则成家"的角度辩证分析了博与约的关系,对于我们认识这个问题也有参考价值。

他又认为,文章本于学问,所以天性、性情与学问、文理的紧密联系是合乎逻辑的顺延:"人之性情,各有所近,平奇浓淡,不能易地为良。使得其意之所惬,而入于趣之最深,则神明变化,即在方圆规矩之中。"⑤"春秋以降,官师分职,学不守于职司,文字流为著述。丈夫之秀异者,咸以性情所近,撰

① 《杂说》,仓修良:《文史通义新编新注》,第 353 页。
② 关于这个问题,笔者有更详细的论述,请参看本章第二节《章学诚的"文如其人"论》一节关于"文情与文性"的具体论说。
③ 以上见《假年》篇,叶瑛:《文史通义校注》,第 323 页。
④ 叶瑛:《文史通义校注》,第 323 页。
⑤ 《清漳书院留别条训》,仓修良:《文史通义新编新注》,第 612 页。

述名家。至于降为辞章，亦以才美所优，标著文采。"①人之性情，各有所近，关键是要以性情所近，撰述名家，这样才能得心应手，自出机杼，写出有学问、有性情、有文采、符合文理的好文章。

三　文例文律与文理

章学诚论学术谈文章最重义例。据仓修良编注的《文史通义新编新注》的统计，以"例""序例""例议"等命名的文章有五十多篇。这些文章主要探讨史学问题，集中于方志义例。此外，《文史通义》还有大量的探讨一般文例的文章。根据学者的统计，这些作品与专论史著义例的五十余篇合计百篇有余②。

那么，何为义例？章学诚在《传记》篇中言简意赅地说道："文章宗旨，著述体裁，称为例义。"③义例乃著述之原则与指导之一。章学诚曾说："鄙人所业，文史校雠，文史之争义例，校雠之辨源流。"④《家书二》中又说："吾于史学，盖有天授，自信发凡起例多为后世开山……至于史学义例，校雠心法，则皆前人从未言及，亦未有可以标著之名。爱我如刘端临，见翁学士询吾学业究何门路，刘则答以不知，盖端临深知此中甘苦，难为他人言也。"⑤之所以难为人理解，除了时代风尚与章学诚的学术路数不同，还在于其中内含深刻的意旨。"义"即作文宗旨，重在学问著述要有宗旨，"例"指文章体裁，偏于规则，两者相辅相成，不可截然分开：例以义起，理在例中。

文例所涉问题繁多，此处以文章写作中对人物的称名问题为例来简单谈谈。清人特别重视人物称名的问题，章学诚《繁称》篇溯源明流，从称谓古今之变化来谈文章义例与文理的关系："尝读《左氏春秋》，而苦其书人名字，不为成法也。夫幼名，冠字，五十以伯仲，死谥，周道也。此则称于礼文之言，非史文述事之例也。左氏则随意杂举，而无义例；且名字谥行以外，更及官爵封邑，一篇之中，错出互见；苟非注释相传，有受授至今，不复识为何如人……史迁创列传之体，列之为言，排列诸人为首尾，所以标异编年之传也。然而列人名目，亦有不齐者，或爵，（淮阴侯之类。）或官，（李将军之类。）或直书名，虽非左氏之错出，究为义例不纯也……唐末五代之风诡矣，

① 《妇学》，叶瑛：《文史通义校注》，第 532 页。
② 此处对章学诚关于文例问题情况的统计，参见何诗海：《论清代文章义例之学》，《浙江大学学报（人文社会科学版）》2012 年第 4 期。
③ 叶瑛：《文史通义校注》，第 249 页。
④ 《与孙渊如观察论学十规》，仓修良：《文史通义新编新注》，第 398 页。
⑤ 仓修良：《文史通义新编新注》，第 817 页。

称人不名不姓,多为谐隐寓言,观者乍览其文,不知何许人也。如李曰陇西,王标琅琊,虽颇乖忤,犹曰著郡望也。庄姓则称漆园,牛姓乃称太牢,则诙嘲谐剧,不复成文理矣。"①从《左传》、司马迁以来,人物称名都有不符合义例的问题,特别是唐末五代以后,文风不正,写作者主观上的有意为之更使这个问题日益严重,文章"不复成文理矣"。《驳张符骧论文》也专门就这个问题做了详细论述。②

此外,熟悉古书义例是一个学者的基本常识,更是文章写作的大问题,但有些所谓文章大家对此却缺少认识。比如袁枚,章学诚就认为:"彼不自揣,妄谈学问文章,古文辞颇有才气,而文理全然不通。而其言不类,殆于娼家读《列女传》也。学问之途甚广,记诵名数,特其一端。彼空疏不学,而厌汉儒以为糟粕,岂知其言之为粪土耶?经学历有渊源,自非殊慧而益以深功,不能成一家学也。而彼则谓不能诗者遁为经学。是伏、郑大儒,乃是有所遁而为之,鄙且悖矣。"③章学诚认为袁枚不学无术,强不知以为知。虽然所作古文辞颇有才气,但由于对文章义例不熟,导致文理也不通。

章学诚曾在与好友邵晋涵的通信中提出了自己的"文律"论:"仆持文律,不外清真二字。清则气不杂也,真则理无支也,此二语知之甚易,能之甚难。君家念鲁(按:指邵晋涵的先祖邵廷采)先生,尝言'文贵谨严雄健',夫谨严存乎法度,雄健存乎气势。气势必由书卷充积,不可貌袭而强为也。法度资乎讲习,疏于文者,则谓不过方圆规矩,人皆可与知能。不知法度犹律令耳,文境变化,非显然之法度所能该;亦犹狱情变化,非一定之律令所能尽。故深于文法者,必有无形与声而又复至当不易之法,所谓文心是也;精于治狱者,必有非典非故而自协天理人情之勘,所谓律意是也。文心律意,非作家老吏不能神明,非方圆规矩所能尽也;然用功纯熟,可以旦暮遇之。"④这段话意蕴深厚,其中以如何熟练运用法律来比喻文章写作中的法度与自由的问题,形象生动而耐人寻味。文律就是文章写作的法度,这好比法律。"清真"是章学诚对文章著述的总要求,涉及多个方面,本书在多处从多个角度论述了章学诚的这个重要思想,此处从文律的含义上来说,实际就是文章义例是否得当的问题。"清则气不杂也",指文例要合乎规范;"真则理无支也",指文义要深刻自得,有条理,符合逻辑。所以他说:"清真者,学

① 叶瑛:《文史通义校注》,第393页。
② 仓修良:《文史通义新编新注》,第478—480页。
③ 《诗话附录》,叶瑛:《文史通义校注》,第569—570页。
④ 《与邵二云》,仓修良:《文史通义新编新注》,第666页。

问有得于中,而以诗文抒写其所见,无意工辞,而尽力于辞者莫及也。毋论诗文,皆须学问。"①这是从一般意义上论文律的问题。

文律与文法是紧密相关的,文律谨严是否就意味着固守死法呢？这是论文律的更高层次的问题。前面章学诚引述邵念鲁的充满辩证思维的言论,从老吏既坚持原则又灵活运用法律的角度引申出如何坚持文律的问题。章学诚认为文章写作的最高境界是法而无法,换言之,就像老吏对律例的使用能做到全凭心中自由裁度一样,文法文例等文律的遵守,也是"非方圆规矩所能尽也","故深于文法者,必有无形与声而又复至当不易之法,所谓文心是也",可见,文章之妙,全在一己之心法。章学诚也曾经就如何教育童子学写八股时文与周震荣探讨过这个问题："足下之课童子文字,以有题目蹊径者为易。而鄙人之课童子,以无题目蹊径者为易。然而各用其法以课其弟子,亦各有其效……凡立言者,必于学问先有所得,否则六经、三史,皆时文耳,况于他乎！学问而至于有得,岂可概之学者,是以利钝华朴杂陈焉,而使之文境不拘窒,他日可以为有得之基,此前书之所谓勿以机心成其机事也。"②比如文中谈到教导学生作文时要不要出题目的问题,章学诚认为这不是问题的根本,关键是不能桎梏了孩童的心灵自由和个性。基于章学诚的一贯主张,表面的文法是不重要的,学问能否有得才是写作的根本,如此才能使文境不拘谨,作者直抒己见,自由发挥。

总之,文心之微,文理之妙,全系于作者一心。下面一段作者的自道,就深入细致地阐明了这个道理："去冬为次儿改所代撰谱传,遂觉作文少而改文多,文不加工,而于体裁、法度、义例,殆于杜陵所谓'晚节渐于诗律细'也。不知者以谓文贵抒己所欲言,岂可以成法而律文心;殊不知规矩方圆,输般实有所不得已,即曰神明变化,初不外乎此也。"③由批改自己儿子的习作文章,章学诚悟出了规矩与自由的辩证关系。

"晚节渐于诗律细",只有经过长期的文章写作经历与大量的阅读积累,才能深谙个中三昧,认识到文律之由规矩到自由,文法之由有法到无法。文章义例,存乎一心,可言又不可言。而且文心随世变而转移,文章也要随着社会历史的变化而变化。天人性情之辨,文情文性之真伪等文心的其他方面,实斋都做了许多精微的论述。文理全系于文心,而其宗旨,一言以蔽之,修辞立其诚而已！

① 《诗话附录》,叶瑛：《文史通义校注》,第569页。
② 《再答周筦谷论课蒙书》,仓修良：《文史通义新编新注》第733—734页。
③ 《与邵二云论义》,仓修良：《文史通义新编新注》第668页。

第四节　章学诚的"史笔"论及其美学追求

中国传统文学以诗文为主体,对古代文论的研究若秉持现代以虚构为主要艺术手法、以情感为文学基本要素、以审美为目的的文学理论来观照,不仅方枘圆凿,而且往往会忽略一些有价值的理论观点。单就诗文之文来说,就是我们现在所指称的所谓古代散文,其中大量作品属于史学的范畴。史学家关于史书笔法,也就是文辞书写的美学原则显然也应当纳入关于古代文论的思考中。章学诚以史为本,以文济史,通论文史,他的史笔论也就是文笔论。本节特就章学诚所提出的"清真""文情"与"文德"等概念在史书编撰中的应用进行探讨,具体阐述章学诚关于史书书写的美学原则对传统史学笔法的继承与发展及其文论价值,并以此为例,论述章学诚的文章笔法理论。

一　《春秋》"五例"与刘知几"尚简""用晦"论

史书书写具体涉及的笔法,既是一个美学的追求问题,也是一个文论问题。

在章学诚之前,总结《春秋》以来的史书撰写经验,从理论上对史书的书写原则进行系统探讨的是刘知几,而刘知几的观点是从《左传》引申来的。据《左传·成公十四年》载:"君子曰:'《春秋》之称,微而显,志而晦,婉而成章,尽而不污,惩恶而劝善。非圣人谁能修之?'"①晋杜预《左传正义序》解释道:"一曰'微而显',文见于此,而起义在彼。二曰'志而晦',约言示制,推以知例。三曰'婉而成章',曲从义训,以示大顺。四曰'尽而不污',直书其事,具文见意。五曰'惩恶而劝善',求名而亡,欲盖而章……若夫制作之文,所以章往考来,情见乎辞。言高则旨远,辞约则义微。此理之常,非隐之也。"②这就是史学界文学界广泛讨论的"春秋笔法"问题③,刘知几在此基础上提出了"尚简""用晦"的笔法原则。

《史通》首先对史书的叙事提出了"尚简"的原则:"夫国史之美者,以叙事为工,而叙事之工者,以简要为主。简之时义大矣哉!历观自古,作者权

---

① 杜预注:《春秋左传正义》,李学勤主编,北京大学出版社 1999 年版,第 765 页。
② 杜预注:《春秋左传正义》,第 18—20 页。
③ "春秋笔法"被后来桐城派发展为"义法"理论,包含内容取舍、主旨确立,与文辞表达两方面的问题,本文的论述侧重后一方面。

舆。《尚书》发踪，所载务于寡事;《春秋》变体，其言贵于省文。斯盖浇淳殊致，前后异迹。然则文约而事丰，此述作之尤美者也。"①"《易》以六爻穷变化，《经》以一字成褒贬，《传》包五始，《诗》含六义。故知文尚简要，语恶烦芜，何必款曲重沓，方称周备。"②刘知几对史书的叙事非常重视，能达到文约而事丰，文质两协，精练而有意味的美学境界者，就是"作者曰圣"了。当然，在实际的批评中，刘知几则犯了尚简过当的毛病，受到后人的批评。

在"尚简"的基础上，刘知几进一步提出"用晦"的主张:"章句之言，有显有晦。显也者，繁词缛说，理尽于篇中;晦也者，省字约文，事溢于句外。然则晦之将显，优劣不同，较可知矣。夫能略小存大，举重明轻，一言而巨细咸该，片语而洪纤靡漏，此皆用晦之道也。"③可见，用晦不是行文晦涩难懂，而是要通过省字约文，达到言尽意不尽的审美效果。浦起龙解释说:"用晦之道，尤难言之。简者词约事丰，晦者神余象表。词约者犹有词在，神余者唯以神行，几几无可言说矣。"④可见用晦是更高的艺术技巧，颇具审美意味。

由此可知，史书文字的"尚简""用晦"是有悠久传统的，这可能与古代文字的刻写不易有关，但史家由此上升到一种史书撰写的原则，并赋予其一定的艺术和审美效果，则是一种有意识的文学追求。可见，刘知几的史书书写原则是以真为美，突出史书与文章的区别，也就是我们现在所说的史学与文学的分别。

二　气清理真之史文义例论

章学诚在刘知几所提倡的"尚简""用晦"基础上做了更深入的探讨。我们知道，章氏将史书编撰的问题分为史义、史事和史文三者:"史所贵者义也，而所具者事也，所凭者文也。孟子曰:'其事则齐桓、晋文，其文则史，义则夫子自谓窃取之矣。'非识无以断其义，非才无以善其文，非学无以练其事，三者固各有所近也。"⑤史书编撰和书写需要才、学、识，既涉及内容的取舍安排，也有一个文辞的美学原则问题。为此，章学诚提出了以"清真"为文律的史书写作原则。如前所论，章学诚曾说:"仆持文律，不外清真二字。清则气不杂也，真则理无支也。"⑥清真简单来说就是气清理真，是章学诚提出

---

① 刘知几撰，浦起龙通释:《史通》，上海世纪出版集团 2008 年版，第 122 页。
② 《表历》，刘知几撰，浦起龙通释:《史通》，第 39 页。
③ 《叙事》，刘知几撰，浦起龙通释:《史通》，第 126 页。
④ 刘知几撰，浦起龙通释:《史通》，第 127 页。
⑤ 《史德》，叶瑛:《文史通义校注》，第 219 页。
⑥ 《与邵二云》，仓修良:《文史通义新编新注》，第 666 页。

的一个重要的文章学美学原则,涉及一切文字书写的总原则,关乎内容的安排与文字的运用两个方面,此处专就史书领域做论述。

"清"是就文体来说的,众所周知,章学诚的学术是文史校雠:文史重在义例,校雠重辨源流。就史书的体例来说,他首先强调的就是文体的纯正:"清则主于文之气体,所谓读《易》如无《书》,读《书》如无《诗》,一例之言,不可有所夹杂是也。"①因此他批评当时有些人不解各种文类的体例要求,且各种文体风格杂糅:"近有强解事者,于碑志之文,谓六朝华缛,而书法多用谀辞乱之;唐宋清析,而藻缛不如六朝。因用唐宋书法叙事,而参以六朝藻饰,自矜创巧,不知无此理也。文有一时体式,今古各不相袭,犹书法之真、草、篆、隶,不相混也。"②他认为:"文各有体,《六经》亦莫不然,故《诗》语不可以入《书》,《易》言不可以附《礼》,虽以圣人之言,措非其所,即不洁矣,辞不洁则气不清矣。后世之文,则辞赋绮言,不可以入纪传,而受此弊者乃纷纷未有已也。"③如果各种文类的语体风格混杂,就会使得史书的体例不纯。

"真"是就文章主旨和内容来要求的,作文必须言之有物,有的放矢:"真则不求于文,求于为文之旨,所谓言之有物,非苟为文是也。"④"论文以清真为训,清之为言不杂也,真之为言实有所得而著于言也。清则就文而论,真则未论文而先言学问也。"⑤写好文章的根本在于要有学问,这是章学诚一贯的主张,而且学问在他那里是有特殊含义的,就是贵自得、有宗主的创新思想。因此,章氏将史学著作分两类:撰述与记注。他认为真正的史学是能成一家之言的著作,因为有功力不等于学问。比如宋代史家王应麟著有《困学记闻》一书,为人所推崇,但章学诚认为:"王氏诸书,谓之纂辑可也,谓之著述,则不可也。谓之学者求知之功力可也,谓之成家之学术,则未可也。"⑥这些只能算作记注,而不能称为撰述。并批评:"今之博雅君子,疲精劳神于经传子史,而终身无得于学者,正坐宗仰王氏,而误执求知之功力,以为学即在是尔。"⑦章氏论史学特重著述,也就是能成一家之言的著作,这些在本书前面也有论述。综合章学诚对于"清""真"的解释,我们可以看出,"清"是就文章的体制风格而言,也就是文例。"气不杂"是说体例的纯

①　《乙卯札记》,《章学诚遗书》第 377 页。
②　《信摭》,《章学诚遗书》第 369 页。
③　《评沈梅村古文》,仓修良:《文史通义新编新注》,第 483 页。
④　《乙卯札记》,《章学诚遗书》,第 377 页。
⑤　《信摭》,《章学诚遗书》,第 369 页。
⑥　《博约中》,叶瑛:《文史通义校注》,第 161 页。
⑦　《博约中》,叶瑛:《文史通义校注》,第 161 页。

洁,当然也包括语言问题,就是辞洁,这比刘知几一味主张尚简显然更有道理。"真"是就文章的思想内容而言,也就是文之义,也涉及文理的问题。①"理无支"是指内容不支离破碎,也涉及文章结构安排等问题。可见,"清"与"真"是不能截然分开的。我们这里的侧重点在文辞文体等表达方面,对于义法之义,也就是史义、史事所要求的"真"这一方面,则在他处论述。

三 文情之至与神妙之境论

史学著作以叙事为主,能达到清真的要求已属不易。但文字之事不能机械论说,所以章学诚辩证地提出了"文亦自有其理"的观点,这就是他的文理论,前文已有论述,在此我们进一步申论的是,章学诚文理论还有更深一层的意思,那就是追求更高的境界:由文情之至以达于神妙之境。

他曾引《羯鼓录》的一段记载生动地提出并说明了一个问题:"有善音者客长安邸,月下闻羯鼓声,寻声访至,则其先人供奉太常者也。询以技,甚精能。何无尾声?则曰:'检旧谱而亡之,故月下演声以求之耳。'问以调成亦意尽乎?曰:'尽矣。'曰:'意尽则止,又何求焉?'曰:'声未尽也。'因拊掌曰:'可与言矣。'逐教之借调以毕余声,其人鼓之而合,至于搏颡感泣,斯固艺事之神矣。"②歌者要想达到情感抒发的酣畅、艺术表达的到位,不能仅仅满足于准确,还要追求气畅声尽。以此类推,则:"文章之道,亦有然者。文固用以明理,或以记事,然有时理明事备而文势阙然,乃若有所未尽。此非辞意未至,辞气有所受病而不至也。求义理与征考订者皆薄文辞,以为文取事理明白而已矣,他又何求焉?而不知辞气受病,观者郁而不畅,将并所载之事与理而亦病矣。"③不管叙事还是说理,不能像宋学追求义理、汉学考订学问那样仅仅满足于将意思表达出来,这是远远不够的,因为文章还要追求表达得好,也就是文意要通畅通达,这与文气畅达与否关系密切,因为:"文生于情,情又生于文,气动志而志动气也。""文以气行,亦以情至。人之于文,往往理明事白,于为文之初指,亦若可无憾矣。而人见之者,以谓其理其事不过如是,虽不为文可也。此非事理本无可取,亦非作者之文不如其事其理,文之情未至也。今人误解辞达之旨者,以谓文取理明事白,其他又何求焉?不知文情未至,即其理其事之情亦未至也。譬之为调笑者,同述一言而闻者索然,或同述一言而闻者笑不能止,得其情也……夫文生于情,而文又

① 这个思想在文理论一节已经有论述,请参看。
② 《杂说》,仓修良:《文史通义新编新注》,第354页。
③ 《杂说》,仓修良:《文史通义新编新注》,第354—355页。

能生情,以谓文人多事乎? 不知使人由情而恍然于其事其理,则辞之于事理,必如是而始可称为达尔。"①章学诚此处用说笑话的事例做比喻,说明"文情未至,即其理其事之情亦未至"的道理。文章感人与否在于文章是否有生气,而文气畅达与否则在于作者的主体性情,作者情真意切,发为文章,自然动人心、切人情,方为天下之至文。可见,只有文气畅达的文章才能充分达到对事物的准确透彻的叙述,也才能让读者感到一种阅读的快感。这才是文情之至的最高境界。

由此更进一步,章学诚主张要使文章达到一种"神妙"的境界。他以骈体文章为例来说明这个问题:"骈体赋人,成篇自易,如欲清真结撰,摩写传真,自当减削其辞,拟于伐毛洗髓,隐括要节,谋兹短篇,庶知文者以谓曲折无尽,此竹数尺而有千寻之势,文短而神味长也。"②就是说在骈体文赋等文学创作中,除了要内容有逻辑,即"真",还要文体符合规范,即"清",使内容与形式完美统一,也就是达到清真的要求之外,文辞还要能够在简短精练中体现出深长"神味",就像竹子虽然只有几尺高,但其向上生长的形象"有千寻之势"。他在《辨似》篇中进行了更深入的阐释:"《易》曰:'阴阳不测之谓神。'又曰:'神也者,妙万物而为言者也。'孟子曰:'大而化之之谓圣,圣而不可知之之谓神。'此神化神妙之说所由来也。夫阴阳不测,不离乎阴阳也。妙万物而为言,不离乎万物也。圣不可知,不离乎充实光辉也。然而曰圣曰神曰妙者,使人不滞于迹,即所知见以想见所不可知见也。学术文章,有神妙之境焉。"③章学诚通过对《周易》和孟子关于"神""圣""妙"哲学问题的重新解释,引申到文章写作的范围,从哲理层面做了深刻阐释。"神妙"是文章达到"文情之至"后的自然结果,也是文章写作的更高美学境界。《说林》篇中章学诚举例做了生动描绘,说明了这个问题:"演口技者,能于一时并作人畜、水火、男妇、老稚千万声态,非真一口能作千万态也。千万声态,齐于人耳,势必有所止也。取其齐于耳者以为止,故操约而致声多也。工绘事者,能于尺幅并见远近、浅深、正侧、回互千万形状,非真尺幅可具千万状也。千万形状齐于人目,势亦有所止也。取其齐于目者以为止,故笔简而著形众也。夫声色齐于耳目,义理齐于人心,等也。诚得义理之所齐,而文辞以是为止焉,可以与言著作矣。"④也就是说既要描绘生动,符合事物的外在形貌,又要使义理符合事物的本质,这样作者读者才能顾盼之间会心一笑,作

① 《杂说》,仓修良:《文史通义新编新注》,第355页。
② 《墓铭辨例》,仓修良:《文史通义新编新注》,第489—490页。
③ 叶瑛:《文史通义校注》,第338—339页。
④ 《说林》,叶瑛:《文史通义校注》,第352页。

品自然传神，达到感人的"神妙"境界。

章学诚的文情之至论是对司马迁史学思想很好的继承，司马迁虽然没有直接谈到史学叙述的最高美学境界，但他却以自己的实践为后代树立了榜样，《史记》对人物性格、历史事件的描述真正达到了生动、逼真的境地，也就是章学诚所说的"文情之至"的境界。《答甄秀才论修志第一书》云："史志之书，有裨风教者，原因传述忠孝节义，凛凛烈烈，有声有色，使百世而下，怯者勇生，贪者廉立。《史记》好侠，多写刺客畸流，犹足令人轻生增气；况天地间大节大义，纲常赖以扶持，世教赖以撑柱者乎？"①史书中的纪传有裨教化，其秘密就在于这种史家所叙之事、所传之人不仅人格高尚，而且逼真生动。章学诚的这一观点正是对千百年来史书书写最高境界的美学概括，具有比较重要的意义。

四　史德与心术：天人性情之辨与理想的史书文本

从上面的论述可以看出，章学诚文论的另一个值得注意的方面就是对书写者性情的探讨，强调主体的天性、性情与文气、文辞的关系，这个问题在前文论"文德"时已经有所阐述②，在此则从史书书写的角度继续深入探讨一下。

作为一个以史学为本位的学者，他对文辞的态度是："古人之言，所以为公也，未尝矜于文辞，而私据为己有也。志期于道，言以明志，文以足言。其道果明于天下，而所志无不申，不必其言之果为我有也。"③学术为天下之公器，言辞所以明道，本着这种态度，他特别强调以诚为文："《易》曰：'修辞立其诚。'诚不必于圣人至诚之极致，始足当于修辞之立也。学者有事于文辞，毋论辞之如何，其持之必有其故，而初非徒为文具者，皆诚也。有其故，而修辞以副焉，是其求工于是者，所以求达其诚也。"④他认为要达到这样的目的必须要讲求著书者之心术，就是《史德》篇所论的主旨。

但是，史书要通过文辞而叙事，好的文章必然是充满了作者的真挚情感的，然而，由于作者个人的主观性情与要表达的大道总会产生公与私的矛盾，天人之间必有不能完全统一之处。"情本于性也，才率于气也。累于阴阳之间者，不能无盈虚消息之机。才情不离乎血气，无学以持之，不能不受

① 叶瑛：《文史通义校注》，第821页。
② 此意在本章第一节论"临文必敬的创作心态"时有所论述，可以互相参看。
③ 《言公上》，叶瑛：《文史通义校注》，第169页。
④ 《言公中》，叶瑛：《文史通义校注》，第185页。

阴阳之移也。"①人禀阴阳之气以生,不可能完全不受自己性情的影响,就会与立言为公的宗旨有距离,所以要讲史德,注意心术之正。

对于这种有点纠缠的论述,许多研究者往往被章学诚文辞的表面所迷惑,而没有认识到其中的真意。山口久和的解释是:公正的历史判断如果不确立坚定的学术主体性就无法实现。他认为:"章学诚在才、学、识'三长'之上增加引导它们的'史德'的意图是,主张恢复在考证学全盛时代的'风气'之中被无可奈何地窒息了的学术主体性。"②这里的关键是对"天"与"人"这两个概念的理解。一般的论者受章学诚所借用的宋儒话语的指引,习惯性的用宋儒的思想来理解章学诚的思想,就会产生偏差。从宋儒的封建伦理角度来解释,"史德"的"天"指"天理",要存"天理"之公心而灭人欲之私意。从客观主义来解释"史德"的"天",则近似于西方的"客观主义",而所谓"人"则近似于"主观主义"。我们认为,章学诚重视史德中的"心术"问题,实际是指学者在治学中要从自己的性情出发,而不是追逐风尚,这里的"天"就是个人的"天性、天质",这里的"人"指的是"人为的附加物"。③ 人发挥自己的天性,就是尽其天,这也是章学诚一直强调的学术道路。同时,章学诚也认为人类历史的发展也是符合天道自然的,所以理想的史书与文人文章要求不同,是能在天人之辨中达到天人合一的最高境界,虽不能至,但心向往之,也就符合史德的要求了,这样的文章才是真正的天下之至文。比如史书中对人物的描写,章学诚的主张是:"人物列传,必取别识心裁,法《春秋》之谨严,含诗人之比兴。离合取舍,将以成其家言。"④所谓"别识心裁"就是要发挥个人的主体性,但又要符合天理,义例要谨严如《春秋》,但意蕴又要含诗人之比兴,追求性情的统一,天人的合一。

众所周知,中国传统史学文本的理论与实践存在矛盾⑤,但史书文本必然打上主体的印记,章学诚的论述使二者有了统一的可能,即在于对人的主体性的肯定。因为历史学有科学与艺术两重性,中国传统史学是一种具有前科学性质的诗性史学,反过来,我们当然也可以把传统史学的文本理论纳入文学的范畴,尤其是关于文章学的理论。这样,由史书到文章,章学诚的文论就不仅仅限于史书书写的美学原则问题,而进入一般文学理论的范畴。这实际涉及的是一个新的学术领域,即历史诗学的问题,本书后文将重点

① 《质性》,叶瑛:《文史通义校注》,第418页。
② 山口久和:《章学诚的知识论》,上海古籍出版社2006年版,第150页。
③ 章益国:《章学诚"史德"说新解》,《学术月刊》2007年第12期,第142页。
④ 《亳州志人物表例议下》,叶瑛:《文史通义校注》,第808页。
⑤ 可参看李洪岩《中国古代史学文本的理论与实践》,《文史哲》2006年第5期,第5—18页。

论述。

　　章学诚既认识到文学创作中人的情感因素的重要作用，又要防止这种情感力量对史书实录美学原则的冲击，追求二者之间的平衡。可以说，章学诚的史家文论是对史学文本美学原则的否定之否定。司马迁文史合一，尚没有自觉的文史分别意识，汉人也将司马迁与司马相如作为文章之代表。唐代刘知几严分文史之别，但其史学文辞观不免狭隘，由此使得史书质木无文。章学诚鉴于此前史学的偏颇，重新将文史合论，但又是立足于史学基础上的文史理论，由此在史学的书写问题上达到了新的理论高度，对于今天的史书编撰也具有一定的参考价值。

第三章　辨源流义例,兼古文时文

——章学诚的文体论及文章观

章学诚的文论思想主要是关于文章学的,他自己不擅长诗词歌赋的写作,但对古文辞却自视颇高。"文史争义例",文辞义例就是其中的一个方面;"校雠辨源流",对古今文体的演变及特点也了然于胸。其立足史学叙事立场的独特的古文观,以及对时文写作的一些独特见解都值得加以分析。《文史通义》之《诗教》上下篇、《文集》篇、《篇卷》篇对文体论述比较集中,一些书信也谈及这些问题,可以互相参看。

第一节　章学诚的文体论及其特色

在辨章学术、考镜源流的校雠学目录编撰和方志等史书修撰实践过程中,章学诚深入地分析了各种文体的特点与源流,提出了丰富的文体理论。比如曾枣庄就认为:"从文体学的角度看,如果说刘勰的《文心雕龙》偏重论文,刘知几的《史通》偏重论史,严羽的《沧浪诗话》偏重论诗,那么《文史通义》则通论文史各体,它们是古代文体学史上四部最重要的专著。"①章学诚对古代文体的源流演变、文体的分类、文体的规范要求与审美理想等都提出了一些有价值的看法。② 其中贯穿的是章学诚以学术思想为根本立论依据的文史理论。也就是说要重视文章的内容(质),并适当兼顾其外在表现形式(文)。用章学诚自己的话就是文史校雠之学所"争辨"的"源流"与"义例"。下面对其作简要概述③。

①　曾枣庄:《中国古代文体学》上卷《中国古代文体学史》,上海人民出版社 2012 年版,第 872 页。

②　对章学诚文体理论的论述,彭志琴的硕士论文《章学诚文体批评研究》(江西师范大学 2009 年)研究较为具体细致,可以参看。本节关于章学诚文体论从三个方面论述的思路,也是受到彭志琴的研究启发而总结出来的,特此说明,并致谢意。

③　这些文体论的主要观点在本书的其他章节也有或深或浅的涉及,比如文理论,史书笔法论、文化诗学、古文辞论、时文观、诗话论等节都有论述,可以互相参看。

一　六艺为源、体备战国的文体源流演变论

章学诚对文体论的主要贡献首先体现在他对文体流变的分析方法上。众所周知，章学诚论学特别重视辨章学术、推源溯流。他说："盖刘向父子，部次条别，将以辨章学术、考镜源流。非深明道术精微，群言得失之故者，不足与次。"①章学诚发扬了汉代刘向父子的这种学术方法，并将这一精神贯通于其学术研究，当然也包括对文体的研究。

"文本于经"的观点是经学视野下的通常论断，在章学诚之前就有多人论述过，比如，《文心雕龙·宗经》说："故论说辞序，则《易》统其首；诏策章奏，则《书》发其源；赋颂歌赞，则《诗》立其本；铭诔箴祝，则《礼》总其端；纪传铭檄，则《春秋》为根。"②刘勰将后世的各种文体分类分别溯源于五经，体现了强烈的宗经观念。北齐颜之推对"文本于经"也有相关论述："夫文章者，原出五经：诏命策檄，生于《书》者也；序述论议，生于《易》者也；歌咏赋颂，生于《诗》者也；祭祀哀诔，生于《礼》者也；书奏箴铭，生于《春秋》者也。"③具体阐明了文章原出五经的思想。

章学诚的创新在于，通过辨章学术，他提出六经对后世学术文章的文体影响主要有三："史学本于《春秋》，专家著述本于《官礼》，辞章泛应本于《风诗》，天下之文，尽于是矣。"④天下文章就其质来说，主要有此三种类型，更确切来说，是受《诗》《礼》《春秋》三者的影响而形成的三类。各种文体虽然外貌纷杂，但依据立言有本的文旨，可以透过纷纭复杂的表象而看出其本质。比如对于子书、文集等："子有杂家，杂于众不杂于己，杂而犹成其家者也；文有别集，集亦杂也，杂于体不杂于指，集亦不异于诸子也。故诸子杂家与文集中之具本旨者，皆著述之事，立言之选也。"⑤也是从立言有本的角度看其思想学术本质及其来源。再比如对"赋"这种文体的源流，章学诚分析道："古之赋家者流，原本《诗》《骚》，出入战国诸子。假设问对，庄、列寓言之遗也。恢廓声势，苏、张纵横之体也。排比谐隐，韩非《储说》之属也。征材聚事，《吕览》类辑之义也。虽其文逐声韵，旨存比兴，而深探本原，实能自成一子之学，与夫专门之书，初无差别。"⑥将赋之源追溯到《诗经》与《楚

---

① 《校雠通义》卷一，叶瑛：《文史通义校注》，第 945 页。
② 刘勰著，范文澜注：《文心雕龙注》，人民文学出版社 1958 年版，第 22—23 页。
③ 颜之推：《颜氏家训·文章篇》，郭绍虞主编：《中国历代文论选》第一册，上海古籍出版社 1979 年版，第 350 页。
④ 《立言有本》，仓修良：《文史通义新编新注》，第 358 页。
⑤ 《立言有本》，仓修良：《文史通义新编新注》，第 358 页。
⑥ 《校雠通义·汉志诗赋第十五》，叶瑛：《文史通义校注》，第 1064 页。

辞》，又经过战国诸子的发展，才产生汉代的大赋。这就透过文体的表面风貌而深探其学术文化流变之深层原因。

从质文代变的观点来看，后世文体也是不断发展的。章学诚说："文章莫不本于六经，人皆知之，其所以本者，人固未必知之也。六经一变而为诸子，然而九流之言，固各有所原也。再变而为文集，然而诸家选述，亦各有所自也。"①把诸子百家各种文体的源流也推至六经，再往后则是六经变而为诸子文章，再变而为文集之体，这就是《文集》篇提出的"集之兴也，其当文章升降之交"问题。《文集》篇对此问题有具体的论述，核心是将文体的演变与学术的盛衰联系起来，从学术不专家而文集方才兴起的观点出发论述后世经史子集四部分法的出现及其弊端。

章学诚对后世文体的研究也秉承此原则，比如："论诗论文，而知溯流别，则可以探源经籍，而进窥天地之纯，古人之大体矣。"②因为章学诚相信："学者苟能循流而溯源，虽曲艺小数，鄙辞邪说，皆可返而通乎大道，而治其说者，亦得以自辨其力之至与不至焉。"③后世的诗赋都可推到六经，论学论文只有善于推源溯流，才能探求古人大体。章学诚亦将这种观点用于对举子的科举文章学习与写作中，比如《论课蒙学文法》指出："是知文体虽繁，要不越此六、七类例，其源皆本于六经，而措力莫切于《左传》。学者其可不尽心乎？"④更在方志撰写中贯彻这种思想："诗赋者，六籍之鼓吹，文章之宣节也。"⑤为自己的方志收录诗文寻找学理根据。

在古今文体发展的历史进程中，章学诚认为，文体发展的关键历史时期是战国，提出了"文体备于战国"的著名观点。他分别具体地解释诸子百家的情况："老子说本阴阳，庄、列寓言假象，《易》教也。邹衍侈言天地，关尹推衍五行，《书》教也。管、商法制，义存政典，《礼》教也。申、韩刑名，旨归赏罚，《春秋》教也。其他杨、墨、尹文之言，苏、张、孙、吴之术，辨其源委，挹其旨趣，九流之所分部，《七录》之所叙论，皆于物曲人官，得其一致，而不自知为六典之遗也。"诸子百家学术都是发源于六艺之学，只是各自发展了某个方面并推向了极端，所以："明于战国升降之体势，而后礼乐之分可以明，六艺之教可以别；七略九流、诸子百家之言，可以导源而浚流；两汉、六朝、唐、宋、元、明之文，可以畦分而胜别；官曲术业，声诗辞说，口耳竹帛之迁变，

① 《清漳书院留别条训》，仓修良：《文史通义新编新注》，第619页。
② 《诗话》，叶瑛：《文史通义校注》，第559页。
③ 《和州志艺文书序例》，叶瑛：《文史通义校注》，第649页。
④ 《论课蒙学文法》，仓修良：《文史通义新编新注》，第416页。
⑤ 《永清县志文征序例·诗赋叙录》，叶瑛：《文史通义校注》，第792页。

可坐而定矣。"①两汉、六朝、唐、宋、元、明等后世之文也是前代文体的流变产物,而其关键节点是战国之文。由此,章学诚将古今学术流变以及产生的文体演变也做出了清晰的论述。

章学诚还特别指出,虽然体现诸子百家思想的战国之文都与六艺有关系,但从文体的关联来说,《诗》教的作用则在六艺中最广:"后世之文,其体皆备于战国,人不知;其源多出于《诗》教,人愈不知也。"②章学诚认为战国是纵横之世,纵横之学流行,诸子著书立说,以言辞耸动诸侯,正是孔子所谓"不学《诗》,无以言"的遗教被大大发挥的时代,这是理解此问题的关键。章学诚的《文史通义·诗教》篇内蕴丰富,此处主要从文体源流角度谈了他的文体学思想的特点。《诗教》篇所体现的章学诚的文学史思想以及学术流变的观点,本书第四章"文化诗学"一节也有详细论述,可以互相参看。

二 例简义精、以用定体的文体分类命名论

文体分类是历代文论家研究文体时重点关注的问题。一般认为,《诗》有"风""雅""颂"三体之分,但也有人认为诗"六义"的风、赋、比、兴、雅、颂既为诗之六体,亦是诗之六用,体用为一。西汉刘歆《七略》中的《诗赋略》,诗赋分体,赋分四类。班固《汉书·艺文志》以刘歆之《七略》为依据将文籍分为六略三十八种。曹丕《典论·论文》按照文体功用与风格分文章为"四科八体"。陆机的《文赋》,则增文体为十类。挚虞的《文章流别志》是我国现存的第一部文体论专著,将文体增至近三十种。体大虑精的《文心雕龙》"论文叙笔",将所有文体以"文""笔"分野,再将各种文体分为三十四个类别,在此基础上,进一步列出许多从属文体共计七十八种③,将古代文体分类研究推向了高峰。萧统从创作角度出发,以"事出于沉思,义归乎翰藻"为选文标准,共辑三十九类文体。至明代,文体分类便日趋繁琐,吴讷《文章辨体》分文章为五十九类,徐师曾《文体明辨》分文体为一百二十七类,越分越细,文体分类由此产生繁杂琐碎的弊病。

针对文体分类过程中出现的弊病,章学诚提出了"例简义精"的原则。"例"指类例、体例,"义"指文章的主旨、内容。具体解决之道则是:"夫经为解晦,当求无解之初;史为例拘,当求无例之始。"④文体分类经世致用的传

---

① 《诗教下》,叶瑛:《文史通义校注》,第76页。
② 《诗教上》,叶瑛:《文史通义校注》,第60页。
③ 采用马建智观点,见氏著《中国古代文体分类研究》,中国社会科学出版社2008年版,第166页。
④ 《书教下》,叶瑛:《文史通义校注》,第51页。

统由来已久,古人常从"用"出发来论"体","即体即用""体用不二"。章学诚论学以经世为目的,提倡"求无例之始",正是基于文体分类"经世致用"的原则。"以三王之誓、诰、贡、范诸篇,推测三皇诸帝之义例,则上古简质,结绳未远,文字肇兴,书取足以达微隐通形名而已矣。因事命篇,本无成法,不得如后史之方圆求备,拘于一定名义者也。"①表明文字刚产生时采用能表达基本意思的简单方式即可,因事命篇,以事为准,不像后世有一定的成法可循,因此可以不拘名义,体现了文章写作与分类的实用性。这就回到了文章体用的原点,将后世愈分愈多、杂乱纷纭的文体分类问题简单化、实用化。章学诚提出的这一原则无疑也适用于今天的文体分类研究。

关于文体的命名,章学诚提出的原则是既要"因名定体",又要"惟意所命",才能达到名实相副的理想境地。他首先从古代讲起:"自《左氏春秋》依经起义,兼史为裁。而司马迁七十列传,略参其例;固以十二本纪,窃比《春秋》者矣。夫其人别为篇,类从相次,按诸《左氏》,稍觉方严,而别识心裁,略规诸子。揆其命名之初,诸传之依《春秋》,不过如诸记之因经礼,因名定体,非有深文。"②考察《春秋》各传的命名,大体根据《春秋》经名而定。"上古淳质,文字无多,固有具其实而未著其名者。后人因以定其名,则彻前后,而皆以是为主义焉,一若其名之向著者,此亦其一端也。"③古代社会生活简单,文字不多,所以有的时候事物具备了实质而没有加上相应名称。后人根据事物的实质来定名,就把这种后人的思维也加到前人的身上。古人著述往往名实相异,仅用因名定体的分类方法显然不行。篇名的确立要根据作者的真实意思,而不拘于一定名义,受此束缚。比如:"典、谟、训、诰、贡、范、官、刑之属,详略去取,惟意所命,不必著为一定例焉。斯《尚书》所以经世也。"④《尚书》本为上古国家政治教化之文献汇编,典、谟、训、诰、贡、范、官、刑是《尚书》篇体的名称,文字的详细简略,资料的舍弃采取,只按照意旨给予名称,以发挥其经世之用,不必确定为定例。这正是章学诚所谓的《尚书》"圆而通"的意思。"惟意所命"就成为文体命名的一种很好的原则与方法。因此,章学诚主张论文不能拘貌:"故善论文者,贵求作者之意指,而不可拘于形貌也。"⑤若只以形貌论文,就会导致文体分类不当、名不副实。

---

① 《书教上》,叶瑛:《文史通义校注》,第30页。
② 《和州志列传总论》,叶瑛:《文史通义校注》,第667页。
③ 《易教中》,叶瑛:《文史通义校注》,第11页。
④ 《书教上》,叶瑛:《文史通义校注》,第31页。
⑤ 《诗教下》,叶瑛:《文史通义校注》,第79页。

三　辞尚体要、文贵清真的文体规范审美论

《尚书》云"辞尚体要",章学诚也认为:"辞不可以无体要。"①"体要"是对文章写作的基本要求,是对文章体制、语体、风格等的总要求。论文章首重体制是章学诚学术的一贯精神。他曾说:"体裁义例,规矩法律,古人小有出入不妨于宽,而今则实有不得不严之势,非贵古而贱今也。古人无意于文,口耳授受,竹帛著辞,皆出于不得已,其间往往有可意会而不可以言传者,未可悉裁以后世之法,道固然也。后人不知其意,徒竞其文,苟不绳之以法,则滔滔横决,且泛滥而无所归也。"②前人草创之时,事情比较简单,法不严密尚可,但后世事物繁杂,则要强调遵守体裁义例、规矩法度,这是为文的基本规则和要求。

同时,时代不同,文章的体制会有不同,文章的语体也会随之变化。他认为:"文有一时体式,今古各不相袭。""时代升降,文体亦有不同,用一代之体,不容杂入不类之语,亦求'清'之道也。"③为文不容许有不类之语掺杂,这是对文章语体规范的要求。对此,《评沈梅村古文》等篇章有许多论述,比如辞赋绮言不可以入纪传,又比如"读《易》如无《书》,读《书》如无《诗》"④。叶瑛引用李翱《答王载言书》对此有很好的注释:"六经之词也,创意造言,皆不相师。故其读《春秋》也,如未尝有《诗》也;其读《诗》也,如未尝有《易》也;其读《易》也,如未尝有《书》也。"⑤正是因为各类文章的语体不相类,所以六经之词才各有特色。

"清真"是章学诚论文的总体审美追求,但不同文类又各有不同的风格与审美追求,要根据不同的文类具体分析。我们知道曹丕《典论·论文》曾列举了八类文体:"夫文本同而末异,盖奏议宜雅,书论宜理,铭诔尚实,诗赋欲丽。"⑥这八类文章各有各的文体风貌与审美规范。刘勰将各种文章分作八类不同的风格:"若总其归途,则数穷八体:一曰典雅,二曰远奥,三曰精约,四曰显附,五曰繁缛,六曰壮丽,七曰新奇,八曰轻靡。"⑦对各类文章的风格作了精彩描述:"是以囊括杂体,功在铨别,宫商朱紫,随势各配。章表奏议,则准的乎典雅;赋颂歌诗,则羽仪乎清丽;符檄书移,则楷式于明断;史论序注,

---

① 《为毕制府撰湖北通志序》,《章学诚遗书》,第244页。
② 《评沈梅村古文》,仓修良:《文史通义新编新注》,第483页。
③ 《乙卯札记》,《章学诚遗书》,第377页。
④ 《释通》,叶瑛:《文史通义校注》,第377页。
⑤ 《释通》,叶瑛:《文史通义校注》,第387页。
⑥ 郭绍虞主编:《中国历代文论选》第一册,上海古籍出版社1979年版,第60页。
⑦ 《体性》,刘勰著,范文澜注:《文心雕龙注》,人民文学出版社1958年版,第505页。

则师范于核要;箴铭碑诔,则体制于弘深;连珠七辞,则从事于巧艳:此循体而成势,随变而立功者也。"①但总体上来说,风骨是刘勰心目中的理想审美风范与追求。章学诚也有关于各种文类具体风格的论述。如:"庄严则诏诰章表,威猛则文檄露布。"②"志铭之文显而实,别传之旨约而微。"③"若夫《易》之为教,《系辞》尽言,类情体撰,其要归于洁净精微,说理之文所从出也。"④诏诰章表文体的主要风格要求是庄严,檄文类则是威猛而有气势,而志铭之文不能夸大华丽,应该既要凸显所写对象的主要事迹,又要实事求是。说理之文以《易·系辞》为标准,其总的风格要求则是洁净精微。不同文体,体现出来的风格虽不同,但总体的基本要求是具有清真之美。

章学诚还认为文体风格与时代息息相关:"盖文人之心,随世变为转移,古今文体升降,非人力所能为也。"⑤因为文人的心境随世事变化,文风自然也会有所转移。时代不同,要求也不同。"然世代升降,而文辞言语随之,盖有不知其然而然,圣人不能易也,三代不摩唐虞之文,两汉不摩三代之语。"⑥所以他主张"用一代之体,则必似一代之文,而后合格"⑦。章学诚认为作家个性与文体风格之间也有紧密的联系,古代作家文如其人,风格即人。后世却由于人心不古,出现了文与人分离的现象,对此,章学诚特撰《质性》一文加以论述,笔者在前面的章节中已经有所论述,此不赘。

章学诚的文体理论还是比较丰富的,尤其是基于史学家立场对历代文体源流发展的考察,体现出了一个理论家高明的学术史眼光。特别是其"文体备于战国"说,虽在具体细节上时有错误,但不害其在总体上高屋建瓴之总体判断⑧,也充分展现了章学诚自己所说的"高明有余,沉潜不足"的学术与个性特点。

第二节　章学诚的古文论

中国传统意义上的文章在唐宋后主要是以古文的名义和主流形态而存

---

① 《定势》,刘勰著,范文澜注:《文心雕龙注》,第 530 页。
② 《言公下》,叶瑛:《文史通义校注》,第 197 页。
③ 《又与朱少白论文》,仓修良:《文史通义新编新注》,第 771 页。
④ 《论课蒙学文法》,仓修良:《文史通义新编新注》,第 416 页。
⑤ 《与邵二云论文》,仓修良:《文史通义新编新注》,第 668 页。
⑥ 《信摭》,《章学诚遗书》外编卷二,第 366 页。
⑦ 《乙卯劄记》,《章学诚遗书》外编卷二,第 377 页。
⑧ 何诗海《"文体备于战国"说平议》一文对章学诚该著名文体理论观点之优劣有较详细和中肯的评价,读者可以看看。《文学评论》2010 年第 6 期。

在的。古文之用总括有三:叙事、说理、抒情。我们现在研究它,也要从这三个方面来思考。即使是论其审美意义,也要从这三方面入手。若执着于现代抒情文学观念来观照古文,不免偏颇。大体而言,史学家论古文主于叙事,哲学家(即义理学家,在古代中国是儒学与子学及释道二氏)主于说理,文章家偏于抒情。但三家皆重文辞之表达,也都涉及审美领域的问题。

章学诚虽以史学家名世,但《文史通义》通论文史,对古文亦有自己之见解。他在《古文十弊》中说:"余论古文辞义例,自与知好诸君书,凡数十通;笔为论著,又有《文德》《文理》《质性》《黠陋》《俗嫌》《俗忌》诸篇,亦详哉其言之矣。"①又在此文中罗列"古文辞"写作中的十种弊端,加以批判,并提出自己的见解和古文写作的主张,大多切中时弊。深入挖掘阐释章学诚的独特古文辞思想,对丰富传统古文理论很有意义。

一　"文辞""古文"与"古文辞":"古文"之源流正变

章学诚强调:"古文体制源流,初学入门,当首辨也。"②他用"辨章学术、考镜源流"的治学方法来考辨"古文"之源流正变,在《杂说下》一文中做了比较详细的阐述。章学诚从历史的角度指出古文的概念并非古已有之,而是不同时期有不同的内涵,最早的时候指文字,到春秋战国时期文章繁荣,有了"文辞"的观点,但也不称"古文"。东汉以后,有了"文"的概念,与经传子史相区别。魏晋以后,文的概念向诗赋之类讲究辞藻的概念倾斜,这以昭明《文选》之文章概念为代表。后世李昉《文苑英华》、姚铉《唐文粹》都是按照这样的文章观点来编选的。但汉魏时期尚无"古文"的称号,只是到了隋唐科举兴起后,才有"古文"之目以与科举"时文"相对,特别是韩柳欧苏对古文的提倡,也使得古文与科举时文尖锐对立起来。宋元以后,古文之含义也混乱起来,导致古文名实不符。章学诚的观点是:"凡著述当称文辞,不当称古文;然以时文相形,不妨因时称之。"③他自己则通常以"古文辞"④来称谓我们所说的古文。基于其史学立场,章学诚心目中正宗的古文是指《左传》《国语》《史记》《汉书》等史家的叙事之文,而且特别强调:"史有三长,才、学、识也。古文辞而不由史出,是饮食不本于稼穑也。"⑤以史学为古文

① 《古文十弊》,叶瑛:《文史通义校注》,第504页。
② 《古文公式》,叶瑛:《文史通义校注》,第497页。
③ 《杂说下》,仓修良:《文史通义新编新注》,第506页。
④ 现在也有学者用"古文辞"这个术语来指称唐宋以来的"古文",并从其背后的文化思潮与文学价值观念演变来考察研究,笔者认为这是研究古代文论的一个很好的思路。见陈广宏《"古文辞"沿革的文化形态考察》,《文学遗产》2012年第4期。
⑤ 《文德》,叶瑛:《文史通义校注》,第279页。

写作的本源,这是章学诚与一般古文家的不同。

二　以史家叙事之文为古文正宗

　　基于其六经皆史的理论,对于以史学为自己特长的章学诚来说,他的古文理论所论多为史家之文。在章学诚看来,古文的传统应是史学的传统。他从古文辞的历史源流论起,认为:"古文辞必由纪传史学进步,方能有得……叙事之文,出于《春秋》比事属辞之教也。左丘明,古文之祖也,司马因之而极其变;班、陈以降,真古文辞之大宗。至六朝古文中断,韩子文起八代之衰,而古文失传亦始韩子。盖韩子之学,宗经而不宗史,经之流变必入于史,又韩子之所未喻也。近世文宗八家,以为正轨,而八家莫不步趋韩子。虽欧阳手修《唐书》与《五代史》,其实不脱学究《春秋》与《文选》史论习气,而于《春秋》、马、班诸家相传所谓比事属辞宗旨,则概未有闻也。八家且然,况他人远不八家若乎!"①从古文之祖左丘明开始,以叙事为主的史文乃为古文之本。司马迁、班固、陈寿等史家是古文辞的正宗。但六朝之后骈文盛行,史学古文衰败,即使是号称文起八代之衰的韩愈所提倡的古文,也不是章学诚所认为的理想的古文辞,因为韩愈宗经而不宗史,后世学习唐宋八大家的明清文人就更等而下之了。其根本原因还是在于章学诚认为叙事之文最难:"盖文辞以叙事为难,今古人才,骋其学力所至,辞命议论,恢恢有余,至于叙事,汲汲形其不足,以是为最难也……古文必推叙事,叙事实出史学。其源本于《春秋》'比事属辞',左、史、班、陈家学渊源,甚于汉廷经师之授受……昌黎之于史学,实无所解,即其叙事之文,亦出辞章之善,而非有'比事属辞''心知其意'之遗法也……然则推《春秋》'比事属辞'之教,虽谓古文由昌黎而衰,未为不可。"②认为史家叙事之法源本于《春秋》"比事属辞"的"《春秋》教"③,这种章学诚特别强调的《春秋》家学④,也就是史学的叙事传统后世古文家多已不知。

　　古文本有诸子议论和《左氏春秋》叙事两个传统,但当时声势浩大的桐城派古文则不太重视叙事,这与当时的风尚也不重视史学叙事之文有关。章学诚分析当时的学术风气时说:"昔《明史》未成,天下才俊争思史馆进身,故多为古文辞;自史馆告竣,学者惟知举子业矣。及三通四库,前后讨论二三十年,而乡会试程,增添诗律,于是诘春华者蔚为词章,慕秋实者竞为琐

---

① 《与汪龙庄书》,仓修良:《文史通义新编新注》,第 693 页。
② 《上朱大司马论文》,仓修良:《文史通义新编新注》,第 767 页。
③ 具体观点见第一章关于"《春秋》教"的论述。
④ 具体论述见第五章章学诚的历史诗学一节。

屑考订,其成家者固甚可观,惟古文辞则甚鲜睹,以其无所用也。"①清初《明史》修成之后,士人都汲汲于科举八股时文的研究学习写作,以史书纪传叙事为主的古文辞就几乎没人重视了。但是历史上其实不乏欲执史笔而叙论史事的才人,比如:"昔曹子建自谓辞赋小道,而欲采庶官实录,辨时俗得失,成一家之言;韩退之自谓记事提要,纂言钩玄,而正言其志,则欲求国家遗事,考贤人哲士终始,作唐一经。然则辞章记诵,非古人所专重,而才识之士,必以史学为归。为古文辞而不深于史,即无由溯源六艺而得其宗,此非文士之所知也。"②但他们只是基于其驰骋才情的目的而欲修史书撰文章,还是无法深刻理解史学真谛,以及文章写作必须"深于史""溯源六艺而得其宗"的道理。可见,章氏是基于其泛史学的立场来论古文的。

章学诚常以"诗古文辞"称某人著作,则可见其古文辞与诗并列,其言"风骚派别,碑颂渊源,乃是诗古文辞之祖"③,可见碑颂之类实用文体在其心目中的重要性。《古文公式》全文论碑铭的体制问题,认为"古文体制源流,初学入门,当首辨也"。显然将碑铭等偏于史学叙事的文体也看作古文正宗文体。章学诚的古文辞之规模可以参考邵廷采的文集所收文章。④ 邵廷采的文章以史学笔法为明清之际的许多乡贤作传,是章学诚推崇的史学著述之文的典范。

总之,在章学诚的心目中,史学"属事比辞"的叙事之文最难,也是古文辞之正宗。他反复强调说:"文章以叙事为最难,文章至叙事而能事始尽。而叙事之文,莫备于《左》《史》。"⑤所以说,明清以来多数古文家推崇的古文泰斗韩文公,究非章学诚心目中的古文辞正宗与典范。

三　古文写作的独特见解

由于章学诚以史书叙事之文为古文正宗,基于史学立场,他的古文写作思想也有自己的特色。章学诚心目中的理想史学文本是归于著述之列的,本着其一贯的重学思想,在创作论上强调学对文的决定作用。他说:"文之与学,非二事也……学立而文以生焉。"⑥我们知道,在乾嘉知识论占据学术思潮主流的氛围下,清人在文道关系上加入学,主张道、学、文三者的合一是

① 《报黄大俞先生》,仓修良:《文史通义新编新注》,第634页。
② 《报黄大俞先生》,仓修良:《文史通义新编新注》,第634页。
③ 《清漳书院留别条训》,仓修良:《文史通义新编新注》,第621页。
④ 参《家书三》中章学诚对邵廷采学术规模与古文辞特点的论述,仓修良:《文史通义新编新注》,第819页。
⑤ 《论课蒙学文法》,仓修良:《文史通义新编新注》,第415页。
⑥ 《文学叙例》,仓修良:《文史通义新编新注》,第528页。

当时文论的主流。所以章学诚也说:"义理必须探索,名数必须考订,文辞必须闲习,皆学也,皆求道之资,而非可执一端谓尽道也。"①义理、名数、文辞都需要研习,三者结合才能明道。这是因为:"由风尚之所成言之,则曰考订、词章、义理;由吾人之所具言之,则才、学、识也……考订主于学,辞章主于才,义理主于识。"②从人的天生禀赋来说,才、学、识三者缺一不可。

章学诚的创见在于他将当时如戴震、姚鼐等人都提倡的学问之三个方面——义理、考据、辞章——与人的才、学、识相对应,认为人天生就有记性、作性、悟性三种才性。学者为学要充分发挥这三个方面的潜力,而综合分析,其实是学与文这两个问题:"夫考订、辞章、义理,虽曰三门,而大要有二,学与文也;理不虚立,则固行乎二者之中矣。学资博览,须兼阅历,文贵发明,亦期用世,斯可与进于道矣。"③所以,先要打好学问基础,练好功力:"才学识虽各有所长,而皆当以学副之。或疑学与才识并列为三,何又以学统承三者? 不知并列之为三者,已定之名也。统承三者而勉人,则功力之谓也。"④只有如此才能转识成智,提出自己的创见,学问成家。最后发挥自己的学问以成文章,自然会成为有学有识的天下之妙文。

由此,对于作家的文学修养,章学诚强调的是以学问培养文才。比如一般所论的孟子集义养气的作家修养论,章学诚也做了新的阐释。⑤借用孟子话语而参以己意,重新阐释志与气,变为学问与文章的关系:"苏子由谓文不可学而能,气可以养而致,此言可谓知要矣。原养气不知集义,苏氏之所以仅为苏氏欤! 读书广识,乃使义理充积于中,久之又久,使其胸次自有伦类,则心有主,心有主,则笔之于书,乃如火然泉达之不可已,此古人之所以为养气也。"⑥章学诚通过批评苏辙只知养气而不知集义,把孟子的"集义"由道德伦理含义改换为知识积累,将孟子建立于道德修养基础之上的集义思想,转化成以学问义理的集义为本,本立而文自达。

章学诚论学首重义例,"文章宗旨,著述体裁,称为例义"⑦。在古文的写作问题上,他最重视的也是义例。《古文十弊》从这个角度对于史传文章的撰述提出了许多有价值的意见,举出了十种古文写作中的弊端,有的在今天看来也还有借鉴意义。比如:"一曰,凡为古文辞者,必先识古人大体,而

① 《与朱少白论文》,仓修良:《文史通义新编新注》,第 769 页。
② 《答沈枫墀论学》,仓修良:《文史通义新编新注》,第 713 页。
③ 《答沈枫墀论学》,仓修良:《文史通义新编新注》,第 714 页。
④ 《杂说》,仓修良:《文史通义新编新注》,第 352 页。
⑤ 详细论述请参著述者的心术一节。
⑥ 《徐尚之古文跋》,仓修良:《文史通义新编新注》,第 595 页。
⑦ 《传记》,叶瑛:《文史通义校注》,第 249 页。

文辞工拙，又其次焉。"①"三曰，文欲如其事，未闻事欲如其人者也。""夫传人者文如其人，述事者文如其事，足矣。"②"八曰，文人固能文矣，文人所书之人，不必尽能文也。叙事之文，作者之言也，为文为质，惟其所欲，斯如其事而已矣。记言之文，则非作者之言也，为文为质，期于适如其人之言，非作者所能自主也。""与其文而失实，何如质以传真也？"否则就是"优伶演剧"。③"九曰，古人文成法立，未尝有定格也。传人适如其人，述事适如其事，无定之中，有一定焉。"④从各个重要的方面具体论述了古文辞写作中出现的种种问题，以及应遵守的原则。其中"传人适如其人，述事适如其事"就是针对传记类文体的写作要求。我们知道，章学诚的古文以史家之文为主，其中传记更能显出撰述者的水平，章学诚的传记理论无疑是其古文理论的最重要方面。基于其史学立场，传记写作要贯彻史学的征实原则，必须杜绝浮泛之辞。章学诚的《修志十议》举例说："如开送名宦，必详曾任何职，实兴何利，实除何弊，实于何事有益国计民生，乃为合例。如但云清廉勤慎，慈惠严明，全无实征，但作计荐考语体者，概不收受。又如卓行亦必开列行如何卓，文苑亦必开列著有何书，见推士林，儒林亦必核其有功何经，何等著作有关名教，孝友亦必开明于何事见其能孝能友。品虽毋论庸奇偏全，要有真迹，便易采访。否则行皆曾、史，学皆程、朱，文皆马、班，品皆夷、惠，鱼鱼鹿鹿，何以辨真伪哉？"⑤如果不能将传主的具体事例一一记录，而是以历史上的著名人物泛泛比拟，就不符合史学例义的原则，也失去了通过对传主生平事实的真实记叙描绘而彰显其社会价值的目的。

如前所论，文章写作重文理，并进一步提出"清真"的审美追求，是章学诚的一贯主张，他论古文写作也是如此。《评沈梅村古文》就从清真的角度具体论述了古文写作中的一些值得注意的问题，比如对记、序这类文体的要求是："记序之文，因事命篇，理趣自足。然记山水游宴，形容景物，要使文不入靡，琢不伤朴，大则班氏志地，小则郦氏注水，皆当观法，最忌辞赋藻丽，骈体工巧，字句破坏古文法度。"⑥不同文体有不同的审美要求，不能混淆。他举例分析其中的原因："夫古文之与辞赋，道不同谋，惟山川景物，刻画追摩，流连光景，宛与辞赋相近，而其中实有毫厘千里之

---

① 《古文十弊》，叶瑛：《文史通义校注》，第 504 页。
② 《古文十弊》，叶瑛：《文史通义校注》，第 508 页。
③ 《古文十弊》，叶瑛：《文史通义校注》，第 508 页。
④ 叶瑛：《文史通义校注》，第 508 页。
⑤ 叶瑛：《文史通义校注》，第 844 页。
⑥ 仓修良：《文史通义新编新注》，第 481 页。

分,不可不辨……序论近人文字,揄扬工拙,掎摭利病,忌用无根浮语,漫为赞赏,有累文体,不合古法。先要推勘作者之旨,折衷道要;次则裁量法度,斟剂规制,使人有律可循,乃为论人准则。即或侔色揣称,研钧练律,亦当推寻匠巧,绅绎文理,如老伶审曲,良估评贾,是非可否,必有精理要言,可资启悟,若挚虞《流别》、刘勰《文心》、钟嵘《诗品》,斯为美也。"①由于所写内容与著述目的不同,文体风貌、用词造句自然也异。因此,需要写作者仔细推敲研究,像古代优秀的文学理论批评家挚虞、刘勰、钟嵘那样绅绎文理,找出写作的规律。

又比如用字之法,也要严格按照史书的体例来运用:"世俗喜谀,末学忘本,不解文字理趣,猥用精奇神妙、典丽清新等语,芜杂填凑,文有市气,岂可入于古文! 是则不可不别择也。传述文字,全是史裁,法度谨严,乃本《春秋》家学,官名地名,必遵现行制度,不可混用古称,使后世无可考证,亦不可袭用易字省字陋习,均于事理有碍,前人久已言之。"②《评沈梅村古文》涉及了古文写作中的种种具体问题,可以与《古文十弊》一文比照阅读研究,在当时都是有实际意义的。

章学诚以史家叙事之文为古文中心,所以他多次强调文才的最好体现是在史学:"叙事之文,其变无穷。故今古文人,其才不尽于诸体,而尽于叙事也。盖其为法,则有以顺叙者,以逆叙者,以类叙者,以次叙者,以牵连而叙者,断续叙者,错综叙者,假议论以叙者,夹议论以叙者,先叙后断,先断后叙,且叙且断,以叙作断,预提于前,补缀于后,两事合一,一事两分,对叙插叙,明叙暗叙,颠倒叙,回环叙,离合变化,奇正相生,如孙、吴用兵,扁、仓用药,神妙不测,几于化工。其法莫备于《左氏》,而参考同异之文,亦莫多于《春秋》时事。"③文中举出各种叙述之法,正说明叙事需要高超的技巧,也表明章学诚对古文叙事有深入的研究。

总之,文各有体、辞尚体要是章学诚古文写作的总原则④。这些都是有创见的思想,对于纠正时弊也有参考价值。但由于章学诚的古文辞理论以史学文本为中心,强调学问在著述中的作用,这些思想使得他迥异于一般的文人,也与乾嘉时期经学家的述学文体有异,独树一帜,显得有些另类。因此,在当时影响并不大。

---

①　仓修良:《文史通义新编新注》,第481—482页。
②　《评沈梅村古文》,仓修良:《文史通义新编新注》,第482页。
③　《论课蒙学文法》,仓修良:《文史通义新编新注》,第415页。
④　请参看上节关于文体论的有关论述。

第三节　章学诚的时文观

　　章学诚作为一位科举应试的成功者和多年任职于书院的科举教育塾师,其对科举时文的文体特点和教学有深刻的实践体会,并形成了一些独到的见解。他的文史学术中就包括时文教育与写作,首先被人们认可的也是课蒙学文法①。在多年的教学实践中,他对时文的看法也产生了变化,这就是时文与古文并不是绝对的对立,从文理上来说是相通的,并由此提出了时文与古文相互参照的文章观,这对于我们全面认识中国传统的文章学理论也有参考价值。

一　对时文的辩证认识与时文古文相通论

　　所谓时文是指时下流行的文体,是旧时对科举应试文体的通称,也称"制艺"或"四书文",明清时特指八股文,考试的内容以《四书》为主。八股时文产生于明初,尽管这种文体也曾一度风靡,并产生了一些时文名家,但其弊端有目共睹,学术界总的趋向是持鄙薄态度。乾隆皇帝曾经命方苞选明清时人所作《四书》题目的八股文为《钦定四书文》颁示天下,作为士子学习的标准,但是作为敲门砖来使用的八股文体,却普遍不受清人好评。在章学诚所处的乾嘉时代,知识阶层以考据训诂博通经史为尚,汉学家以经学为理学,而其经学则以汉代五经注疏训诂为主,不取宋代以理学家为主的宋儒之注疏,被宋儒极力表彰的《四书》被认为是空谈义理、偏离儒学的别调。以宋儒《四书》文义为基础的八股时文,作为科举考试的叩门砖,士人不得不习,但已经很少有人把它当作学问来研究,时文写作也不被知识精英所崇尚。章学诚对时文的看法与时风相似,但也有其独立的思考,其论著中论述时文之处较多,涉及时文之文体特点以及与古文的关系等等问题。

　　在《言公下》中,章学诚对时文文体的特点做了生动的描述:"经生制举,演义为文;虽源出于训故,实解主于餐新。截经书兮命题,制变化兮由人。长或连篇累章,短或片言只字。脱增减兮毫厘,即步移兮影徙。为圣贤兮立言,或庸愚兮申志。并欲描情摩态,设身处地。或语全而意半,或神到

---

① 章学诚生前曾自己出资刊刻过一本选文仅二十余篇的《文史通义》,其中就有《论课蒙学文法》一文。参梁继红《章学诚〈文史通义〉自刻本的发现及其研究价值》,载《章学诚国际学术研讨会论文集》,北京图书馆出版社 2004 年版,第 199—213 页。

而形未。如云去而尚留,如马跃而未逝。纵收俄顷之间,刻画几希之际。水平剂量,何足喻其充周;历算交躔,曾莫名其微至。《易》奇《诗》正,《礼》节乐和,以至《左》夸《庄》肆,《屈》幽《史》洁之文理,无所不包;天人性命,经济闳通,以及儒纷墨俭,名钸法深之学术,无乎不备。"①章学诚认为时文的特点是为圣人代言,所以仿圣人口吻,设圣人处境,这需要作者有充足的想象力。而旧题有新意,可长可短。有的语言周全,意思却只表达了一半,有的神气足但形状未到,纵与收皆在片刻之间,描写刻画可以差别极微。而且,时文写作者还会参考学习诸子百家的行文之法,综合《周易》之奇,《诗经》之正,《礼》之节文,《乐》之中和,《左传》之夸饰,《庄子》之恣肆,并《楚辞》《史记》之笔法文理,上达天人性命之理,下关国家政治策略,可谓无所不包,能充分反映应试者的学识才华,是比较公正的选拔人才的依据。从立言为公的原则出发,时文"为圣贤兮立言""约智力于规绳",可以克服文人求名之心。正如倪德卫所言:"章年轻时埋怨八股文……但是现在,由于害怕求'名'所固有的伪善,他看见了八股文的文体纪律中的一项优点——它阻扼了一种可能自利的个人习性。"②章学诚对时文的优点有了一些比较客观的认识,或者说符合其言公的著述宗旨。总之,对时文要辩证看待:"时文之体,虽曰卑下,然其文境无所不包,说理、论事、辞命、记叙、纪传、考订,各有得其近似,要皆相题为之,斯为美也。"③章学诚对时文各种形态的形象描摹,可见他也是深谙时文的内容及写作要求的。

而在更多的时候,章学诚并不单单就时文论时文、就古文说古文,而是综合探讨文章的写作方法,贯彻其会通综合的治学理念,全面研究文章学。他认为:"凡著述当称文辞,不当称古文;然以时文相形,不妨因时称之。"④学者心中人为地横亘下一条鸿沟,刻意去分别时文、古文的形式、笔法,这是不可取的。他曾感慨地说:"嗟夫,知文亦岂易易!通人如段若膺,见余《通义》有精深者,亦与叹绝,而文句有长排作比偶者,则曰'惜杂时文句调'。夫文求其是耳,岂有古与时哉!即曰时文体多排比,排比又岂作时文者所创为哉!使彼得见韩非《储说》、淮南《说山》《说林》、傅毅《连珠》诸篇,则又当为秦、汉人惜有时文之句调矣。论文岂可如是!此由彼此心目中有一执而不化之古文,怪人不似之耳。"⑤"余著《文史通义》,有通体长俳以比例者,

---

① 《言公下》,叶瑛:《文史通义校注》,第 198 页。
② [美]倪德卫:《章学诚的生平与思想》,杨立华译,江苏人民出版社 2007 年版,第 97 页。
③ 《论课蒙学义法》,仓修良:《文史通义新编新注》,第 416 页。
④ 《杂说下》,仓修良:《文史通义新编新注》,第 506 页。
⑤ 《与史余村简》,仓修良:《文史通义新编新注》,第 690 页。

或以体近时文为讥,余谓此人正坐有一成式古文在其胸中,怪人不似之耳。邵二云曰:'胸有奇偏双单之见者,岂可与论古文!' 真知言哉!"①著名学者段玉裁看到章学诚的《文史通义》中的文字句式有许多俳句、排比等骈文笔法,就断定这是时文句式,而且认为古文中不能有此等时文笔法,否则文体不纯。章学诚认为这是刻舟求剑、邯郸学步式的刻板思想,而自己尊奉的是贯通各种学术,当然也包括文章写作这方面问题的学术思想,所以他认为"文求其是耳,岂有古与时哉",古文也没有一个亘古不变的固定模式,作者心中就更不能先有一个死板的教条。比如:"八股称四书文义,乃流俗俚语,文体分股,八股为篇,经传子史,往往有之,何必四书文义,独擅其称。而四书文义,则又何尝必定拘股于八? 此亦临文不可不审思也。"②当然,章学诚的文章也时有拖沓之气,这也是不用为尊者讳的。

针对大多数学子汲汲于科举考试,一味去钻研时文之法,唯恐学习古文会妨碍时文练习和水平提高的现状与疑虑,章学诚曾以自己的亲身经历说明古文学习也有助于时文水平的提高:"读古何损于举业哉? 弟生平不见考墨之卷,榜后下第,不但不敢随风而骂魁墨,且每科魁墨从未到眼,虽欲骂而无从也。然登第在四十外,则命使然。中间七应科场,三中、兼副榜一荐、一备、二落,又何尝受读古之累哉! 忆初入都门,大兴朱先生一见许以千古,然言及时文,则云:'足下于此无缘,不能学,然亦不足学也。'弟云家贫亲老,不能不望科举。朱先生曰:'科举何难! 科举何尝必要时文? 由子之道,任子之天,科举未尝不得。即终不得,亦非不学时文之咎也。'弟信其说,故但教人为文,而不教人为揣摩之文。"③当年章学诚曾经向当时的著名学者和学坛领袖朱筠问学,也有过这样的担心,怕学习古文影响了科举时文水平的提高,而朱筠认为学问为作文之本,只要本着自己的真学问而发为文章,不管古文时文,都会达到真正的文章高境界。一席话使章学诚茅塞顿开,悟出"古文时文,同一源也"的道理。所以在后来的教学中,章学诚提倡:"学问与文章并进,古文与时文参营,斯则合之双美,而离之两伤者尔。"④

从文章的文理这个根本处来看待时文与古文的关系,就是天下之理可通,时文与古文相参,时文笔法对古文写作也有借鉴意义。《与邵二云论文》对此做了全面的阐述。

章学诚由于修改儿子的文章而体悟到:"昔汪钝翁谓不习制义,不能作

---

① 《论文辨伪》,仓修良:《文史通义新编新注》,第389页。
② 《论文示贻选》,仓修良:《文史通义新编新注》,第812页。
③ 《与汪龙庄简》,仓修良:《文史通义新编新注》,第695页。
④ 《论课蒙学文法》,仓修良:《文史通义新编新注》,第417页。

古文辞。今稍知学古者,皆知笑之,仆向亦曰马、班、韩、欧何尝学为制义,今悔言之不致思也。"①自己先前鄙薄时文的观点是不妥的,对大家此前所鄙视的汪琬所谓"不习时文,则不能做古文"的观点有了新的认识:"古人未开之境,后人渐开而不觉,殆如山径蹊间,介然用之而成路也。方其未开,固不能豫显其象;及其既开,文人之心,即随之而曲折相赴。苟于既开之境而心不入,是桃李不艳于春而兰菊不芳于秋也。"②这就是说,汪琬的观点自然有其荒谬处,因为在时文还未出现的时代,司马迁、班固以及韩愈、欧阳修等八大家的文章何曾取法过时文? 学习古人之文章要因地制宜,不可刻板,所以汪琬的言论受到了大家的嘲笑,也是情有可原的。但事物是发展的,到了汪琬的时代,时文写作风靡天下,时文创作中也积累了一些文章写作的经验,发现了一些规律,那么不妨学习借鉴。况且天下事物总有相似和相通之处,比如:"古文之与制义,犹试律之与古诗也;近体之与古风,犹骈丽之与散行也。学者各有擅长,不能易地,则诚然矣。苟于所得既深,而谓其中甘苦不能相喻,则无是理也。夫艺业虽有高卑,而万物之情各有其至,苟能心知其意,则体制虽殊,其中曲折无不可共喻也。"③古文与时文文体不同,恰如诗歌中的试律与古诗、近体与古体④,虽各有所长,但作诗学诗中的感受、体会是相通的,彼此可以互相借鉴。所以他说:"每见工时文者则曰不解古文,擅古文者则曰不解时文,如曰不能为此,无足怪耳,并其所为之理而不能解,则其所谓工与擅者,亦未必其得之深也。仆于时文甚浅,近因改古文,而转有窥于时文之奥,乃知天下理可通也。虽然,汪氏之言,信有征矣,而谓其见卑,何耶? 盖汪氏多取时文法度以论古文,殆于用舟车之尺寸度栋宇也。"⑤天下之理相通,这样的见解就高明多了。但汪琬以时文为古文,恰如用丈量车船的小尺度来衡量巨大的楼宇,自然是荒唐的。因为时文毕竟在规模、笔法、用处上无法与古文相比,所以,章学诚强调不可用时文笔法结构古文:"盖塾师讲授《四书》文义,谓之时文,必有法度以合程式。而法度难以空言,则往往取譬以示蒙学,拟于房室,则有所谓间架结构;拟于身体,则有所谓眉目筋节;拟于绘画,则有所谓点睛添毫;拟于形家,则有所谓来龙结穴。

---

① 《与邵二云论文》,仓修良:《文史通义新编新注》,第 668 页。
② 《与邵二云论文》,仓修良:《文史通义新编新注》,第 668 页。
③ 《与邵二云论文》,仓修良:《文史通义新编新注》,第 668 页。
④ 无独有偶,早年对章学诚学术极为推崇的钱穆 1951 年在台北讲演,也说:"其实八股文犹如唐人之律诗,文字必有一定格律,乃可见技巧,乃可评工拙,乃可有客观之取舍标准。"(钱穆:《国史新论》,九州出版社 2012 年版,第 277 页)对时文在历史上的作用做了客观的评价。
⑤ 《与邵二云论文》,仓修良:《文史通义新编新注》,第 668—669 页。

随时取譬。然为初学示法，亦自不得不然，无庸责也。惟时文结习，深锢肠腑，进窥一切古书古文，皆此时文见解，动操塾师启蒙议论，则如用象棋枰布围棋子，必不合矣。"①对以时文见解来比拟古文的做法，章学诚表示反对，因为在他的心目中，古文还是高于时文的。

二　以经史之学为本的时文创作观

以古文之法为时文是宋元明以来大多数文章学论著的基本观点，章学诚在此基础上则特别强调超越具体的文法之论，以其学术思想贯穿到时文写作中，强调以学为文，以经史学问培养作者的功力，以史学叙事文本为学文典范，以古文之法开拓时文写作的新境界。

如前所述，章学诚虽然也不完全排斥时文，但时文毕竟是为了应付科举的俗下文体，古文乃是理想的文体形式，所以在不免随俗的情况下，只能尽量以学问充实作者的心胸，胸襟开阔，则时文不求其工而自工耳。在主讲永平敬胜书院时，书院的学生只知道一点时文的皮毛，对于经史之学一窍不通，为了改变这种现状，章学诚"爱取先民撰述，于典籍有所发挥，道器有所疏证，华有其文，而实不离学者，删约百篇，劝诱蒙俗，遂正其名，题为《文学》"，②并阐发了其观点，古代士人学有根本，"文之与学，非二事也"，六艺经传熟读于心，"由是学立而文以生焉"。但是现在的情况是："科举取士，固欲征人之学，顾学得于心，而无可显明，乃以有所得而不能已于辞说者，咸使可观于文，于是定为制度，命为题目，示之以趋向，绳之以法度，而天下于是靡然向风。汉之制策，唐之诗赋，宋、元经解，明人制义，皆是选也。第其始也，即文征学，殆其究也，士子舍学而袭于文……是则古人学征于文，而后人即文为学，其意已大谬矣。"③科举本意是通过考察士子的才学以为国家选拔真正的人才，"第其始也，即文征学"，但其弊端也随之产生，"殆其究也，士子舍学而袭于文"，这就是说人们舍本逐末，不是先去研究学问，而是汲汲于去揣摩科举制艺文章作法。"经传束置高阁，诸子百家，莫能举其名数，即名世传家文艺，亦无从窥津涯焉。询其所学，惟是强识一经，粗忆三数百篇浮薄时文，颠倒首尾，剽掠行似，以眩一时耳目，无论不知文与学为何事，虽充其所求，所谓即文为学之业，又岂有幸得哉！"④针对这种弊端，章学诚希望通过自己的努力，"授以经史，而勖以学术……使之即文为学……屏

①　《古文十弊》，叶瑛：《文史通义校注》，第509页。
②　《文学叙例》，仓修良：《文史通义新编新注》，第528页。
③　《文学叙例》，仓修良：《文史通义新编新注》，第528页。
④　《文学叙例》，仓修良：《文史通义新编新注》，第529页。

去世俗所选秦、汉、唐、宋仅论词致不求理实之文,而易以讨论经史、辨正章典、讲求学术之文"①。诸生通过对经史学问的研讨,然后学其文,而文则不取一般时文:"文则汉人之淳质,六朝之藻绘,唐人之雅丽,宋人之清疏,体咸备也,附以评论,引而不发,所以待人之自得也。志举业者,得其润色,已足异于众矣。倘因文而思学,因学而求读古人书,因以进于古人之学,十室之邑,必有忠信,以望兴起焉者。"②广泛阅读借鉴汉唐以来各种文章,充分吸取其各种优点,然后因文而思学,因学而求读古人书,最后进于古人之学,文与学合二为一,相互促进,这才是"文学"之本意,也是文章写作的本来目的。

以古文义法改造时文,是当时的共识。明清时期,唐宋派、桐城派先后在古文领域占据主导地位,他们自觉提倡"以古文为时文",时文与古文逐渐走向融合。著名时文家如唐顺之、归有光、方苞,正是因为于古文有湛深的造诣,所以时文的成就也超出辈流,而时文又转而影响了古文。章学诚与当时桐城派等以唐宋八大家的古文为楷模,并以此古文笔法文辞来改造时文的思想不同,他认为:"世之稍有志者,亦知时文当宗古文,其言似矣。第时文家之所为古文,则是俗下选本,采取《左》《国》《史》《汉》,以及唐、宋大家,仍用时文识解,为之圈点批评,使诵习之者,笔力可以略健,气局可以稍展耳。此则仍是时文中之变境,虽于流俗辈中,可以高出一格,而真得古文之益,则全不在乎此也。"③也就是说,仍然用时文之见解来评点古文,并没有得到古文的真谛,这是桐城派的所谓秘密,然而也是桐城派的缺陷。在《文理》篇中,章学诚于好友左眉(号良宇)的书桌上"见《史记》录本,取观之,乃用五色圈点,各为段落,反覆审之,不解所谓。询之良宇,哑然失笑,以谓己亦厌观之矣。其书云出前明归震川氏,五色标识,各为义例,不相混乱。若者为全篇结构,若者为逐段精彩,若者为意度波澜,若者为精神气魄,以例分类,便于拳服揣摩,号为古文秘传。前辈言古文者,所为珍重授受,而不轻以示人者也"④。针对这个问题,章学诚作了深入论述与批评。因为"学文之事,可授受者规矩方圆,其不可授受者心营意造"⑤,所以"善读古人文者,必求古人之心。古人文具在也,疏密平奇,互见各出,莫不各有其心。此其所以历久不敝,而非仅以其言语之工,词采之丽,而遂能以致是也"⑥。古文之美,文

① 《文学叙例》,仓修良:《文史通义新编新注》,第 529 页。
② 《文学叙例》,仓修良:《文史通义新编新注》,第 529 页。
③ 《清漳书院留别条训》,仓修良:《文史通义新编新注》,第 618 页。
④ 《文理》,叶瑛:《文史通义校注》,第 286 页。
⑤ 《文理》,叶瑛:《文史通义校注》,第 288 页。
⑥ 《清漳书院留别条训》,仓修良:《文史通义新编新注》,第 618 页。

法之妙，都是作者才性情的表现，只有以心会心，才能得其真谛。若以刻板的时文写作笔法来评点古文，是买椟还珠，本末倒置。

众所周知，八股时文的最大弊端是刻板模仿，文法固定死板，因此章学诚提出的解救之道就是文无定法，主张文无定式。有一个家乡的学子曾经编撰了一部时文著作名曰《时文题式》，请他作序，章学诚在序中认为："余惟古人文成法立，如语言之有起止，啼笑之有收纵，自然之理，岂有一定式哉！文而有式，则面目雷同，性灵锢蔽，而古人立言之旨晦矣。"①文章的写作不可能事先就有早早拟定的题目，也不可能有固定的格式，而是随文而立式，文成法自立，只要"叙事适如其事，记言适如其言，家书帖记，适入其所欲寄欲存欲说，斯为如题，斯于文墨之事无余憾矣"②。同理，文也无定格。科举应试之文，因为有固定的程式，所以总会有一些人针对科举时文编写一些时文著作作为教材。对此，章学诚的观点是："古人文无定格，意之所至，而文以至焉，盖有所以为文者也。文而有格，学者不知所以为文，而竞趋于格，于是以格为当然之具，而真文丧矣……今乃于群经之中，独取四子之书，书截其章，章截其句，甚至句截其字，以为法而凭之，以为文格，不亦支离而无当乎？"③因为"文心无穷，文格有尽"，所以此类东西只能作为基本的参考，不可如此死于格下。

他又从古今学术源流与文章演变的角度教导诸生，章学诚的基本学术观点是文章本于经、再变而为子、后产生了文集，他用两个具体的事例分析了如何依据《诗》教来学写时文："盖《诗》之为教，中有'四方专对'一节，而战国纵横，引深比兴，敷张扬厉，斐然其文，则《诗》之变也。眉山苏氏，得以上下排论，辩才无碍，则又一变矣。陈大士得其道以为时文，学者以为陈之学苏，而不知彼固得其纵横之意而自通于《诗》教者也。"④苏轼之文上下排论、辩才无碍，正是得自于春秋战国诸子百家依据《诗》的比兴文辞而发扬的纵横文才辩说，所以溯其本源，陈大士的时文写作之道以为得自苏轼，实际有其更早的学术源头。再比如："《春秋》之教，比事属辞，太史整齐故事，述往思来，亦《春秋》之一变也。伊川程氏，得一推解《易》义，征事切理，则又一变矣。黄陶庵得其道以为时文，学者以为黄之法程，而不知彼固得其属比之意而自通于《春秋》之教者也。"黄陶庵的例子也是如此。也说明只有明辨古今学术源流与文章演变，并从中吸取精神意法，才能写出好文章，不

---

① 《赵立斋〈时文题式〉引言》，仓修良：《文史通义新编新注》，第533页。
② 《赵立斋〈时文题式〉引言》，仓修良：《文史通义新编新注》，第533页。
③ 《〈文格举隅〉序》，仓修良：《文史通义新编新注》，第531页。
④ 《清漳书院留别条训》，仓修良：《文史通义新编新注》，第618—619页。

管是时文还是古文,都是如此。章学诚本着其史学为本的学术思想,尤其强调以史家叙事文本为古文辞正宗①,这些基本思想在《文史通义》的《诗教》《书教》等篇中也有深入论述,在这里章学诚加以概括和通俗化,传授给学生。这些观点与乾嘉汉学家的学问观以及他们以考据学问入科举时文写作的思想也不同。

章学诚从刘知几的"史有三长"论起,论述时文写作者的修养:"刘知几论史有三长,才、学、识是也。岂惟作史,凡天下事,莫不皆然。即以举业而论,三者固阙一不可也。学者莫不知有法度,而不知法出于理而识主之;其次莫不知有机局,而不知机出于气而才主之;其次莫不知有色采,而不知色采出于书卷而学主之。就三者分途而论,则才色本于天而学由于人,本于天者不可强勉,而由于人者不可力为。就三者递用而论,即学固所以养才而练识者也。"②章学诚认为只有发挥了自己天性的学问,才是真学问,而乾嘉考据学者误以纂辑尚博为学问,"指功力以谓学,是犹指秫黍以谓酒也"③。此意在《文史通义》之《原学》《博约》《文德》《史德》《质性》等篇中有深入论述。自孟子提出知言养气论以来,学者多以此为作文之本,章学诚却特别强调充分发挥人的各种智力潜能,也就是与才、学、识相对应的读性、作性、悟性,然后学问成家,文章自然会达到充实而有条理的境界。这种境界就是他一贯提倡的文章审美理想——清真,时文也是如此。

在《为梁少傅撰〈杜书山时文〉序》中,他说:"夫文章之要,不外清真,真则理无支也,清则气不杂也。理出于识,而气出于才。识之至者,大略相同,盖理本一也。其所以发而为文,不同如其面者,盖才殊而气亦异也。气借于养,则学是也。学以练识而达其才,故理彻而气益昌,清真之能事也。"④理彻气昌,内容充实,叙述合乎文体规范,清真为美,文之至也。这种主张,不仅仅是对时文而言,他本来是以此规范古文写作的:"至于古文之要,不外清真,清则气不杂也,真则理无支也。"⑤他认为时文与古文贯通,所以也将此要求移到时文上来。他在此文中又说:"学以致道,而文者气之所形,制举乃其自见之一端耳……同一理而形于气者,千万不同,故可借以观人,否则研经之功,极于训诂解义,将求一是而足,安取诸家之文,日新月异为哉?故

---

① 具体论述见前面"古文辞"一节。
② 《清漳书院留别条训》,仓修良:《文史通义新编新注》,第613页。
③ 《博约中》,叶瑛:《文史通义校注》,第161页。
④ 《为梁少傅撰杜书山时文序》,《章学诚遗书》,第320页。
⑤ 《评沈梅村古文》,仓修良:《文史通义新编新注》,第483页。

曰:文者气之所形,制举乃其自见之一端也。"①强调学问是达到清真的根本,因为文章之不同全在于作者气之不同,养气之关键在学问,才之不同原因在于个人之气不同,所以也可以借此由文以观人之才能高下,这也是朝廷以时文选拔人才的学理依据。

章学诚充分发挥自己的学术见解,并将其贯穿于科举时文教学,其对诸生的谆谆教诲都是他学术观点的延伸,真正达到了研究与教学的统一。章学诚认为学问的最高目的在于求道明道②,科举时文写作也是如此:"学术无有大小,皆期于道……举业虽代圣贤立言,亦自抒其中之所见。诚能从于学问而以明道为指归,则本深而末愈茂,形大而声自宏,未闻学有得,而举业之道其所见者不磊落而光明也。"③这就提升了时文的品格。章学诚论时文与古文的关系也贯彻了他一贯的治学理念——贯通。章学诚认为天下之事物是相通的,在其根本上道理是一样的。这使得他的时文观超然于一般人的见解之上,对我们理解文理、文法、文律等古代文章学思想也有启发借鉴意义。

① 《为梁少傅撰杜书山时文序》,《章学诚遗书》,第320页。
② 章学诚特撰《原道》(上、中、下)三篇,阐明自己的学术核心为史以明道。
③ 《与朱沧湄中翰论学书》,仓修良:《文史通义新编新注》,第709—710页。

第四章　史学的诗性，文学的历史文化性

——章学诚的历史诗学与文化诗学

历史学家多用历史的和文化的眼光来看待文学现象，一方面是将文学放到历史长河中去审视，探究其发展变化、成败得失；另一方面则是将文学作为一种更广泛的文化现象来看待，注意联系其他文化现象来看待文学的发生、发展。章学诚在此之外，还注意到了史家主体在历史文本形成中的作用，其以文济史、文史贯通的学术特色使他朦胧认识到了历史学具有文学性、艺术性的一面。在乾嘉汉学片面突出儒家道问学的时代风气中特立独行，突出"尊德性"的一面，在当时就是强调主体性灵在知识活动中的作用。章学诚的文本形成理论，也与传统史家的文史两分观念不同，他是通论文史，以史为本、以文辅史。因此我们既把章学诚作为史家文论的代表来审视中国历史诗学的特色，又彰显章学诚的独特创造性，也就是说中国传统史学既有德性的一面，也有艺术性的一面，这是学界较少注意的地方。《文史通义》的《诗教》篇是文化诗学研究的典范，对诗话的学术批评，是章学诚辨章学术、考镜源流文史理论在文学学术批评领域的一次成功运用，也是一种文化诗学研究。

第一节　章学诚的历史诗学

"史义""史事"与"史文"是章学诚史学的三个有机组成部分，是历史书写的三个必要要素。"文"指史文，即史书的文本，与今天的"文学"概念有关，但又不尽相同，它与体现道的"史义"和历史运行之象的"史事"同样重要。如何撰写出"史事""史义""史文"三者完美合一的史书？这是摆在历史学家面前的理论难题。对于如何书写出有性情有卓识又合乎天道史理的历史文本，章学诚有深刻的见解。他的《文史通义》一书，文学中有历史，历史中有文学，其义则一，章学诚敏感的心灵已经感觉到二者的相通处，故通

而论之①，但又无法用新的语言明确表述这隐约的思想。他所借用的宋明理学的"陈腐"话语反而使他被时人误认为是一个思想上的冬烘先生，"蹈宋人途辙"②，以至于他的史学理论中所隐藏的思想光芒也无法"澄明"。今天，我们借助历史诗学的概念，则豁然开朗。

如前所说，汉语语境中的"历史诗学"概念有两个内涵，通过考察我们可以确认，在章学诚的学术思想中这二者都不同程度地存在。从今天流行的超越本质主义的后形而上学诗学立场来看，这两种不同的诗学模式都可以"历史诗学"来命名和研究，因为他们所涉及的都是历史意识与诗学思想之间的关系。但维谢洛夫斯基的历史诗学与海登·怀特的历史诗学名同义异，有着不同的观念所指和概念内涵，容易产生混淆，造成概念范畴的纠缠不清。因为维谢洛夫斯基关注的是诗学的历史性问题，而海登·怀特所注重的则是历史的诗学性问题。前者着重考察的是诗学思想的历史演变问题，后者突出的是历史叙事的诗性问题。鉴于这个概念在俄苏与英美文论语境下的意义大不相同，从俄苏文界界的历史诗学角度所考察出的章学诚这方面文学思想，我们纳入章学诚的文化诗学范围来研究。本节主要以欧美兴起的以海登·怀特为代表的新历史主义的历史诗学为参照系，研究章学诚的有关思想。

一 诗性智慧、别识心裁与章学诚的"家学"论

以求道为灵魂的中国文化是充满诗性智慧的思想文化建构，学术思想亦是如此。清代考据学在实事求是的朴学思维下不免丢失了这一宝贵的传统，在思想层面顿失生机。章学诚虽然也是这一思潮下的人物，但其为学致思的途径却大相径庭，反成为考据学的批评者。这其中的关键因素就是他继承了中国文化的诗性智慧传统，并充分发挥了主体的天赋心性之性灵。其在学术上求自得，为学方法上重视别识心裁，珍视学术认知中的主观契机。章学诚历史研究中的文学性因素使得他的史学迥异于当时的学风，并在某种程度上成就了其史学理论的深度，使其成为著名的文史学大家。《文史通义》的精华既包括历史哲学，也有独特深刻的文学思想，文史融合在一起进行考察和论述是其特色，也是其能迥异于时风而在后世成为名著的关

---

① 比如《质性》篇的含糊其辞，捉摸不定，难以定名，正隐含着现代思想的新锐萌芽。
② 比如《原道》篇刚写出的时候："传稿京师，同人素爱章氏文者皆不满意，谓蹈宋人语录习气，不免陈腐取憎，与其平日为文不类，至有移书相规诫者。"见《原道下》附邵晋涵语。叶瑛：《文史通义校注》，第140页。

键。基于这样的治学理念，章学诚主张"以文济史"①，将文学性思维运用到中国学术史研究与历史著作的编纂中，使得他的历史研究充满了诗性智慧和文学色彩。

　　章学诚理论的射程之远、他在当时的不被人理解、他的理论的创新力量以及他在近现代的被重新发现，背后都隐藏着一个秘密，就是其思想的现代性因子。恰如维柯的《新科学》，充满了诗性智慧的光芒②。创造思维、神秘性，这些诗性智慧的种子都隐藏在章学诚略显"陈腐"和"蹩脚"的言语中，他笨嘴笨舌的话语背后是充满智慧的思考和卓越的文史理论。下面是实斋早年的一个故事，或许可以发现这种诗性智慧的心灵之开启：

　　　　吾读古人文字，高明有余，沉潜不足，故于训诂考质，多所忽略，而神解精识，乃能窥及前人所未到处。初亦见祖父评点古人诗文，授读学徒，多辟村塾传本，胶执训诂，不究古人立言宗旨，犹记二十岁时，购得吴注《庚开府集》，有"春水望桃花"句，吴注引《月令章句》云："三月桃花水下。"祖父抹去其注而评于下曰："望桃花于春水之中，神思何其绵邈！"吾彼时便觉有会，回视吴注，意味索然矣。自后观书，遂能别出意见，不为训诂牢笼，虽时有卤莽之弊，而古人大体，乃实有所窥。③

这个耳熟能详的故事所折射出的深层含义使我们认识到，正是对文学欣赏中的主体自觉的感悟，使章学诚树立了以自己独具的"高明"气质所禀赋的"神解精识"来从事学术研究、特别是史学理论建构的信心。在章氏看来，司马迁、班固、郑樵这几位他最推崇的史学家之所以能真正称得上史学大师，

---

① 学术界已经有人论述过章学诚的以文济史的治学方法，可参看孙春青《论章学诚以"文"济史的治学之道》，《太原师范学院学报（社会科学版）》2005 年第 1 期。秦兰珺、李玉平《章学诚与海登·怀特文史观之比较》（《郑州航空工业管理学院学报（社会科学版）》2006 年第 3 期）和秦兰珺《章学诚与海登·怀特历史叙事观之比较》（《史学月刊》2006 年第 10期）最早将章学诚与海登·怀特的文史观、历史叙事观做中外比较，启发笔者研究章学诚的历史诗学并有所借鉴。

② 有学者认为维柯的《新科学》"发现了原始思维的诗性特质，并通过诗性思维创建的古代文化对现代性问题进行修正"。也就是说，既具有古典意义，又具有后现代意义。并且认为维柯的诗性智慧是一种历史诗学。"维柯的历史诗学一方面与维谢洛夫斯基和海登·怀特的历史诗学有共同之处，另一方面又有其自身独特的价值。这种独特价值表现在：虽然维谢洛夫斯基的历史诗学考察了诗学的历史演变，海登·怀特的历史诗学考察了历史书写中的诗性因素，但他们都没有意识到历史本身的诗性特质，更没有关注过诗性思维与人类历史创建的关系。而在维柯的历史诗学中，历史诗学意味着考察诗性思维对人类文化的创建作用，寻找人作为历史创造者的主动性和创造性……更包含着通过诗性思维创建的古代文化对现代性问题进行全面反思的价值论"（丁纾寒《论维柯历史诗学的生成与建构》，《浙江学刊》2013 年第 5 期）这对于笔者思考章学诚的历史诗学颇有启发。

③ 《家书三》，仓修良：《文史通义新编新注》，第 819 页。

正是由于他们有一种迥异于一般史学工作者的特殊禀赋，那就是"别识心裁"："自迁、固而后，史家既无别识心裁，所求者徒在其事其文。惟郑樵稍有志乎求义。"①"郑樵生千载而后，慨然有见于古人著述之源，而知作者之旨，不徒以词采为文、考据为学也。于是遂欲匡正史迁，益以博雅，贬损班固，讥其因袭，而独取三千年来遗文故册，运以别识心裁，盖承通史家风，而自为经纬，成一家言者也。"②这种"别识心裁"使郑樵的史书能够达到司马迁所说的成一家之言的境界。

章学诚之所以不同于一般人对《通志》的贬低而高度评价郑樵，还在于他认为郑樵的史学有对"史义"的追求。章学诚特别强调史义在史学中的重要性，修史者能否在史事中发掘出史义是能否成为史学家的关键。"史义"与"别识心裁"是密不可分的，是章学诚特别强调的史学三义之一，修史者必不可少的素质，这是一种"整体性的直觉"。③ 章学诚还以方志撰修等史学实践来证明自己的这种观点，他说："往者聘撰《湖北通志》，因恃督府深知，遂用别识心裁，勒为三家之学。"④"独恃督府一人之知，而能卓然无所摇动，用其别识心裁，勒成三家之书，各具渊源师法，以为撰方志者凿山浚源，自诩雅有一得之长，非漫然也。"⑤他认为自己所撰修的《湖北通志》等方志不仅自具史法，而且成就很高，会成为后世撰修方志的模本，也在于有自己的"别识心裁"。他的自信自得之意，溢于言表。

这种"别识心裁"的特殊心灵智慧，是一种"整体性的直觉"，是一种感悟，根源于主体的性灵，来源于每个人的天赋质性，也与"家学"有关。因为"古人专门之学，必有法外传心"，"有非语言文字所能尽者"，章学诚因此反复强调史学的家学传统："古人重家学，盖意之所在有非语言文字所能尽者。《汉书》未就而班固卒，诏其女弟就东观成之，当宪宗时，朝多文士，岂其才学尽出班姬下哉？家学所存，他人莫能与也，大儒如马融，岂犹不解《汉书》文义，必从班姬受读？此可知家学之重矣。"⑥"夫马、班之书，今人见之悉矣，而当日传之必以其人，受读必有所自者，古人专门之学，必有法外传心，笔削之功所不及，则口授其徒，而相与传习其业，以垂永久也。迁书自裴骃为注，固书自应劭作解，其后为之注者，犹若干家，则皆阐其家学者也。"⑦班固兄

---

① 《申郑》，叶瑛：《文史通义校注》，第464页。

② 《申郑》，叶瑛：《文史通义校注》，第463页。

③ 余英时：《论戴震与章学诚》，生活·读书·新知三联书店2000年版，第264页。

④ 《传记》，叶瑛：《文史通义校注》，第250页。

⑤ 《与陈观民工部论史学》，仓修良：《文史通义新编新注》，第406页。

⑥ 《家书二》，仓修良：《文史通义新编新注》，第817页。

⑦ 《史注》，叶瑛：《文史通义校注》，第237页。

妹相继撰成《汉书》，得力于他们传承了其父辈的家学。史载班固出身儒学世家，其父班彪、伯父班嗣，皆为当时著名学者。班彪过世，班固从京城洛阳迁回老家居住，开始在班彪《史记后传》的基础上，撰写《汉书》，未竟而卒，其妹班昭奉旨续写《汉书》。司马迁《史记》撰成后，后人为其作注，著名的有南朝裴骃的《史记集解》、唐代司马贞的《史记索隐》和张守节的《史记正义》，班固《汉书》有应劭的集解，也是遵循的家学传统。

　　之所以一再强调家学的重要性，正在于其中有平时耳濡目染、只可意会不可言传的略带神秘色彩的智慧传承。章学诚反复强调："古人著书，必有授受，史迁之所谓传之其人，班固之待其女弟讲授，盖文字足以达其所著，而不足以达其所以著，故家学具存，而师传不绝，其势然也。"①"夫马、班著史，等于伏、孔传经。大义微言，心传口授；或欲藏之名山，传之其人；或使大儒伏阁，受业于其女弟。"②犹如经学家对微言大义的师徒传授，史学义例等史法、史义也要靠父子、兄妹等家人传授，才能得其真谛。这些情况，正所谓："马曰'好学深思，心知其意'，班曰'纬六经，缀道纲，函雅故，通古今'者，《春秋》家学，递相祖述，虽沈约、魏收之徒，去之甚远，而别识心裁，时有得其仿佛。"③其中的秘密就在这里。后世史学之所以衰败，在章学诚看来，"后代师法既亡，人自为说，凡例不明，体要未究，虽有古人之志，人亦无由而知"④，正在于司马迁、班固以来的家学传统失落了："班固作迁列传，范氏作固列传，家学具存。至沈约之传范氏，姚氏之传沈约，不以史事专篇为重，于是史家不复有祖述渊源之法矣。"⑤沈约、魏收等人表面上也"递相祖述"，遵循司马迁、班固等人的史书体例撰史，对于他们的"家学"灵魂的"别识心裁"虽然"时有得其仿佛"，但由于没有直接的家学继承，所以编撰出的史学著作自然不会如班马之史那样优秀了。

　　考察章学诚的"家学"概念，主要有三层含义：一、字面意思的家族传承，比如上文提到的《汉书》之撰写与传授；二、"成一家之学"的师徒传授，恰如战国诸子百家之"家"学；三、对于史学领域来说，则是《春秋》家学的继承与发扬。章学诚反复强调："夫史迁绝学，《春秋》之后，一人而已。其范围千古、牢笼百家者，惟创例发凡，卓见绝识，有以追古作者之原，自具《春

①　《金君行状书后》，仓修良：《文史通义新编新注》，第586页。
②　《和州志前志列传序例上》，叶瑛：《文史通义校注》，第680页。
③　《上朱大司马论文》，仓修良：《文史通义新编新注》，第767页。
④　《金君行状书后》，仓修良：《文史通义新编新注》，第586页。
⑤　《永清县志前志列传序例》，叶瑛：《文史通义校注》，第781页。

秋》家学耳。"①"夫子之作《春秋》，庄生以谓议而不断，盖其义寓于其事其
文，不自为赏罚也。汉魏而下，仿《春秋》者，盖亦多矣。其间或得或失，更仆
不能悉数。后之论者，至以迁、固而下，拟之《尚书》；诸家编年，拟之《春
秋》。不知迁、固本纪，本为《春秋》家学，书志表传，殆犹《左》《国》内外之与
为终始发明耳。"②司马迁、班固等所继承的正是"《春秋》家学"，这是章学
诚论学的一个关键概念与核心理论范畴③。

作为章学诚史学观念核心的"《春秋》家学"，包括史义、史事、史文三个
方面。对于"史事"，章学诚的观点无甚高明之处④，但"史义""史文"，则是
《文史通义》的论述重心。就孔子编撰《春秋》来说，历史事实本已经明白，
孔子是根据鲁国乃至列国史官的记录"笔削"而成。那么孔子修《春秋》所
展现的"《春秋》家学"具体是什么呢？在《答客问上》中，章学诚以自问自答
的方式，以一段"章子曰"给出了明确的答案。⑤

这里面有几个问题正可以互相联系起来讨论。其一，正如本书第一章
所论，《春秋》家学就是《春秋教》的主题。所以，我们可以说，孔子的《春秋》
是后世史学之经。其二，《春秋》家学的关键是通过孔子的"笔削"——"春
秋笔法"，从而赋予的大义——"义则夫子自谓窃取之"。可见章学诚的史
学重心在"史义""史文"两个方面，而"史义"是通过"史文"具体展现出来
的，核心是"春秋笔法"。其三，章学诚对"春秋笔法"的阐释具有浓重的个
体特色，这就是独断于一心的"别识心裁"，充满了主体性。而且"春秋笔
法"与《诗经》的笔法也可以互相发明。比如史家的"史德"修养，章学诚就
指出："必通六艺比兴之旨，而后可以讲春王正月之书。"⑥再比如古文之学，
章学诚也推到《春秋》家学："古文必推叙事，叙事实出史学，其源本于《春
秋》'比事属辞'，左、史、班、陈家学渊源，甚于汉廷经师之授受。"⑦这些问题

---

① 《申郑》，叶瑛：《文史通义校注》，第 464 页。

② 《经解下》，叶瑛：《文史通义校注》，第 111 页。

③ 关于此点，请参看前面"《春秋》教"一节的有关论述。此问题是由讨论"章学诚《文史通
义》为什么独缺《春秋教》篇"引起的，周启荣在《史学经世：试论章学诚〈文史通义〉独缺
春秋教的问题》（《台湾师范大学历史学报》，第 18 期，1991 年 6 月）对以前的诸种观点都
做了批判，并认为："区分《春秋》和《易》《书》《诗》《礼》，一系私家撰史，一系三代遗训，是
得位行道者典章教化。实斋若写'春秋教'，必综合古代王官教法及孔子的'义法'，这正是
整部《文史通义》企图阐述论证的主题。"

④ 章学诚本人不擅长考据，他的学术是建立在对乾嘉考据的批判基础上的，由于这个缘故，
他对历史事实真伪这个层面的议论较少。

⑤ 《答客问上》，叶瑛：《文史通义校注》，第 470 页。具体引文见"《春秋》教"一节，此处不再
重复引用。

⑥ 《史德》，叶瑛：《文史通义校注》，第 222 页。关于"史德"的论述，请参看前面有关章节。

⑦ 《上朱大司马论文》，仓修良：《文史通义新编新注》，第 767 页。

在本书第二、三章的有关部分都有所论述,可以参看,不再赘述。

"家学"的特点在于仅仅依靠书面的文辞言语是不能完全领会表达其中的奥妙,有些微妙的东西需要通过言语之外的心领神会,其中最主要的是通过心灵的体悟、灵感的来临,这非常类似于文学创造中的艺术思维与诗性智慧。章氏注重历史撰写的"笔削",所谓"笔削",就是"通古今之变而成一家之言"。其间的关键是撰写者要"详人之所略,异人之所同","重人之所轻而忽人之所谨",即在选材书写上要根据自己的理解来处理详略轻重,布局谋篇上独出心裁。在独特体悟的统领下,撰史者做到选材新颖与构思奇特,这样方能在直觉、灵感等略带神秘性的心灵状态下,成就"参天地而质鬼神,契前修而俟后圣"的一家之言,体现的正是《春秋》"家学之可贵"。这与文学家的构思创作过程是非常相近的,或者说有异曲同工之妙。

二　"学"的主体性与历史文本的文学性

(一)天性、圆神与"学"的主体性

如前所论,章学诚非常重视人的天性、性情在学问成家中的重要作用。他说:"人之性情必有所近,得其性情本趣,则诗赋之所寄托,论辨之所引喻,纪叙之所宗尚,掇其大旨,略其枝叶,古人所谓一家之言,如儒、墨、名、法之中,必有得其流别者矣。"[1]要认识诸子百家的理论要旨,必须细心体味诸家学术都是发扬一己之性情,然后达学问之真境,成一家之言。同样,对后世诗赋论辩记叙等主旨的把握,也是如此。他认为:"君子之学,贵辟风气而不贵趋风气也。盖既曰风气,无论所主是非,皆已演成流习,而谐众以为低昂,不复有性情之自得矣。"[2]也就是说,做学问不能不顾自己的性之所近和情趣所在,而一味去追逐风尚,亦不能为时势所左右而失去自己的特性。强调学术的主体性,"学术,功力必兼性情,为学之方,不立规矩,但令学者自认资之所近与力能勉者,而施其功力,殆即王氏良知之遗意也"[3]。这里所说的王阳明"良知"论,是经过章学诚重新阐释的自得性灵之意,也就是要充分发挥主体的天性性情,来成就真正的学问。

章学诚提出的"圆神"论也涉及历史著述的主体作用问题。章学诚将历史著作分为"方以智"的记注与"圆而神"的撰述,二者固然都很重要,但对于高扬《春秋》家学、追求成一家之言的史学家来说,无疑更重视后者。

① 《和州志艺文书序例》,叶瑛:《文史通义校注》,第 652 页。关于章学诚论古文重视叙事传统的论述,请参看前面有关章节。

② 《〈淮南子洪保〉辨》,仓修良:《文史通义新编新注》,第 380 页。

③ 《博约下》,叶瑛:《文史通义校注》,第 165 页。

他从对《周易》思想的阐释引申出自己的"圆神"与"方智"的史学理论："《易》曰：'蓍之德圆而神，卦之德方以智。'间尝窃取其义，以概古今之载籍，撰述欲其圆而神，记注欲其方以智也。夫智以藏往，神以知来，记注欲往事之不忘，撰述欲来者之兴起，故记注藏往似智，而撰述知来拟神也。藏往欲其赅备无遗，故体有一定，而其德为方；知来欲其决择去取，故例不拘常，而其德为圆。"①记注所记载的是过去的事迹，其特点和要求是"方"，方方正正，有规可循，所谓方以智也；撰述，其特点和要求是"圆"，圆通可变，引人深思，"例不拘常"，所谓圆而神也。两者虽然都很重要，但"圆"比"方"难把握。方以智的记注，只要一般的智力规规矩矩记录就可以了，但圆而神的撰述，则需要作者的独创性，也就是"别识心裁"。二者之不同缘于气质之别：高明者多独断之学，沉潜者尚考索之功。圆神之著述才是真正的史学，圆神之作更需要作者的别识心裁、心灵妙悟。这种以史学家独具的心性从史料中体悟出史意，然后通过对史料加以剪裁重新组合、将史意通过富有主体性的文本体现出史义的著作，才是真正的史学。

（二）历史文本的主体性

由于史书文本的形成要经过作者的"笔削"，依靠主体的"独断于一心"，因此，这种历史文本必然是打上了主体的烙印，充满了主体性，富有个性化色彩。这体现在史书撰写的各个阶段与流程中。

首先，史料的收集与选取就有非客观性的因素。史料大多也是由人记录的，人的参与使它难免包含着一定的主观因素。章学诚在《答客问下》中就谈到"比次之道，大约有三"："有及时撰集，以待后人之论定者，若刘歆、扬雄之《史记》，班固、陈宗之《汉记》是也；有有志著述，先猎群书，以为薪楥者，若王氏《玉海》，司马《长编》之类是也；有陶冶专家，勒成鸿业者，若迁录仓公技术，固裁刘向《五行》之类是也。"②这三种史料虽然具体情况有别："及时撰集以待论定，则详略去取，精于条理而已。先猎群书，以为薪楥，则辨同考异，慎于覈核而已。陶冶专家，勒成鸿业，则钩玄提要，达于大体而已。"③但都是经过了详略去取、辨同考异、钩玄提要的过程，史料就成为人为加工的产物。

其次，历史撰写中非客观性因素的参与。章学诚认为造成这种现象的原因有许多，其中比较重要的有两点。第一，史学家情感的参与以及如何确

① 《书教下》，叶瑛：《文史通义校注》，第49页。
② 《答客问下》，叶瑛：《文史通义校注》，第482页。
③ 《答客问下》，叶瑛：《文史通义校注》，第482页。

立史德的问题。《史德》篇中有一段对写作中情感参与的生动描绘:"文非气不立,而气贵于平。人之气,燕居莫不平也。因事生感,则气失则宕,气失则激,气失则骄,毗于阳矣。文非情不得,而情贵于正。人之情,虚置无不正也。因事生感,则情失则流,情失则溺,情失则偏,毗于阴矣。"①他认为文是由人的气而生成的,而人在遇到各种事情时气就不平了,或者"宕",或者"激",或者"骄",这样对事情的认识不免有偏差或者偏激之处。因事生出感情,情一失,就会造成"流""溺""偏"的状况,那么就会将个人的感情带入编写的过程。这两种情况的出现,就会对历史的描绘、阐释和认识部分失真。这正是章学诚特别强调史家要讲"史德"的根本原因②。第二,传统史家观念的参与也会造成某些客观性的缺失。比如《古文十弊》中所列举的"为尊者讳""为贤者讳""为长者讳"就是明显的例子,也正说明了著史者的意识形态不免影响到史书的实录原则。

(三)历史研究中的合理想象与文本书写的虚拟性建构问题

历史研究和文本书写有没有"想象力"的参与?中外许多理论家都对此做出了肯定的回答。麦考莱指出:"一个完美的历史学家必须具有足够的想象力,才能使他的叙述既生动又感人。"③钱钟书对此有精彩的论述,他的《管锥编》中论《左传》记载"密勿之谈"和"心口相语"时,认为《左传》此类记言:"设身处地,依傍性格身分,假之喉舌,想当然耳……史家追叙真人实事,每须遥体人情,悬想事势,设身局中,潜心腔内,忖之度之,以揣以摩,庶几入情合理。盖与小说、院本之臆造人物、虚构境地,不尽同而可相通。记言特其一端。"④钱钟书以丰富的史料证明史书的撰写恰如文学创作,也离不开合理的想象。由此,钱钟书提出了当今学人都熟悉的"史蕴诗心"的观点,其中也体现出了文本书写的虚拟性建构问题。

章学诚在论易象时认为:"有天地自然之象,有人心营构之象。"⑤并列举了各种"象",这些无疑是人的主体意识想象的产物。史书的撰写正是通过对此两者的描绘而展现道的存在,需要发挥史家的主体性灵,想象亦在所难免。但需要注意的是,章学诚基于其史学家的立场,以及中国史学的实录精神传统,对此论述是不多的。但是我们也要看到,历史事实作为已经消逝于时间长河中的人、物、事,从理论上说是一种客观存在。但历史文本则只

---

①　叶瑛:《文史通义校注》,第 220 页。
②　具体论述请参看第二章的"史德"部分的有关论述。
③　何兆武主编:《历史理论与史学理论》,商务印书馆 1999 年版,第 260 页。
④　钱钟书:《管锥编》第一册,中华书局 1986 年版,第 165—166 页。
⑤　《易教下》,叶瑛:《文史通义校注》,第 18 页。

是当时的史家对历史的认识,"文本性"表明了史学著作的当下性,在当时的现实社会和生活背景下,不免经过了某种有意识和无意识的选择和加工。① 此外,"历史的文本性"还说明,人们探寻历史真相除了考古资料,更多的是基于历史文献这种文本,在此过程中的诠释和解读难免有主体因素的干扰。① 有学者认为章学诚的史学实际上是文史学,是以史书文本的撰写为探论的中心②,而文本必然含有虚拟性建构的成分,当事人虽然不能明确认识到,但这却是客观存在的一种必然。

三　章学诚历史诗学的民族文化特色

当然,我们说章学诚的史学有历史诗学的特色,并不是将他与海登·怀特等西方学人机械类比,不顾历史时代的不同与两种文化传统的极大差异而强行纳入一种理论体系。毕竟章学诚是中国文化孕育出来的历史文化学家,其"历史诗学"也有自己的特点。

(一) 文以济史,文史有别

章学诚虽然在一定意义上重视文学,认为文史相通,但是历史和文学是有区别的。章学诚的史学虽然有史事、史义、史文三个组成部分,但其核心是"史义",他认为"诚得义理之所齐,而文辞以是为止焉,可以与言著作矣。"③史文是为史义服务的,虽然肯定了文学在历史书写中的地位,但章学诚强调不可空言文学,文学必有所依托,"离质言文,史事所以难言也"④,"文生于质,视其质之如何而施吾文焉"⑤。这一系列论述都表明章学诚的史学家本色。如前所论,求道是章学诚的最高学术追求,对于他来说,史义就是他所追求的"道"。历史修撰是通过史文来"文以载道",从而前事不忘后事之师,以起到经世致用的作用和目的。所以,文学的参与只是为了彰显"道",主观上是不会允许我们今天文学观念中的虚构因素对史实和道有所扭曲的,虽然客观上的确无法避免。因此,在章学诚那里,虽然允许以文济史,但文史有别,鸿沟还是难以逾越。

章学诚也强调文人之文与著述之文的区别,认为两种文的特点与作用各不相同。他又继承了刘知几的文人不可修史论。这些观点前面有关章节

---

① 关于历史美学与历史文本的主体性问题,路新生《钱钟书"诗心论"的历史美学价值》(《天津社会科学》2011 年第 3 期)等系列论文,以及其学生杨晶的硕士论文《略论历史美学——以章学诚之文史撰述为例》有较深入的论述,可以参看。

② 参看导论部分引用龚鹏程的有关观点。

③ 《说林》,叶瑛:《文史通义校注》,第 352 页。

④ 《州县请立志科议》,叶瑛:《文史通义校注》,第 589 页。

⑤ 《砭俗》,叶瑛:《文史通义校注》,第 452 页。

已经有所论述。

（二）历史观的天然客观性与文史观的主体能动性

"中国历史观的关键词是自然、伦理和人，不同的历史观主张各有侧重，但是，不管是自然之道、伦理之道、圣人之道，还是心之道，都是建立在承认历史的规律性、承认'道'的先决条件之上的。"①在章学诚那里，历史也是体现着"道"的，是神圣而权威的；即使有文学因素的渗入，也遵循一定的历史规律，所以是能够认识的。传统的史书撰写原则是秉笔直书、重视褒贬、经世致用。认为历史之"道"是在客观的历史进程中自然呈现出来的天之道，用章学诚的话来说就是"史之义出于天"，"道之大原出于天"，"道者，万物万事之所以然"。②"道"是天人合一的，是不以撰史者的主观意志为转移的。但"史之文，不能不借人力以成之"，所以个人之文辞在史书撰写中必然产生重要的作用，如此"成一家之言"，就达到了司马迁这样的伟大史学家的高度。章氏历史观和文史观由以产生的民族文化土壤，使他不可能像西方某些历史学家那样走向历史相对主义。

乾嘉汉学家自信通过文字训诂、事实考证，就可以追求到先儒的原汁原味的道；宋明理学家则笃信个人的心性修养一旦豁然开朗，就会达到与道同体的圣人境界。对于这种工具理性的傲慢和价值理性的过于自我，章学诚高举史学的大旗，文史会通，通过具有诗性智慧的心灵，重建了有体有用、道器合一、情理并重的文史之学。虽在当时无人能名其学，但其学术的光芒至今仍照亮我们的心灵，并不时给我们以启迪。

第二节　章学诚的文化诗学

中国古代文论以诗文为主要的阐释对象，诗学是诗文理论的核心。"《诗》学"是诗学的源头，并由广义的文化诗学流而为后世狭义的审美诗学。由此，基于复古的文化心理，后世传统学人的诗学理论也总要溯流寻源，在坚持文化大义的前提下展开审美批评，这实际就是今天我们所倡导的文化诗学的研究方法。一些现代学人由于接受了纯文学的理论，对于这种复杂现象总感到困惑，其解决的方法则是割裂"《诗》学"与诗学。但这种方

① 秦兰珺：《章学诚与海登·怀特历史叙事观之比较》，《史学月刊》2006 年第 10 期，第123 页。

② 《原道上》，叶瑛：《文史通义校注》，第 119、120 页。

法终究不符合中国诗学的历史本来面貌，也缺乏历史的眼光。章学诚的文化诗学以学术有机体的观点看待中国的文学①，主张六艺一体，从中国文化的整体高度来认识中国文学，并用"辨章学术、考镜源流"的学术史方法将泛文学（指传统的"文"）与现代意义上的所谓纯文学二者绾合在一起，由此伸张了中国诗学的文化大义，为我们的传统诗学研究提供了颇有借鉴意义的思路与方法。

一 章学诚的文学研究是文化史学视域下的诗学研究

就现代文学理论界而言，"诗学"一词有狭义和广义两种理解，其理论来源与文化背景分别是中国传统与西方传统。大体说来，狭义诗学是对作为文体的诗歌文学自身的研究，而广义诗学则关系一切以虚构与审美为基本特征的文学艺术作品。至于"文化诗学"则纯粹是一个舶来品，是新历史主义诗学的进一步发展，是一个歧义纷出的概念。其在近年来的中国文论界受到重视，并形成了中国特色的"文化诗学"理论，是童庆炳、林继中、李春青等学者所做的比较本土化的理论新建构②。笔者的界定与此近似，核心是从文化有机体的角度来论文学现象。以此审视中国传统学术，可以发现，章学诚的文学理论研究正是传统文化诗学研究的一个范例③。

现代学术界的主流观点是将章学诚界定为一个史学家，但著名历史学家、中国思想史学科的开拓者侯外庐对章学诚学术性质的认识则给我们提供了另一个思路，对我们换一个视角认识章学诚很有启发。半个世纪以前，侯外庐就指出，章学诚的学术是"文化哲学或文化史学的理论"④，"《文史通义》略当今日所谓之文化史学，《校雠通义》则当今日之所谓学术史"⑤，"他

---

① 学术有机体的说法来源于朱敬武的《章学诚的历史文化哲学》，他在阐释章学诚的"六经皆史"之"史"的含义时，综合方东美、倪文孙（即倪德卫）、劳榦诸人的观点，认为"学术文化机体说"最切近实斋本意。"'六经皆史'的'史'，更指向'文化'这个有机的统一整体，涵括文化特质、学术传统和政教创制。"台北文津出版社 1996 年版，第 139 页。

② 具体观点请参阅童庆炳、李春青的有关论著，以及一些学者对其的理论阐释。

③ 对于章学诚来说，文化诗学可以说有广狭两层含义。广义上讲，章氏文论就是一种典型的文化诗学研究。章学诚的《文史》《校雠》二通义泛论世间一切文字，又以著述之文为中心，再以史书文字为本，以叙事为中国文学的主流传统，建构其文学理论。本节所论则从狭义的角度思考，主要是以《诗教》篇为中心，以中国文学的典范文类"诗歌"为主要研究对象，进行理论思考与学术流变之考察，实际论述的是中国文学的抒情传统。由此再申述一点，前节所述章学诚的历史诗学，则侧重中国文学的叙事传统。

④ 侯外庐著，中国社会科学院历史研究所中国思想史研究室编：《侯外庐史学论文选集》下，人民出版社 1988 年版，第 223 页。

⑤ 《侯外庐史学论文选集》下，第 228 页。

的《文史通义》，其形式上好象历史哲学，而内容上则是文化史学或学术发展史学"①。美国学者倪德卫在《章学诚的生平及其思想》一书中深入阐发了章学诚的"文明史的观念"，即关于文化史演变的理论。朱敬武《章学诚的历史文化哲学》将章学诚的思想断定为"历史文化哲学"："他的史学其实是一种整合形态下的哲史文学，更指向中国人文文化的整体，表现为一种旁通的统贯的机体智慧。"②张广生《周公、孔子与"文明化成"：章学诚的儒学之道》③从文明化成的角度重新审视章学诚所提出的"六经皆史"之论，章学诚的道论，以及周公之道、孔子之教孰为重的问题。他认为章学诚的史学是为了重新阐明贯通天人、化育文明的完整的儒学之道。在这个大史学体系中，文之大义也由此显现。

　　综合以上诸家观点，我们认为，章学诚的学问总体上是一种文化史的研究，核心是对历史学学术史与编纂理论的研究。究其本质，章学诚是一个文化学家，但又是以一个历史学家的面目出现的。这使得当今学术界对其的研究主要局限于历史学界，而且主要偏于形而下的历史编纂学层面，因此对作为文学史家的章学诚这一面就不够重视。而章学诚的文学研究是有自己鲜明的学术特色的，这就是其辨章学术、考镜源流的学术史方法。在他的这个"探照灯"扫描下，中国传统学术的源流正变一目了然。正是有了这样贯通的历史眼光，文学的特点、源流及其发展方向才有了清晰的呈现；文学的形上形下追求、道技两途的离合之辨才更明白。由辨章学术、考镜源流的学术史视角，章学诚进而窥见中国文化的源流，发现了人类历史发生、进化的奥妙，由此形成其深刻的历史哲学思想，并以此来审视人类的文化创造。文学的源流正变亦在这样宏通的视野下得以呈现出自己的庐山真面目。正如对章学诚学术有深刻研究与借鉴的史学大师钱穆所说："章实斋讲历史有一更大不可及之处，他不站在史学立场来讲史学，而是站在整个的学术史立场来讲史学，这是我们应该特别注意的。也等于章实斋讲文学，他也并不是站在文学立场来讲文学，而是站在一个更大的学术立场来讲文学。这是章实斋之眼光卓特处。"④钱穆认为章学诚之"眼光卓特处"在于其站在中国文化学术的立场来讲史学与文学，因此，我们借鉴"文化诗学"的理论来审视章学诚的文论是契合研究对象的。本节也主要是从文化史与学术史两个角度来研究章学诚的文化诗学思想。

---

① 《侯外庐史学论文选集》下，第 233 页。
② 朱敬武：《章学诚的历史文化哲学》，文津出版社 1996 年版，第 2—3 页。
③ 《清史研究》2006 年第 1 期。
④ 钱穆：《中国史学名著》，三联书店 2005 年版，第 302 页。

二　以求道为中心的文化学术整体观与文化诗学阐释策略

《文史通义》与《校雠通义》是两部广义上的文化史学著作，论述的是整个的中国学术与文化。"六经皆史"的总体论断背后隐含的学术主旨是从文化哲学的高度来论述以六经为核心的古代文献典籍乃后世一切学术之源头。"六经皆史"隐含的另一个思想是六经皆文，六艺一体才能明道体之大全。文以明道，文学也必须在学术整体视野下才能显现其本来面目与存在意义。

我们知道，高举"史意"的旗帜是章学诚史学理论的核心。综合义理、考据、辞章，把求道作为学术指导和追求的最高目标是章学诚的学术自觉。史意包括三个含义，即我们前面所论的章学诚的"《春秋》教"，继承的是司马迁的究天人、通古今、成一家言的精神。《诗教》篇正体现了这一点。《诗教》篇由作为经典的《诗》到后世的以"诗"为典型特征的吟咏性情、言情达志、敷陈讽谕、抑扬涵泳的辞章之文，即今天现代意义上的文学，一路论述下来，将后世文学溯源于古典的《诗》，并由此赋予其文化大义，正是一种见解深刻、具有学术穿透力的文化诗学研究方法。而贯穿其中的一个思想与逻辑的核心就是章学诚对"道"的新见解，这集中体现在《原道》与《易教》篇，二者互相联结，可视为《文史通义》的纲领。① 章学诚从"三人居室"的原点出发所推出的"道"，正是人类社会的文明之道、文化之道、人文之道，他认为此道至周公时大备。《原道上》云："周公以天纵生知之圣，而适当积古留传，道法大备之时，是以经纶制作，集千古之大成，则亦时会使然。"②"文"则是"道"的显现，六经则是对道所以存在与展开的器——人类历史活动的记载。论文学而不从这个根本点出发，则一切皆为细枝末节，无关宏旨。

从文以载道、文以明道的文化传统来看，将文之源流演变追溯到"道"，是传统知识人的一个基本思路。不管是刘勰还是韩愈论文道，都体现了这样的传统。刘勰《文心雕龙》首篇曰《原道》，次《征圣》《宗经》，其间的逻辑是"道沿圣以垂文，圣因文以明道"。然后是《正纬》《辨骚》篇，渐渐由最原始的体现圣人之道的经典之文，逐步论述更偏于辞采抒情的辞赋之文。此五篇同属"文之枢纽"部分，是刘勰著述的核心与指导。后面则依次是论述文体渊源流变的二十篇"论文叙笔"，以及下半部"剖情析采，笼圈条贯"的写作论、作者修养论以及批评鉴赏论等二十四篇。《通变》与《时序》两篇，

---

① 本书第一章也就章学诚的道论和六艺一体论做了深入阐发，可参看。
② 叶瑛：《文史通义校注》，第120—121页。

是刘勰的文学发展论,分别对历代"文"的整个发展演变历程,提出"文变染乎世情,兴废系乎时序"的思想。《时序》篇以传统的社会政治文化"质文代变"的理论对战国时代文章的演变做出分析,这与章学诚《诗教》篇的思路极为相似,正可以看出刘勰对章学诚的影响。号称"文起八代之衰"的韩愈提倡古文,核心思想是以古文来复兴三代以来的古道。他的《原道》重建了新的道统论,这个道"尧以是传之舜,舜以是传之禹,禹以是传之汤,汤以是传之文武周公,文武周公传之孔子,孔子传之孟轲,轲之死不得其传焉"①,韩愈以道自任,上接此道,通过古文的写作达到文以明道、重振斯文的目的。在韩愈这里,理想的社会与文化状态是文道合一,并从历代儒道的兴衰与文道角度立论,先秦两汉的文章文道合一,两汉之后则文道分离、道衰文浮。《文史通义》与《校雠通义》辨章学术、考镜源流,刘勰、韩愈的这些思想显然也成了章学诚文化诗学的理论来源。

　　章氏诗教观也是从文道结合的角度梳理历代文章,《诗教》篇与《易教》《原道》篇关系密切。如前所言,《易教》《原道》篇共同构成《文史通义》探讨包括诗教观在内的诸多具体问题时所依凭的理论基准。《易教下》提出:"万事万物,当其自静而动,形迹未彰而象见矣。故道不可见,人求道而恍若有见者,皆其象也。"②《原道中》说:"夫子述六经以训后世,亦谓先圣先王之道不可见,六经即其器之可见者也。"③章学诚主张道器合一,反对离器而言道,六经是器,载道而非道体,是象。后世一切可见之象皆是器,道是在历史过程中不断显现和流变的,那么后世的器,包括文章自然也是不断变化的。但道体不能自动显现,只能即器以明道,文章就是用来明道的。就此,章学诚赋予文以崇高的意义。"义理不可空言也,博学以实之,文章以达之,三者合于一,庶几哉周、孔之道虽远,不啻累译而通矣。"④需要指出的是,章学诚认为道(义理)必须通过体现著者学问的著述之文才能显现,也就是说,章学诚的道与学问紧密结合,是历史之道。

　　从这样的文道关系出发,章学诚以道贯通六艺、战国诸子、两汉辞赋以及后世著述之文,并以此辨章学术,"奉道而折诸家之文":"战国之文,奇邪错出,而裂于道,人知之;其源皆出于六艺,人不知也。后世之文,其体皆备于战国,人不知;其源多出于《诗》教,人愈不知也。知文体备于战国,而始可与论后

---

① 韩愈撰,马其昶校注,马茂元整理:《韩昌黎文集校注》,上海古籍出版社 1986 年版,第18 页。
② 叶瑛:《文史通义校注》,第 18 页。
③ 叶瑛:《文史通义校注》,第 132 页。
④ 《原道下》,叶瑛:《文史通义校注》,第 139—140 页。

世之文。知诸家本于六艺，而后可与论战国之文。知战国多出于《诗》教，而后可与论《六艺》之文。可与论六艺之文，而后可与离文而见道。可与离文而见道，而后可与奉道而折诸家之文也。"①战国之时道术为天下裂，诸子纷纷以文明道，道术虽裂，但文体大盛，而且多从《诗》教得辩论行文之术，所以说战国之文多出于《诗》教，后世论文也要从道的演变出发，遵循这样的学术理路。从道与文的离合角度观察历代文章盛衰变化，由此新见迭出。

其一，从道体的本源角度论述："战国之文，其源皆出于六艺，何谓也？曰：道体无所不该，六艺足以尽之。"②章学诚解释说："诸子之为书，其持之有故而言之成理者，必有得于道体之一端，而后乃能恣肆其说，以成一家之言也。所谓一端者，无非六艺之所该，故推之而皆得其所本；非谓诸子果能服六艺之教，而出辞必衷于是也。"③章学诚认为战国诸子之文皆源自《六艺》之文，战国以后之文则多源于得《诗》教的战国之文。虽然章学诚认为诸子只是体现了大道的某一部分，但也因此具有了存在的意义，都是能成一家之言的学说文章。但后世之文则会出现文道分离乃至不能言道的空文——文人玩弄辞藻的游戏之文，所以每况愈下，存在意义大减。

其二，从学问与文章的离合角度论述："后世之文其体皆备于战国，何谓也？"章学诚从后世文集的性质讲起，认为："子史衰而文集之体盛，著作衰而辞章之学兴。文集者，辞章不专家，而萃聚文墨，以为蛇龙之菹也。（章氏自注：详见《文集》篇。）"这是因为："经学不专家，而文集有经义；史学不专家，而文集有传记；立言不专家，（章氏自注：即诸子书也。）而文集有论辩。后世之文集，舍经义与传记、论辩之三体，其余莫非辞章之属也。"章学诚认为文集是一家之学的体现，要有立言宗旨，后世文集在章学诚看来就是大杂烩④，而且以辞章为主体，"而辞章实备于战国，承其流而代变其体制焉。学者不知，而溯挚虞所哀之《流别》，（章氏自注：挚虞有《文章流别传》。）甚且以萧梁《文选》，举为辞章之祖也，其亦不知古今流别之义矣"⑤。他从经、子、史的演变历史中指出，战国时期是文体发展变化的关键节点，因为至战国时学术大盛，诸子纷纷立言著书，各以其文阐述其学问主张，各种文体也应运而生，成为后世文章之源。所以挚虞的《文章流别传》将《文选》作为辞章之祖，是不知古今学术文章源流变化，也就是不能考镜源流。从此以后，

---

① 《诗教上》，叶瑛：《文史通义校注》，第60页。
② 《诗教上》，叶瑛：《文史通义校注》，第60页。
③ 《诗教上》，叶瑛：《文史通义校注》，第60页。
④ 比如他批评汪中的文集《述学》的主要原因就是如此。
⑤ 《诗教上》，叶瑛：《文史通义校注》，第61页。

学术与文章是每况愈下,乃至有不辨学术类别的文集出现。《诗教下》篇正是按照这样的理论逻辑纵论后世各种文体源流正变。①

章学诚从中国学术的整体视角来展开自己的文史之学,他对"文学"即辞章之学的思考与认识也是从中国传统文化与学术的整体出发的,这也使得他的文化诗学阐释方法呈现整体思维的特点。

三　辨章学术、考镜源流的文化学术史意识与文学史建构

辨章学术、考镜源流是章学诚学术的基本方法,体现的是其鲜明的文化史、学术史意识,这使得他对中国文学的发展流变的认识体现出鲜明的历史意识。《陈东浦方伯诗序》一文对诗文发展流变的概括叙述就体现了这一特点,他的主要结论是:"诗文同出六籍,文流而为纂组之艺,诗流而为声律之工,非诗文矣。"②这是《文集》篇的主要学术观点。他具体论述说:"学诚……尝从事于校雠之业,略辨诗教源流,谓六经教衰,诸子争鸣,刘向条别,其流有九。至诸子衰而为文集,后世史官,不能继刘向条辨文集流别,故文集滥焉。六义风衰,而骚赋变体,刘向条别其流有五,则诗赋亦非一家已也……故文集之于六经,仅一失传,而诗赋之于六义,已再失传。诗家猥滥,甚于文也。"③这篇序文所概述的诗文发展史体现的正是《诗教》篇的主要观点,六艺道衰之后,诗文失去六经明道经世之大义,徒为技艺文辞而已。

质文代变是中国传统士人考察社会政治、文化演变的重要思路,章学诚也从文与质的变化史角度来论述文章的变化,章学诚认为:"九流之学,承官曲于六典,虽或原于《书》《易》《春秋》,其质多本于礼教,为其体之有所该也。及其出而用世,必兼纵横,所以文其质也。古之文质合于一,至战国而各具之质;当其用也,必兼纵横之辞以文之,周衰文弊之效也。"④章学诚的逻辑在于一切学术文章都分文与质两个方面,《诗》教的主要影响在于文的一面,所以他说:"战国之文,既源于六艺,又谓多出于《诗》教,何谓也? 曰:战国者,纵横之世也。纵横之学,本于古者行人之官。观春秋之辞命,列国大夫,聘问诸侯,出使专对,盖欲文其言以达旨而已。至战国而抵掌揣摩,腾说以取富贵,其辞敷张而扬厉,变其本而加恢奇焉,不可谓非行人辞命之极也。孔子曰:'诵诗三百,授之以政,不达;使于四方,不能专对,虽多奚为?'

---

① 关于文体源流演变的问题在章学诚的文体论一节有论述,此处的不同在于从文以载道的角度论述文的历史变化。
② 仓修良:《文史通义新编新注》,第545页。
③ 仓修良:《文史通义新编新注》,第545页。
④ 《诗教上》,叶瑛:《文史通义校注》,第61页。

是则比兴之旨,讽喻之义,固行人之所肄也。纵横者流,推而衍之,是以能委折而入情,微婉而善讽也。"①战国之文正因为承孔子之《诗》教,善于文辞修饰,所以开后世文人铺张文辞、以文自豪之先河。但毕竟还是有其质,后世则只有文辞而已。

因此,章学诚能透过文辞的表象而洞悉文章的实指,使得他论文不局于形貌,论诗不局限于表面的声韵,而要看其内容及其表达方式。那些表面上也押韵、徒具诗之外表的东西,其实并不一定是真正的诗。比如:"演畴皇极,训诰之韵者也,所以便讽诵,志不忘也。六象赞言,《爻》《系》之韵者也,所以通卜筮,阐幽玄也。六艺非可皆通于《诗》也,而韵言不废,则谐音协律,不得专为《诗》教也……后世杂艺百家,诵拾名数,率用五言七字,演为歌诀,咸以取便记诵,皆无当于诗人之义也。"②"至于声韵之文,古人不尽通于《诗》"。他反对流俗拘于声韵论诗的不恰当做法,反而认为凡是"存乎咏叹""近乎比兴"者皆可归入《风》《骚》领域:"文指存乎咏叹,取义近于比兴,多或滔滔万言,少或寥寥片语,不必偕韵和声,而识者雅赏其为《风》《骚》遗范也。故善论文者,贵求作者之意指,而不可拘于形貌也。"③论诗论文直探文心,而不仅仅局限于外在的形貌与表象。

章学诚之所以轻视文人之文,还在于他认为,古代文辞风雅只是士人的一种无关立德、立功、立言的爱好,或者充其量是一种外在的言辞技巧修养而已,即文质中的"文"。章学诚强调论述的是有立言之旨的著述之文,对于文人之文的徒夸文辞不免轻视,所以他论诗的思维很特别,重视的是作者是否有真情实意。比如在《陈东浦方伯诗序》一文中,他认为什么样的诗才是好诗呢?"古诗去其音节铿锵,律诗去其声病对偶,且并去其谋篇用事,琢句炼字,一切工艺之法,而令翻译者流,但取诗之意义,演为通俗语言,此中果有卓然其不可及,迥然其不同于人者,斯可以入五家之推矣。苟去是数者,而枵然一无所有,是工艺而非诗也。"④所持的评诗标准就是重质轻文,这种观点与方法曾经得到了胡适的高度认可⑤。

有学者撰文指出:"通过'情志'将六艺之文、战国之文、后世之文贯穿起来,为中国文学史找到了一条最合理的主线。这一非凡的揭示,对于我们

---

① 《诗教上》,叶瑛:《文史通义校注》,第60—61页。

② 《诗教下》,叶瑛:《文史通义校注》,第79页。

③ 《诗教下》,叶瑛:《文史通义校注》,第79页。

④ 仓修良:《文史通义新编新注》,第545页。

⑤ 胡适称赞"此序论诗颇具特识",认为章学诚"这个标准可谓辣极! 只有真诗当得起这个试验。章实斋若生晚两百年,他一定会赞成白话诗"。胡适:《章实斋先生年谱》,《胡适全集》第19卷,安徽教育出版社2003年版,第134—135页。

探索文学史,建构文学史的启发意义之巨大,是不待赘论的。因为我们一直没有为六经、诸子、史传与后世的诗赋之间寻找到合理的统一点,我们也没有合理地解释《诗经》与后世的文人诗歌之间的真正的血缘关系。章氏则创造性地发展了传统的'诗教'范畴,为文学史找到一条最合理的主线。"①举出"情志"这个与现代文学观念相似的核心概念来谈章学诚的"纯文学观"②,并依此来谈章学诚的贯通经史子集的文学史建构,是很有学术眼光的。试看章学诚对此问题的有关论述:"自古圣王以礼乐治天下,三代文质,出于一也。世之盛也,典章存于官守,礼之质也;情志和于声诗,乐之文也。迨其衰也,典章散,而诸子以术鸣。故专门治术,皆为官礼之变也。情志荡,而处士以横议,故百家驰说,皆为声诗之变也。"③"战国之文章,先王礼乐之变也。然而独谓《诗》教广于战国者,专门之业少,而纵横腾说之言多。后世专门子术之书绝而文集繁,虽有醇驳高下之不同,其究不过自抒其情志。"④"情志"是中国诗学中的重要话语,分言之,"诗言志"与"诗缘情"是中国的两大诗学话语,乃至被许多学者视为中国抒情文学史的两条主线。"文人情深于《诗》《骚》,古今一也。"⑤而《诗》与《骚》恰恰是"诗言志"与"诗缘情"的源头。章学诚认为"学者惟拘声韵为之诗,而不知言情达志,敷陈讽谕,抑扬涵泳之文,皆本于《诗》教。是以后世文集繁,而纷纭承用之文,相与沿其体,而莫由知其统要也。"⑥章学诚透过各种文体的形貌,删繁就简,以"情志"为"诗教"的一个重要内容,从而贯通了后世的各种抒情言志之文,这种学术见解说明章学诚对文学本质是有明确认识的,依此来建构中国文学史正体现了其高明的史家意识。⑦

四　从章学诚的文化诗学申论中国诗学的文化大义

六经即器以明道,六经皆史,其文则史,其义孔子发扬之,然则文之义在

---

① 钱志熙:《论章学诚在文学史学上的贡献》,《文学遗产》2011 年第 1 期。
② 在由西方传入中国的现代文学观念的强势话语语境下,研究中国传统文学的学者只能以"杂文学"或者"大文学"的概念来概括中国传统的"文"的概念,而将现代文学称为"纯文学"。
③ 《诗教下》,叶瑛:《文史通义校注》,第 78 页。在这段后面,章学诚自己注解说:"名、法、兵、农、阴阳之类,主实用者,谓之专门治术,其初各有职掌,故归于官,而为礼之变也。谈天、雕龙、坚白、异同之类,主虚理者,谓之百家驰说,其言不过达其情志,故归于诗,而为乐之变也。"
④ 《诗教下》,叶瑛:《文史通义校注》,第 78 页。
⑤ 《诗教上》,叶瑛:《文史通义校注》,第 62 页。
⑥ 《诗教下》,叶瑛:《文史通义校注》,第 78—79 页。
⑦ 学术界对章学诚的文学观与学术史之关系也多有论述。近代以来的文学批评史家如郭绍虞、罗根泽、王运熙、张少康诸家,都对其在文学理论批评方面的建树做出较高的评价。

即器明道经世,岂不大哉? 章学诚的文化诗学论述充分弘扬了中国诗学的文化大义,而且贯通了狭义之文与广义之文,后世狭义的诗学必须上溯到广义的诗学才不至于失却诗之大义。

其一,"必通六义比兴之旨,然后言春王正月之书"。诗关乎政教人心,诗之精神亦贯通于六艺。后世论学为文,应当以经世为最终目的。章学诚在给朝廷大员上书关心朝政时说:"学诚读书著文,耻为无实空言,所述《通义》,虽以文史标题,而于世教民彝,人心风俗,未尝不三致意,往往推演古今,窃附诗人之义焉。"①其中所说的"诗人之义"就是诗教的精神,是对"世教民彝,人心风俗"的关心与批评,他的这个上书无疑也是这种精神的最好体现。

其二,诗言性情,作诗读诗都可以修养心性,要遵循"诗,发乎情,止乎礼义"的古训。这是开端自孔子、中经汉儒、发扬于朱熹的儒家诗学的一贯主张。章学诚对袁枚诗学主张的严厉乃至不无偏颇的批评就是这种诗学精神的具体体现,将在"诗话论"一节论述,此不赘。

其三,诗要言之有物,不能成为单纯的辞章技巧炫耀之具。章学诚不无感慨地表达了对后世诗学不得六义之旨、不寻文学大义的不满:"大抵学人之诗,才人之诗,诗人之诗,文人之诗,各有所长,亦各有其流弊。但要酝酿于中,有其自得,而不袭于形貌,不矜于声名,即其所以不朽之质……主风教者,贵有操持之实,极言是也,婉言亦是也,无其实而急于诮人之铎,无谓也;征学术者,贵有怀抱之志,侈言是也,约言亦是也,无其志而劳于书肆之估,无谓也。性灵,诗之质也,魂梦于虚无飘渺,岂有质乎! 音节,诗之文也,桎梏于平反双单,岂成文乎! 三百之旨,五种之流,三家之学,虚实侈约,平奇雅俗,何者非从六义中出,但问胸怀志趣,有得否耳? 而世人论诗,纷纷攘攘,昧原逐流,离跂攘臂于醯缶之间,以谓诗人别有怀抱,呜呼! 诗千万,一言以蔽之,曰:惑而已矣!"②认为论诗要重视内在的"质"而不是表面的"文"。"诗言志",重在诗人的胸怀志趣,而诗义则要出于六义。此文以自己的学术观点为根据对不懂诗学大义的种种人物,以及主性灵与重声律音节的诗学观点都做了剖析,并以充满感情的笔触将其畅快淋漓地写出,指出学人之诗、才人之诗、诗人之诗、文人之诗各有短长,但都要心有自得、诗有主旨,才是好诗,核心是遵循《诗》之六义:风赋比兴雅颂,即诗教。这种颇见性情的文字也是《文史通义》富有文学意味的一个重要方面,使得论辩之

---

① 《上尹楚珍阁学书》,《章学诚遗书》,第 330 页。
② 《〈韩诗编年笺注〉书后》,仓修良:《文史通义新编新注》,第 583—584 页。

文也充满了文学审美色彩①。

其四,《诗教》论述《诗》之大义,阐明《诗》对后世以诗歌辞赋为主体的文学的指导意义。诗乃文学核心,又与其他文章互为表里,诗之艺术精神也为其他文章文体所吸收,为各类文章寻找到了大义。章学诚诗学的最主要特点就是打通《诗》学与诗学,将一般的文人诗歌源头溯源到《诗》,这本于章学诚独特的六艺为一切学术源头的思想。章学诚认为古代官师政教合一,学在官府,其《诗教》篇所申述的"教"义可以说为后世纯粹的以文人诗歌为核心的纯文学寻到了大义之源,实际是高扬了文学的价值,打通了古今,也会通了经与文。因为章学诚的学术精神之一就是会通,六经相通。

其五,从"文"的文化、文明的含义上说,诗是人类文明的产物,乃道之文也。此道是人类文明、文化之道,更是社会发展之道。结合章学诚的《易教》《书教》《礼教》《原道》等篇的主旨综合思考,《诗》作为六艺、六经之一,与其他五经互相联系,共同阐明大道,诗之为义大矣哉!②

中国传统文学的历史实际决定了对古代诗学的研究要跳出现代以来的文学概念与范围。众所周知:"中国的文学观念在 20 世纪中已经发生变化。概而言之,即或显或隐地以西方近现代的文学观念为本。大略而言,即伸张'美文学'或'纯文学'的观念:标榜文学的独立,追求文学的特质,大多聚焦于个体性灵的抒发,技艺形式的独创而以形象思维、审美本质予以解释。"③显然,以此观念来研究,则只能是将文学与传统文化的有机体强行割裂,剥离出一个他们眼中的所谓中国"文学"。同样的,关于中国文学批评史的研究也会方枘圆凿:"对应于《文史通义》《校雠通义》这样的著作,文学批评史就往往难以措手。能够想到的做法,大体是在论及章学诚学术思想之后,力求突出文学理论的特色,别立'文德论''文理论''文例论''文律论'等名目,搜求整理章氏对于文学(现代文学观念之'文学')的意见而阐发之。其长处是贴近了文学(狭义之文学),其缺失则可能无意中忽略了章学诚以学

---

①　他曾在与友人的书信中感慨说:"鄙著《通义》之书,诸知己者许其可与论文,不知中多有为之言,不尽为文史计者,关于身世有所枨触,发愤而笔于书。尝谓百年而后,有能许《通义》文辞与老杜歌诗同其沉郁,是仆身后之桓谭也。"(《与朱少白书》,《文史通义新编新注》第 774 页)更有意思的是,章学诚高唱史家叙事之文,但其方志类史书著作中的叙事则平平,并无马迁班固之史才文笔,反倒是其议论之文,即先秦子书之文为代表的著述之文成为其最拿手的文体,其《文史通义》中的文章达到了较高的艺术水平。

②　近年来胡晓明先生极力主张并通过一系列文章、著作深入阐发了中国诗学的文化大义,以及古典诗歌、诗学对于国人文化心灵的塑造的重要意义。可参看其《诗与文化心灵》,中华书局 2006 年版。

③　钱竞、王飙:《中国 20 世纪文艺学学术史》第一部,上海文艺出版社 2001 年版,第 101 页。

术史眼光审视文学(即使是狭义的文学)的要义。"①要改变这种局面,从章学诚的学术整体观入手,判定《文史通义》与《校雠通义》的学术性质与著述宗旨是根本。

章学诚之学说以校雠为基础来辨义例,其校雠即是学术史研究。以此精神来研究文学之流变,就凸显出其鲜明的个人特色。这就是将文学纳入整个的学术流变中来审视,而不是先画一个圈,单独就文学谈文学。这里有两个层面的文学问题,一是在章氏的时代比较通行的文学概念,一个是他自己认可的文学观念,在他的论述中这两个问题也不可避免地会交织在一起。他把狭义的辞章之学(多集中于集部)和广义的文章之学(经史子之文),从历史的流变中将二者贯通起来,二者不是互相否定,而是在历史长河中找到各自的位置,同时也可以将狭义的文章之艺术技法运用到一切文章写作中,不管是审美的,还是实用的;另一方面,也可以突破狭义审美论的局限,为"美文"找到价值之源、文化历史之源,寻到文学大义。他以一个历史学家的文化意识来审视中国的文学及其演变,从辨章学术、考镜源流的学术史视角,从人文文化的角度分析了自《诗》以来中国辞章之学的发展流变,为我们今天从文化诗学的角度研究文学树立了学术典范,对于今天的文学理论建设也不无启发价值,其学术方法论意义至今尚有深入阐释之余地。

当然,章学诚的史学立场也不可避免地影响了他对纯文学审美价值的认识,这使得他的诗学研究很难在现代学科意义下得到文学之士的重视,这是令人遗憾的。但评价章学诚的学术思想要分别事实层面与价值层面。可以说,事实层面上的锐利学术眼光与价值层面上的偏颇并存是其特点。因此,他立足史学立场的文化诗学研究对于现代泛审美主义的偏执也是有针砭意义的。作为一个传统社会的士人,章学诚的"道"不可避免地局限于威权主义的视域下,这是需要指出的。

第三节　章学诚的诗话论

章学诚本人颇为自得的一个长处是对古今学术正变源流的分析能力,用他自己的话来说就是耳熟能详的辨章学术、考镜源流。诗话是传统诗文评中最兴盛的一种文体,如何对其做出学术上的厘定,正可以显示出一个学者的功力与见识,也就是章学诚特别强调的学问。今就章学诚的诗话论述

---

① 钱竞、王飙:《中国20世纪文艺学学术史》第一部,第101—102页。

作一全面的分析,从几个方面阐述章学诚诗话论的特点,加深对诗话的认识,也表现出章学诚的学术精神。可以看出,透过表面的史学本位的感性偏见,内在的本质则是章学诚对中国诗学学术源流、诗话这种论诗体裁的历史演变的理性洞悉与独到眼光,以及对文学利弊的旁观者清所得到的深刻"偏见",对中国学术大势的大判断与某些问题的小总结。诗话论恰恰很好地体现了章学诚的学术眼光以及对学术方法的娴熟运用。

一　诗话之源流与特点

溯源流是章学诚从事学术研究首先注意的一个问题,章学诚认为:"诗话之源,本于钟嵘《诗品》。"①并对《诗品》的学术方法作了深入分析:"《诗品》之于论诗,视《文心雕龙》之于论文,皆专门名家,勒为成书之初祖也。《文心》体大而虑周,《诗品》思深而意远;盖《文心》笼罩群言,而《诗品》深从六艺溯流别也。(如云某人之诗,其源出于某家之类,最为有本之学。其法出于刘向父子。)论诗论文,而知溯流别,则可以探源经籍,而进窥天地之纯、古人之大体矣。此意非后世诗话家流所能喻也。(钟氏所推流别,亦有不甚可晓处,盖古书多亡,难以取证,但已能窥见大意,实非论诗家所及。)"②章学诚将《诗品》的地位提到了与《文心雕龙》媲美的高度,是因为《诗品》乃第一部专门以诗歌为品评对象的诗歌理论批评专著。全书共三卷,将自汉至梁的一百二十位诗人分为上、中、下三品,分别论其渊源师承,概括其风格特点,品评其成就得失。四库馆臣称其"第作者之甲乙,而溯厥师承"③,准确地指明了其论诗的特点。在文学批评史上,《诗品》的"自然"说、"滋味"说等许多诗学见解都具有重要的学术地位。钟氏诗评,承魏晋南北朝人物品评之风,对诗人的风格进行品评,在具体品评诗作时,间或记述与诗人相关的遗闻异事。这些与后世诗话有些相似,由此许多人将《诗品》视作诗话之源,但也有不同意见。

比如郭绍虞《清诗话·前言》中说:"诗话之体,顾名思义,应当是一种有关诗的理论著作。"④从这种意义上来说,《诗品》似乎也是一种诗话。但郭绍虞又说:"溯其渊源所自,可能推到钟嵘《诗品》,甚至推到《诗三百篇》或孔、孟论诗的片言只语,但是严格地讲,又只能以欧阳修的《六一诗话》为

①　《诗话》,叶瑛:《文史通义校注》,第559页。
②　叶瑛:《文史通义校注》,第559页。
③　永瑢等:《四库全书总目·集部·诗文评类一》,中华书局1965年版,第1779页。
④　郭绍虞:《照隅室文学论集》下册,上海古籍出版社1983年版,第218页。

最早的著作。"①张伯伟也认为:"推溯文学批评的起源,自然可以追溯至先秦,而最早的批评论著也出现于六朝。但就文学批评中诗话一体而言,却只能说开始于宋代欧阳修。"②郭绍虞与张伯伟虽然都认同《六一诗话》为正宗诗话开端,但又将其源头推至钟嵘《诗品》乃至先秦。这样说来,章学诚将诗话之源推至钟嵘《诗品》也自有其道理。另一个更主要的原因是章学诚最推崇刘向父子溯源流的校雠学理论方法,而钟氏《诗品》"深从六艺溯流别",推源溯流为其典型的批评方法,因此,章学诚对钟嵘的学术方法评价就很高。同时,《诗品》又具备了诗歌品评兼及叙述诗作诗人逸事的特点,章氏视其为后世诗话之源也就在情理之中。

从更根本的学术渊源来说,钟嵘《诗品》的论学方法与思想资源也不是空谷之音,其来有自,那就是六艺经传,章学诚说:"然考之经传,如云:'为此诗者,其知道乎?'又云:'未之思也,何远之有?'此论诗而及事也。又如'吉甫作诵,穆如清风,其诗孔硕,其风肆好',此论诗而及辞也。事有是非,辞有工拙,触类旁通,启发实多。"③我们知道,章学诚也像古代一般士人那样,将六经作为后世一切学问的源头和价值根本。如前所论,在六经之教中,章学诚的《诗教》是一篇中国诗学、文学的学术史总纲,也是我们理解其诗话理论的钥匙,即理论与方法论的依据。关于《诗教》篇的学术方法,他曾夫子自道曰:"顾尝从事于校雠之业,略辨诗教源流,谓六经教衰,诸子争鸣,刘向条别,其流有九。至诸子衰而为文集,后世史官,不能继刘向条辨文集流别,故文集滥焉。六义风衰,而骚赋变体,刘向条别其流有五,则诗赋亦非一家已也。第刘向九流之说犹存,今推其意,以校后世之文,如韩出儒家,柳出名家,苏出兵家,王出法家,子瞻纵横,子固较雠,犹可推类以治其余。"④章学诚的《诗教》篇从古今辞章之学的源流角度深入阐明了后世文章源于《诗》的观点,后世流变为各种文体,并产生了文集的概念来收集各种作品。他以此论后世诗赋作品,结果是:"学诚尝推刘、班区别五家之义,以校古今诗赋,寥寥鲜有合者。"⑤他以此考镜源流的方法来研究后世诗话,认为:"江河始于滥觞,后世诗话家言,虽曰本于钟嵘,要其流别滋繁,不可一端尽矣。"⑥后世诗话流别繁杂,然亦不出经、史、子三类学术大旨:"唐人诗话,初本论诗,

---

① 郭绍虞:《照隅室文学论集》下册,第 218 页。
② 张伯伟:《中国古代文学批评方法研究》,中华书局 2002 年版,第 440 页。
③ 叶瑛:《文史通义校注》,第 559 页。
④ 《陈东浦方伯诗序》,仓修良:《文史通义新编新注》,第 545 页。
⑤ 《陈东浦方伯诗序》,仓修良:《文史通义新编新注》,第 545 页。
⑥ 《诗话》,叶瑛:《文史通义校注》,第 559 页。

自孟棨《本事诗》出,(亦本《诗小序》。)乃使人知国史叙诗之意;而好事者踵而广之,则诗话而通于史部之传记矣。间或诠释名物,则诗话而通于经部之小学矣。(《尔雅》训诂类也。)或泛述闻见,则诗话而通于子部之杂家矣。(此二条,宋人以后较多。)虽书旨不一其端,而大略不出论辞论事,推作者之志,期于诗教有益而已矣。"①可见,诗话的特点是与经史子相通,内容繁杂,主要有"论辞论事"两种内容,而其主旨就是他一贯提倡的"期于诗教有益而已"。

二　诗话之分类与发展趋向

　　章学诚将诗话从内容上分为"论诗而及事"与"论诗而及辞"两类。这得到了郭绍虞的高度评价,他在《宋诗话辑佚》中具体解释了这两种情况:"欧阳氏自题其《诗话》云:'居士退居汝阴而集以资闲谈也。'他说'以资闲谈',便可知其撰述宗旨,本不严肃。司马温公仿其例续之,也说'欧阳公文章名声虽不可及,然记事一也,故敢续之'。所以诗话之体原同随笔一样,论事则泛述闻见,论辞则杂举隽语,不过没有说部之荒诞,与笔记之冗杂而已。所以仅仅论诗及辞者,诗格诗法之属是也;仅仅论诗及事者,诗序本事诗之属是也。"②郭绍虞还补充说:"诗话中间,则论诗及可以及辞,也可以及事;而且更可以辞中及事,事中及辞。"类别的划分只是相对而言,大多数诗话都兼具"及辞"与"及事"的成分。正如其论诗话之诗所言"醉翁曾著《归田录》,迁叟亦题《涑水闻》。偶出绪余撰诗话,论辞论事两难分"③,虽然二者有交叉,但"所谓论诗及辞,即主要指对诗人诗作的研究,侧重理论性;所谓论诗及事,即指对诗人诗作的记述,间杂异闻趣事,侧重资料性"④。所以,这就蕴含着进一步各向极致演变的可能,后世诗话的发展流变是将此两类各推向进一步的境地。

　　就"论诗及事"的诗话一类来说,到北宋中后期,诗话主要以"论诗及事"为主,如范温的《潜溪诗眼》、惠洪的《冷斋夜话》、周紫芝的《竹坡诗话》、张表臣的《珊瑚钩诗话》等等。这些诗话著作的共同特点是作者的写作态度比较轻松自如,论诗兼及说事,以此表达诗学见解。到了南宋,诗话向"论诗及事"与"论诗及辞"两个方向发展。"论诗及事"类诗话著作主要有:朱弁

---

① 《诗话》,叶瑛:《文史通义校注》,第 559 页。
② 郭绍虞:《宋诗话辑佚》,中华书局 1980 年版,第 2 页。
③ 《题〈宋诗话考〉效遗山体得绝句二十首》,郭绍虞:《宋诗话考》,中华书局 1979 年版,第 3 页。
④ 刘德重、张寅彭:《诗话概说》,中华书局 1990 年版,第 2 页。

《风月堂诗话》，吴聿《观林诗话》，葛立方《韵语阳秋》，黄升《玉林诗话》等。"论事"一类的发展趋向是向说部、戏曲、传奇发展，品格愈益低下。章学诚对此有详细论述："沿流忘源，为诗话者，不复知著作之初意矣。犹之训诂与子史专家，(子指上章杂家，史指上章传记。)为之不易，故降而为说部。沿流忘源，为说部者，不复知专家之初意也。诗话说部之末流，纠纷而不可犁别，学术不明，而人心风俗或因之而受其敝矣。"认为诗话流而为说部，结果是："说部流弊，至于诬善党奸，诡名托姓。前人所论，如《龙城录》《碧云騢》之类，盖亦不可胜数，史家所以有别择稗野之道也。事有纪载可以互证，而文则惟意之所予夺，诗话之不可凭，或甚于说部也。"这样的诗话不仅其可信度大打折扣，而且在宋代，由于党争等原因，"失是非好恶之公"。到了章学诚的时代，则"今人诗话之弊，乃至为世道人心之害"①。

由此，章学诚勾画了一部中国的说部由小说发展到传奇戏曲的演变史："小说出于稗官，委巷传闻琐屑，虽古人亦所不废。然俚野多不足凭，大约事杂鬼神，报兼恩怨，《洞冥》《拾遗》之篇，《搜神》《灵异》之部，六代以降，家自为书。唐人乃有单篇，别为传奇一类。(专书一事始末，不复比类为书。)大抵情钟男女，不外离合悲欢。红拂辞杨，绣襦报郑，韩、李缘通落叶，崔、张情导琴心，以及明珠生还，小玉死报，凡如此类，或附会疑似，或竟托子虚，虽情态万殊，而大致略似。其始不过淫思古意，辞客寄怀，犹诗家之乐府古艳诸篇也。宋、元以降，则广为演义，谱为词曲，遂使瞽史弦诵，优伶登场，无分雅俗男女，莫不声色耳目。盖自稗官见于《汉志》，历三变而尽失古人之源流矣。"②可见，章学诚是不赞成的。

从其正统礼教思想出发，章学诚又批评这些作品对世道人心的危害："小说歌曲传奇演义之流，其叙男女也，男必纤佻轻薄，而美其名曰才子风流；女必冶荡多情，而美其名曰佳人绝世。世之男子有小慧而无学识，女子解文墨而暗礼教者，皆以传奇之才子佳人，为古之人，古之人也。"③并由此批评了袁枚："今之为诗话者，又即有小慧而无学识者也。有小慧而无学识矣，济以心术之倾邪，斯为小人而无忌惮矣！何所不至哉？"④

章学诚由对诗话发展中的说部倾向的学术分析，初步梳理了中国小说的演变史迹。尽管其基本价值判断是轻视的，但滤掉这些浮尘，呈现出的却是由考镜源流而得到的辨章学术的真知灼见。因此，要深化章学诚研究，对

---

① 以上引文见《诗话》，叶瑛：《文史通义校注》，第559—560页。
② 《诗话》，叶瑛：《文史通义校注》，第560—561页。
③ 《诗话》，叶瑛：《文史通义校注》，第561页。
④ 《诗话》，叶瑛：《文史通义校注》，第561页。

章学诚学术精义的提炼可以采取忽略其价值判断而注意其事实判断的方法,那么许多看似缠绕不清的问题便可迎刃而解。章学诚之所以在现代受到许多学者的推崇,正在于其卓越的学术史眼光和事实判断,即"真"。另一方面,又有许多人对其不屑一顾,则更多的在于其价值判断的守旧,也就是不合现代意识形态的价值指向。这主要是局限于"善"的领域。再加上其高明有余、沉潜不足的个性与对考据学的某些忽视,使得尊崇乾嘉汉学、又接受西方严谨科学学术理念与方法的现代学者对其不能认同。由此推进一步,对于章学诚学术的"文史""通义"之"美、真、善"互相融合促进的特点,现代的研究重视程度还不够。

诗话的另一个发展趋向是沿着"论诗及辞"的方向向专门的诗学理论过渡,其严肃性与学术性大大增强。这主要是从南北宋之交的张戒《岁寒堂诗话》开始的。此后,"论诗及辞"的诗话著作繁荣起来,著名的诗话著作有:杨万里《诚斋诗话》、姜夔《白石道人诗话》、严羽《沧浪诗话》、刘克庄《后村诗话》以及范希文《对床夜话》等等。这类诗话著作具有浓郁的理论色彩,将我国古代"论诗及辞"的诗话之体推向成熟。如严羽的《沧浪诗话》以禅喻诗,针对江西诗派的流弊进行批评。全书体系比较完整,由诗辨、诗体、诗法、诗评、诗证五个部分构成。许多观点对元明诗学影响深远,比如高扬"以汉魏晋盛唐为师",提倡诗有"别材""别趣""熟参""妙悟"等等,为明代前后七子的尊崇盛唐诗学提供了理论依据。明清两代,诗话的现实批评性和理论阐述与前代相比都有较大提高。比如李东阳《怀麓堂诗话》、王世贞《艺苑卮言》、胡应麟《诗薮》、许学夷《诗源辨体》、叶燮《原诗》、赵执信《谈龙录》、沈德潜《说诗晬语》、薛雪《一瓢诗话》等,都体现出较高的理论水平。特别是叶燮的《原诗》在理论的系统性、逻辑性上,都达到了诗话的新高度。到《四库全书总目》则专列"诗文评"一目,成为今天中国文学批评史学科的雏形。《四库全书总目提要》概括文评诗话:"勰究文体之源流,而评其工拙,嵘第作者之甲乙,而溯源师承,为例各殊。至皎然《诗式》,备陈法律,孟棨《本事诗》,旁采故实。刘攽《中山诗话》、欧阳修《六一诗话》,又体兼说部,后所论著,不出此五例中矣。"①列举了五种诗文评模式:究源流,评工拙;第甲乙,溯师承;备陈法律;旁采故实;体兼说部。这五种模式可说涵盖了历来诗论诗评的主要类别。这些历史流变正验证了章学诚的判断,体现了章学诚的学术精神,显示出章学诚高明的史家学术眼光。

---

① 永瑢等:《四库全书总目·集部·诗文评类一》,中华书局 1965 年版,第 1779 页。

三　诗话之功用与对袁枚批评之用心

重视学术的经世致用是章学诚论学的一贯宗旨。如上所言，他认为诗话作者撰写诗话的目的在有益于诗教的推广。① 我们知道，诗教是自孔子以来传统文学理论的正统观点，《毛诗大序》的论说最典型："《关雎》，后妃之德也，风之始也，所以风天下而正夫妇也。故用之乡人焉，用之邦国焉。风，风也，教也。风以动之，教以化之。""治世之音安以乐，其政和。乱世之音怨以怒，其政乖。亡国之音哀以思，其民困。故正得失，动天地，感鬼神，莫近于诗。先王以是经夫妇，成孝敬，厚人伦，美教化，移风俗。""国史明乎得失之迹，伤人伦之废，哀刑政之苛，吟咏情性以风其上，达于事变而怀其旧俗者也。"② 通过诗歌发乎情的优势，以情感人，以气动人，那么圣人的思想如风行天下一样进入世人的心中，从而达到政治、风俗、人伦等各个层面的教化，有利于社会秩序的稳定，达至天下大治的政教理想。

章学诚也继承了这种思想，重视诗话的经世意义。"前人诗话之弊，不过失是非好恶之公。今人诗话之弊，乃至为世道人心之害。"③ 章学诚对此问题的探究是通过对袁枚《随园诗话》进行集中批评而展开的。主要篇目有《文史通义》中的《妇学》《论文辨伪》《妇学篇书后》《诗话》；《章学诚遗书》中有《书坊刻诗话后》《题随园诗话》《与吴胥石书简》《匡谬》《丁巳劄记》《丙辰劄记》《与孙渊如论学十规》等。对于袁枚可以说展开了猛烈的抨击，这在当时受到了许多正统士人的赞同，但时过境迁，今人则多对章学诚的批评持否定态度。主导的观点认为章学诚乃一封建卫道士。这其中的原因，主要还是后人各从自己所处的时代学术文化价值立场出发作出评判，比如胡适就是这样认为："先生之攻戴震，尚不失为诤友；其攻汪中，已近于好胜忌名；至其攻袁枚，则完全是以'卫道'自居了！"胡适认为："（袁枚）论诗专主性情风趣，立论并不错，但不能中'卫道'先生们的意旨，故时遭他们的攻击。《妇学》篇之所以流通最早最广者，正是为此。实斋之攻袁氏，实皆不甚中肯。"④ 对袁枚的诗学主张给予较高的评价。

郭绍虞也持相同观点，不同意章学诚对袁枚的指摘，并进一步较系统

① 《诗话》，叶瑛：《文史通义校注》，第 559 页。
② 郭绍虞主编：《中国历代文论选》第一册，上海古籍出版社 1979 年版，第 63 页。
③ 《诗话》，叶瑛：《文史通义校注》，第 560 页。
④ 胡适著，姚明达补订：《章实斋先生年谱》，季羡林主编：《胡适全集》第 19 卷，安徽教育出版社 2003 年版，第 139 页。

地分析了袁枚及其诗话为人批判的几点原因。他认为当时人对于袁枚的批评主要对准的是其诗话收取太滥,不加别择;其为学喜博览,但芜杂浮浅;袁枚为人放诞风流,与旧礼教不容等等因素。他认为其中的主要原因是章学诚与袁枚思想观念不同:"实斋所言虽大放阙辞,可谓对袁子才的思想全未得要领。"①他还指出章实斋与袁枚其实有许多见解是不谋而合的。

　　持相同见解的还有张舜徽,在《诗话》《妇学》《妇学篇书后》三篇后面,张舜徽的按语是:"此三篇皆所以斥责袁枚者。乃至目为'无行文人','不学之徒',漫骂丑诋,无乃已甚。平心论之,枚虽以诗文名于当时,而学问淹博,识见坚定,今读其《文集》《尺牍》《随笔》《诗话》诸书可知也。观其论学之语,实有与章氏不谋而合者。"②也认为二人学术观点有相同处。并具体分析了袁枚与章学诚的不谋而合之处,其中主要有两点,一是六经皆史之论:"其言有曰:'古有史而无经,《尚书》《春秋》,今之经,昔之史也。《诗》《易》者,先王所存之言,礼乐者,先王所存之法,其策皆史官掌之。'(《随园文集》卷十《史学例议序》)此非即章氏所揭橥六经皆史之论乎?"③二是学问为文章之本的思想:"其言又曰:'德行,本也;文章,末也。六经者,亦圣人之文章耳,其本不在是也。古之圣人,德在心,功业在世,顾肯为文章以自表著耶? 孔子道不行,方雅言《诗》《书》《礼》以立教,而其时无六经名,后世不得见圣人,然后拾其遗文坠典,强而名之曰经,增其数曰六曰九,要皆后人之为,非圣人意也。'(文集卷十八,《答惠定宇书》)此与章氏所言古人之学不遗事物,与古人本学问而发为文章之意,无勿同者。"④另外,袁枚对考据家的批评,也与章学诚思想相近。可见袁枚与章学诚学术观点有许多相同或类似之处。

　　袁枚的思想在近代以来评价甚高,张舜徽特意点出章学诚与袁枚的相同点,这些一方面说明二人的学术眼光非比寻常,另一方面也曲折表明章学诚的学术卓见。其实章学诚与袁枚的冲突更多的是两种人生态度的冲突,即学者人生与文学人生,学问以明道与辞章以畅情,潇洒与敬畏之不同。这根源于两人对传统意识形态——道的两种不同态度。这也是后世学者推崇袁枚为反封建斗士,而贬低章学诚为封建腐儒、卫道士的根本原因。

---

① 郭绍虞:《中国文学批评史》,百花文艺出版社 1999 年版,第 436 页。
② 张舜徽:《史学三书平议》,中华书局 1983 年版,第 206 页。
③ 张舜徽:《史学三书平议》,第 206 页。
④ 张舜徽:《史学三书平议》,第 206 页。

四　从诗话论看章学诚的评诗标准与为学精神

在价值判断上，章学诚没有给予以审美愉悦为本的辞章之文以独立存在的地位。就是吟咏情性的诗歌，他也要从中看出学问。比如他对李白以"清真"论诗就作了如此的解释："昔李白论诗，贵于清真，此乃今古论诗文之准则，故至今悬功令焉。清真者，学问有得于中，而以诗文抒写其所见，无意工辞，而尽力于辞者莫及也。（毋论诗文，皆须学问，空言性情，毕竟小家。）"①在章学诚笔下，李白的"清真"诗论之含义成了以学问为诗。章学诚主张："学问成家，则发挥而为文辞，证实而为考据。比如人身，学问其神智也，文辞其肌肤也，考据其骸骨也，三者备而后谓之著述。"②学为文之本，辞为文之末。

他以此为准则，提出了有些匪夷所思的论诗标准，比如上节所引《陈东浦方伯诗序》那段评诗标准，虽然被胡适赞扬为眼光毒辣的评判诗之真伪的创见，但这样评诗论诗，无疑是忽视了诗歌作为抒情作品与叙事言理的文章的不同。这个评诗的标准其实充分显露了章学诚重文轻诗的学术倾向。章学诚虽然认为："诗文异派，同出于经，后代名家，各有其至，昔人所称杜诗韩笔，各不相兼，亦各不相下也。杜、韩而下，学者虽不能至，然苟有所得，足自成家，君子所不废也。"③古人诗文并重，但"后世以诗文游者，文则必须通人为之可以无疵，诗则不必通人而皆可支展。盖五七韵句，双单转换，其中机变易尽，略识字而不通文理之人，播其小慧，亦能遮人耳目。故江湖诗人，其迹最为混浊，不可不辨，其人不必尽出士流也……文人不能诗，而韵语不失体要，文能兼诗故也；诗人不能文，而散语或至芜累，诗不能兼文故也"④。后世出现了一些混迹于江湖间的所谓"诗人"，以自己之小才情做些无学问的交际诗，无古人为诗的大义，又不通文理，不能做古文辞。由此章学诚分析说："乃知文理未明通者，能遁于诗，必不能自遁于文。而流俗乃谓诗有别长，不知文理尚未明通，安有所长！所谓五七双单，机变易尽，而小慧可以施狡狯耳。至于江湖游乞，则每况愈下，然遇朋侪则解酬唱，于贵显亦能贡谀，调平谐仄，叶韵成章，一时亦莫测其中之有无。间尝退省其私，不但不通文理，甚至家书、说帖、簿册、注记，不能一字明白，而其人非狂妄轻佻，不可向

---

① 《诗话附录》，叶瑛：《文史通义校注》，第569页。
② 《诗话附录》，叶瑛：《文史通义校注》，第570页。
③ 《与胡雒君论文》，仓修良：《文史通义新编新注》，第700页。
④ 《与胡雒君论文》，仓修良：《文史通义新编新注》，第700页。

迩,即赘瘤臃肿,一无所知。"①他认为文比诗难,文才可包诗才,但诗才却无法驰骋文坛。其中虽然有章学诚情绪化的偏激②,但也不乏某些真知灼见。以上所引长文,透彻地展现了章学诚的独到思考,也将其偏颇淋漓尽致地显露了出来。

　　诗话在中国传统学术中并不是一种严谨的论学文体,但重视学术源流与学术主旨的章学诚却由历史到现实,本其学术经世的精神作出了自己严肃乃至苛刻的研究与批评。诗话之论充分展现了章学诚的学术眼光,也体现了他辨章学术、考镜源流的治学精神与学术方法。

---

① 《与胡雒君论文》,仓修良编注《文史通义新编新注》第 700—701 页。章学诚在此文中又举例说明了这一问题:"生平见此甚多,初亦疑之。后见故人有好蓄娈童者,尝于吴间买一小家孺子,巧慧便嬖,宠极专房,躬自教习,勤过师弟,三数年后,便解吟五七言,与江湖游乞一辈所为颇不甚远,及与言古人文辞,即格格不入。乃恍然悟诗文之道,源合流分,文必通人始能,而诗则虽非士流,皆可影附,直如音律一道,可以下通于倡优也。"

② 章学诚本人不善辞赋,由此在雅集宴会酬唱之际颇为尴尬。因此,后来的李慈铭等都指责章学诚偏激。

第五章　道、学与文，义理、考据与辞章

——汉学宋学视野下的章学诚文论之比较

在中国古代，概念边际比较模糊、意义内涵广泛的"文学"从来都是文化的主体，因此，当文化思潮发生较大的变化时，文学观念亦面临一个需要重新审视的局面。道作为古代士人的最高追求（孔子说"士志于道"）总是与文发生关系。但由于道之本质有所差异，不管是清代理学以及桐城派所尊奉的朱熹，乾嘉汉学的领袖戴震，还是自立史学旗帜的章学诚，都是各道其"道"，各言其"学"，故"文"之观念也各有含义。乾嘉学派的学是经学考据，章学诚的学是文史校雠，姚鼐的学是辞章之学。但义理、考据、辞章以及其间的关系则是他们共同的话题。章学诚生在这个汉学兴起、宋学余威仍在的乾嘉时期，他提高史学地位以与之抗衡，以史统文的文论思想也与众不同。下面就以姚鼐、戴震为代表，从汉学与宋学在求道、论学与作文等方面的异同来比较章学诚与他们学术与文论观点之异同。

第一节　章学诚与桐城派古文理论之比较

乾嘉时期，以戴震为代表的汉学如日中天，主张通过章句训诂考据以求道，章学诚和姚鼐则一以史学为主、一以文学为主与之相抗衡。戴震的经学不重文，章学诚虽然以史为主，提出六经皆史的主张，但其《文史通义》通论文史，对文亦颇重视。姚鼐虽然也重视义理和史学考据，但其主要是文章家，所以在重视文辞上，章姚二人有共同点。"清代文论以古文家为中坚，而古文家之文论，又以'桐城派'为中坚。"①章学诚生当桐城派兴盛之际，其以史统文的学术取向遂与桐城派在古文理论上产生了分歧。他在《古文十弊》中说自己不仅就古文辞义例与学界同好写了几十封书信探讨，还专门撰写

---

① 郭绍虞：《中国文学批评史》下册，百花文艺出版社 1999 年版，第 310 页。

了《文德》《文理》《质性》《黠陋》《俗嫌》《俗忌》诸篇申述自己的观点。"然多论古人,鲜及近世。兹见近日作者,所有言论与其撰著,颇有不安于心,因取最浅近者,条为十通,思与同志诸君相为讲明。若他篇所已及者不复述,览者可互见焉。"①可见章学诚对当时文坛非常熟悉,对古文问题也非常重视,并撰写了许多文章提出自己的见解。对于姚鼐建立桐城派文统,以及章学诚重新树立浙东史学的学统以与戴震的汉学训诂相抗衡,学界多有论述②,但对于章学诚、姚鼐在古文领域所隐含的学术争鸣及其理论意义,学界论述较少。本章从学统与文统、为学与为文、义法与清真等方面概要比较章学诚与桐城派,尤其是与姚鼐古文理论之异同③。

一　学统文统之分别

重视统绪是古代士人论学的一个传统。清人虽然延续以往的话头,也讲道统,但在学术贵综合的背景下,则多讲学统,因为学统可以包涵道统、史统、文统等方面。桐城派合程朱道统与韩欧文统于一身,这是他们的学统。桐城派创始人方苞自称:"学行继程朱之后,文章介韩欧之间。"④以程朱上接孔孟之道统,以韩愈上接《左传》《史记》以达于五经。⑤ 到姚鼐则正式打出桐城派的旗帜,借"天下文章,其出于桐城乎"⑥的委婉赞语,以古文正统自居,又辑《古文辞类纂》,于唐宋八大家之后,明代录归有光,清朝录方苞、刘大櫆,以表明文统传绪所在。由此可见,桐城派文统是由归有光通往唐宋八大家,并进一步与秦汉古文传统相衔接,从而以唐宋派为主,并调和与秦汉派之争,以桐城古文为中国古代正统派古文的嫡传正宗。这种正统派意识,就很容易诱发学术争论。

章学诚晚年作《浙东学术》,将自己的学术主要归于清初黄宗羲一系所

① 叶瑛:《文史通义校注》,第 504 页。

② 如余英时《论戴震与章学诚》(三联书店 2000 年版)对章学诚建立新的史统以与戴震经学抗衡的详细分析。王达敏《姚鼐与乾嘉学派》(学苑出版社 2007 年版)对姚鼐建立桐城文统以与戴震的新安经学分庭抗礼的论述。

③ 从总体来说,姚鼐似乎没有对章学诚的学术观点提出明显的批判,而且还因二人当时俱处于学术的边缘地位而引为同盟,但由于章学诚的宏大学术取向使得他不能不对古文发表意见,虽然大部分是泛泛意义上针对桐城之前的古文辞领域,但由于桐城古文是对此前古文传统的综合,所以间接意义上就是对桐城文派的批评。同时,章学诚也有对当下文坛的批评,这不能不涉及桐城派。

④ 王兆符:《望溪文集序》,《方苞集》,上海古籍出版社 1983 年版,第 906 页。

⑤ 见方苞《古文约选序例》中对古文源流的论述。贾文昭选:《桐城派文论选》,中华书局2008 年版,第 49 页。

⑥ 《刘海峰先生八十寿序》,周中明选注:《姚鼐文选》,苏州大学出版社 2001 年版,第 55 页。

建立的浙东史学的学统。其实黄宗羲本人学统意识也比较强,在《孟子师说》卷七中针对前人的道统论,他说:"尧舜其元也,汤其亨也,文王其利也,孔孟其贞也,若以后贤论,周程其元也,朱陆其亨也,姚江(王阳明)其利也,蕺山(刘宗周)其贞也,孰为贞下之元乎?"①元、亨、利、贞,贞下启元者为谁?黄宗羲显然以刘宗周之学的继任者自居。黄宗羲论文主张学统与文统的合一:"夫考亭(朱熹)、象山(陆九渊)、伯恭(吕祖谦)、鹤山(魏了翁)、西山(真德秀)、勉斋(黄榦)、鲁斋(王柏)、仁山(金履祥)、静修(刘因)、草庐(吴澄),非所谓承学统者耶?以文而论之,则皆有史汉之精神,包举其内。其他欧(阳修)、苏(苏洵、苏轼、苏辙)以下,王介甫(王安石)、刘贡父(刘攽)之经义,陈同甫(陈亮)之事功,陈君举(陈傅良)、唐说斋(唐仲友)之典制,其文如江河,大小毕举,皆学海之川流也。其所谓文章家者,宋初之盛,柳仲途(柳开)、穆伯修(穆修)、苏子美(苏舜钦)、尹师鲁(尹洙)、石守道(石介)渊源最远,非泛然成家者也……由此而言,则承学统者,未有不善于文,彼文之行远者,未有不本于学,明矣。"②此处列举宋元儒者各派,有偏于新儒学的一派,继承朱陆之学,"非所谓承学统者耶?以文而论之,则皆有史汉之精神,包举其内"。有与正统儒学有异,但也以学术名世者,如庐陵之学的欧阳修、蜀学的三苏、新学的王安石等,"其文如江河,大小毕举,皆学海之川流也"。还有所谓文章家者,也是皆有所学,"非泛然成家者也"。总之,强调文以学为本,文统是学统的继续,学统是文统的根本所在。黄氏之学已经开始有以理学为主、兼及史学文学到以史学为主的变化,所以章学诚说:"梨洲黄氏,出蕺山刘氏之门,而开万氏弟兄经史之学;以至全氏祖望辈尚存其意,宗陆而不悖于朱者也……世推顾亭林氏为开国儒宗,然自是浙西之学。不知同时有黄梨洲氏,出于浙东,虽与顾氏并峙,而上宗王、刘,下开二万,较之顾氏,源远而流长矣。"③

由此可见,章学诚自认是黄氏所开创的浙东学术后继者,且认为浙东之学的特点为"言性命者必究于史,此其所以卓也"④。以史为主,贯通文史,并以文史明道。他明确地说:"盈天地间,凡涉著作之林,皆是史学,六经特圣人取此六种之史以垂训者耳。子集诸家,其源皆出于史。"⑤需要明确的是,章学诚之史学是泛史学,传统所分别的经史子集在章学诚看来都是史

①　(明)黄宗羲撰,吴光编:《黄宗羲全集》第一册,浙江古籍出版社 2005 年版,第 166 页。
②　《沈昭子耿岩草序》,《黄宗羲全集》第十册,第 59 页。
③　《浙东学术》,叶瑛:《文史通义校注》,第 523 页。
④　《浙东学术》,叶瑛:《文史通义校注》,第 523—524 页。
⑤　《报孙渊如书》,仓修良:《文史通义新编新注》,第 721 页。

籍。通过这样的学术视野,章学诚认为古文的传统应从史学传统而来,认为古文辞的写作必须从纪传史学起步,以左丘明为古文之祖,《左传》实际是纪传史学的鼻祖,司马迁发扬广大,其后班固、陈寿继承下来,这些才是古文辞之大宗,也就是以叙事为主的史文为古文之本。针对大家津津乐道的苏轼"韩子文起八代之衰"的论断,他则认为韩愈之学是宗经而不是宗史,所以章学诚的结论与流俗相反,认为"古文失传亦始韩子"。对于另一个关键人物欧阳修,也是以这样的标准判断,由此对以韩欧为首的唐宋八大家文统也加以否定。这是《与汪龙庄书》一文的主要观点。① 此观点又见于《上朱大司马论文》,其核心观点是"古文必推叙事,叙事实出史学"②。而桐城派推崇的唐宋古文传承中的关键人物韩愈不懂史学,另一个偶像欧阳修虽然修过《新唐书》与《五代史》,但对于《春秋》、马、班诸家相传所谓"比事属辞"的《春秋》史学叙事宗旨,也未明真谛,也就不明白古文真传统。③ 由此章学诚建立了自己的史学叙事文统,对于桐城派的文统也就不能认同。比如,方苞提倡古文义法,曾删改唐宋古文大家的文章示范后学。对此,章学诚认为:"方氏不过文人,所得本不甚深,况又加以私心胜气,非徒无补于文,而反开后生小子无忌惮之渐也……方氏不知古人之意,而惟徇于文辞,且所得于文辞者,本不甚深,其私智小慧,又适足窥见古人之当然,而不知其有所不尽然,宜其奋笔改窜之易易也。"④方苞究其本质是一个文人,而不是一个有深厚史学造诣的学者,只是纠缠于文辞这样的小处,所以才会擅自修改前辈大家的文章。

二 为学为文之同异

重视学问是清代各家各派的共同特点。桐城派至姚鼐提出义理、考证、文章三者结合的主张:"鼐尝谓天下学问之事,有义理、文章、考证三者之分,异趋而同为不可废。"⑤认为文章亦学问之一途,将程朱道统与韩欧文统合为一,从而为自己争地位,尤其是以此与以戴震为代表的汉学相抗撷。姚鼐说:"天下之学,必有所宗。论继孔、孟之统,后世君子必归于程、朱者,非谓朝廷之功令不敢违也,以程、朱生平行己立身固无愧于圣门,而其论说所阐发,上当于圣人之旨,下合乎天下之公心者,为大且多。使后贤果能笃信,遵

---

① 《与汪龙庄书》,仓修良:《文史通义新编新注》,第693页。
② 仓修良:《文史通义新编新注》,第767页。
③ 这个观点笔者在前面的古文辞一节也有所论述,读者可以互相参看。
④ 《答问》,叶瑛:《文史通义校注》,第491页。
⑤ 《复秦小岘书》,周中明:《姚鼐文选》,第249页。

而守之，为无病也。"①在《复简斋书》中姚鼐甚至称程、朱为"父师"，认为"自秦、汉以来，诸儒说经者多矣，其合与离，固非一途。逮宋程、朱出，实于古人精深之旨，所得为多；而其审求文辞往复之情，亦更为曲当，非如古儒者之拙滞而不协于情也；而其生平修己立德，又实足以践行其所言，而为后世之所向慕"②。自孔、孟之道诞生以来，历代有解经、说经者，唯有宋儒是"真儒"，只有他们才得"圣人之旨"。可见，桐城派所重视的学还是以程朱义理为核心，桐城古文家之道仍然是宋儒的伦理学上的道，其文学观则是宋儒的文以明道说："夫古人之文，岂第文焉而已。明道义、维风俗以诏世者，君子之志；而辞足以尽其志者，君子之文也。达其辞则道以明，昧于文则志以晦。"③把宋儒的义理置于考证、文章之上。实际上从桐城派始祖方苞所谓"盖古文所从来远矣，《六经》《语》《孟》其根源也"④可以看出，其学问显然根植于宋学。

对于桐城派借以自重的道统，章学诚虽未直接否定，但通过对道的重新探讨，也间接抽取了其基石。本书前文已经论述⑤，章学诚之道不是道学家之所谓道，他认为"道者万事万物之所以然，而非万事万物之当然也"⑥。道不离器，道不可空言，要即器以明道，就是从史中探讨人类社会的道。⑦ 汉学家通过训诂从六经求道，则不能得道之全体；宋儒空言义理，不能即器以明道，则其道有陷于空谈之危险。桐城派古文家仍蹈宋儒覆辙，死守六籍以言道，所为古文乃高头讲章，难切世用。在文道关系上，章学诚则是从史的根本上认为文不可少，在史之义、事、文三者中，史文不可缺。从本体论的角度上来说，道与文是道与器的关系，而道器一体，不可分割。从工具论的角度看，文具有一定的独立意义："文，虚器也；道，实指也。文欲其工，犹弓矢欲其良也。弓矢可以御寇，亦可以为寇，非关弓矢之良与不良也。文可以明道，亦可以叛道，非关文之工与不工也。"⑧文辞是工具，所以文以载道、文以明道、文以贯道云云，都有道理。可见，章学诚并不简单地否定文辞，但也反对空文。宋代道学家重道轻文，朱熹认为道本文末。古文家则从文以明道的角度肯定文的独立价值。章学诚对重道轻文的宋儒和溺于文辞的古文家

① 《程绵庄文集序》，周中明：《姚鼐文选》，第373页。
② 《复蒋松如书》，周中明：《姚鼐文选》，第137页。
③ 《复汪进士辉祖书》，周中明：《姚鼐文选》，第123页。
④ 《古文约选序例》，贾文昭：《桐城派文论选》，第49页。
⑤ 章学诚的"道"论之具体内容及特色，请参看本书第一章第一节之具体论述。
⑥ 《原道上》，叶瑛：《文史通义校注》，第120页。
⑦ 《原道下》，叶瑛：《文史通义校注》，第139页。
⑧ 《言公中》，叶瑛：《文史通义校注》，第185页。

都从这个根本观点上做了批评:"文章之用,或以述事,或以明理。事溯已往,阴也。理阐方来,阳也。其至焉者,则述事而理以昭焉,言理而事以范焉,则主适不偏,而文乃衷于道矣。迁、固之史,董、韩之文,庶几哉有所不得已于言者乎? 不知其故,而但溺文辞,其人不足道已。即为高论者,以谓文贵明道,何取声情色采以为愉悦,亦非知道之言也。"①采取了一种折中的观点。

因此,欲求道之全体,考订、义理、文辞三者缺一不可:"道混沌而难分,故须义理以析之;道恍惚而难凭,故须名数以质之;道隐晦而难宣,故须文辞以达之。三者不可有偏废也。义理必须探索,名数必须考订,文辞必须闲习,皆学也,皆求道之资,而非可执一端谓尽道也。"②这样讲,义理、考据、辞章都是道中之一事,同时也即是学中之一事。在这一点上,章学诚与姚鼐的观点似乎相近,但桐城派的特点在于将辞章之学单列出来,置于学术中心,实际上是不明白文以学为本的真谛,有"以文为学"的嫌疑,是颠倒本末之论。或者说,从章学诚的观点推开,则桐城文派可以说是有文无学,其文是溺于文辞的空文。因为章学诚认为:"夫文非学不立,学非文不行,二者相须,若左右手。"③"文之与学,非二事也……学立而文以生……是文者因学而不得已焉者也。是则古人学征于文,而后人即文为学,其意已大谬矣。"④强调以学为文,因此,章学诚所重视的是著述之文,对所谓文人之文则相对轻视。此意笔者在前面已经反复论证,这是章学诚的一个核心学术与文学观念。显然,桐城之文正是章氏所轻视的文人之文。

三　文法之论争

为学为道不同,在文法上也会不同,章学诚对桐城文法多有批评。前引《古文十弊》就点明了这一点。在《文理》篇中,章学诚对这个问题又做了深入剖析。桐城重文法,奉归有光用五色圈点评点《史记》的方法为文学创作的"文法""范例",后世奉为"古文秘传",并把它比作"五祖传灯,灵素受箓"。章学诚认为归有光评点《史记》,用"五色标识,名为义例,不相混乱。若者为全篇结构,若者为逐段精彩,若者谓意度波澜,若者谓精神气魄,以例分类,便于拳服揣摩",其"得力于《史记》者,特其皮毛,而于古人深际,未之

---

① 《原道下》,叶瑛:《文史通义校注》,第 139 页。
② 《与朱少白论文》,仓修良:《文史通义新编新注》,第 769 页。
③ 《答沈枫墀论学》,仓修良:《文史通义新编新注》,第 714 页。
④ 《文学叙例》,仓修良:《文史通义新编新注》,第 528—529 页。

有见","于古人所谓闳中肆外,言以声其心之所得,则未之闻尔"①。这就是说这种评点未能做到文学创作的最基本的要求:言之有物,中有所得。其最大的缺点就是"其中无物""不免浮滑",只重视形式上的机械摹仿,而且"开后人以描摩浅陋之习"。章学诚认为古文家之所谓法不合于文理:"比如怀人见月而思,月岂必主远怀? 久客听雨而悲,雨岂必有愁况? 然而月下之怀,雨中之感,岂非天地至文? 而欲以此感此怀,藏为秘密,或欲嘉惠后学,以谓凡对明月与听霖雨,必须用此悲感,方可领略,则适当良友乍逢,及新昏宴尔之人,必不信矣。"②这些事例都说明文无定法,否则就是死法。

章学诚古文写作重文理,其核心观点是"清真"。他说:"余论文之要,必以清真为主。真则不求于文,求于为文之旨,所谓言之有物,非苟为文是也。清则主于文之气体,所谓读《易》如无《书》,读《书》如无《诗》,一例之言,不可有所夹杂是也。"③"清"是就文章的体制风格而言,也就是文例;"真"是就文章的思想内容而言,也就是文义。"气不杂"是说体例的纯洁,"理无支"是指内容不支离破碎。认为只有文气清才能文辞洁、文理畅。章学诚又提出文情的概念,认为"文以气行,亦以情至"④。有时候文章没有达到理想的境界,并不是文不如其事其理,而是文情未至造成的,这是对"理无支"的更高要求,更贴近文学审美特性。章学诚从叙事说理的角度来论述文章写作要达到的境界,对辞达说做出了新的解释,其实也体现了史家文章书写的美学原则。⑤

由此可见,清真之论与方苞义法说相类,盖"望溪所谓义法,可视为两个分立的单词,也可作为一个连缀的骈词。由分立的单词言,则义是义,而法是法;义法之说,即所以谋道与文的融合。由连缀的骈词言,则义法又是学古之途径,只成为学文方式而已……义者期其文之思想之不背于理,即以程、朱为祈向者是;法者期其文之形式之不越于度,即以韩、欧为宗主者是"⑥。方氏自道其义法论是:"《春秋》之制义法,自太史公发之,而后之深于文者亦具焉。义,即《易》之所谓'言有物'也;法,即《易》之所谓'言有序'也。义以为经而法纬之,然后为成体之文。"⑦姚鼐论文不再标榜义法之说,而是讲意与气。意近于义,气近于法。其《答翁学士书》云:"夫道

① 以上引文见《文理》,叶瑛:《文史通义校注》,第286—287页。
② 《文理》,叶瑛:《文史通义校注》,第288页。
③ 《乙卯劄记》,《章学诚遗书》,第377页。
④ 《杂说》,仓修良:《文史通义新编新注》,第355页。
⑤ 这方面的详细论述请参看史书笔法论一节。
⑥ 郭绍虞:《中国文学批评史》下册,第316页。
⑦ 《又书货殖传后》,贾文昭:《桐城派文论选》,第37页。

有是非,而技有美恶。诗文,皆技也;技之精者,必近道。故诗文美者,命意必善。文字者,犹人之言语也。有气以充之,则观其文也,虽百世而后,如立其人而与言于此;无气,则积字焉而已。意与气相御而为辞,然后有声音节奏高下抗坠之度,反复进退之态,采色之华。故声色之美,因乎意与气而时变者也。是安得有定法哉!"①因此,他虽不标义法之名,却仍合义法之实。

章学诚为文强调以学为本,是基于其史学立场,重视的是言之有物,即器明道,不为空言,亦不离事离文而空言法。桐城派终究是一个文派,他们更重视文法之求,也重视文章的审美价值。因此方苞的文章追求雅洁的风格,刘大櫆论文重神气,突出了文章自身的审美属性,姚鼐则从阴阳角度论文章的阳刚与阴柔之美。姚鼐于其所编选之《古文辞类纂》的序目中又提出:"凡文之体类十三,而所以为文者八:曰神、理、气、味、格、律、声、色。"②进一步探讨了文章创作的各种因素及其规律,也重视古文的审美特性,这也是文人之文与史家之文的不同。章学诚本于史学的立场在古文写作的态度上提出文德说,主张临文须敬,有其合理性。而桐城派基于其道学立场为文也拘谨,从文学的审美角度来说则不能不是一个局限,这也是桐城古文审美性不够充沛的原因之一。在这点上,二者都体现出某种局限性。

古文作为中国传统文学的一大门类,在现代审美主义视野中,却难以明确界定其质性,用"杂文学"来称呼它似乎比笼统指称整个中国传统文学更合适。之所以出现这种尴尬的状况,正是由于古文应用的广泛性和包容性。史家叙事用文,经学诸子讲理用文,辞章之家状物抒情也可以用文。较之诗歌的以抒情状物为主的审美特性,古文的文学性似乎不够"纯"。正是基于这样的特性,我们在研究古文时就不能将眼光仅仅注视于所谓古文家,要跳出"文必秦汉"与"文宗唐宋八大家"的狭小范围,将目光也注目于经史之文。章学诚作为中国史学的殿军和史家论文的集大成者,以史学为本建立文统;桐城派则以韩欧古文为主、统合程朱义理而树立桐城古文的正统地位,是中国正统派古文理论的集大成者。章学诚生当桐城派兴盛之际,将他与桐城派文论加以比较,可以加深我们对古文的理解。其立足大史学观的古文理论以及对桐城文论的批评,也有助于开拓古文写作的广阔境界。

---

① 周中明:《姚鼐文选》,第7页。
② 周中明:《姚鼐文选》,第111页。

第二节　考据学视野下的章学诚与
戴震等人之"学"与"文"

乾嘉经学家由于鄙薄宋儒的玄虚义理，因此对于与理学结盟的唐宋八大家古文传统也不认可，他们在博学的追求中达至文辞的炫富，因此重视文辞繁复的骈文，清代骈文由此复兴，六朝时期的"文笔论"也在乾嘉后期重新成为考据学家讨论的主题。在章学诚所处的时代，文笔之辩和骈散之争的思潮正处于将盛未盛之时。章学诚在与考据学家的学术交往中也涉及文章写作的问题。比如戴震、孙星衍、洪亮吉、汪中等人，特别是戴震，乃章学诚学术生命中的一个重要角色，不仅是学问取向，戴震关于辞章的一些议论也曾经引起章学诚的思考与反驳。本节就以戴震为中心，谈谈章学诚与考据学家文论思想的异同及其背后的学术思想论争。

关于戴震与章学诚的学术渊源以及争论，以余英时的《论戴震与章学诚》为代表，学术界已经做了大量的工作，许多问题也已经研究清楚。对于二者文论思想的异同还有比较的余地。下面就主要围绕三个方面贯通综合比较他们观点的异同：其一，戴震的义理、考据、辞章三分说与章学诚的史义、史事、史文三合说；其二，戴震的义理为考核、文章之源的观点与章学诚的文义论；其三，学与文的关系问题——重视学问在文章写作中的关键作用是二人的共同点，但学问的内涵则有不同。

一　义理、考据与辞章：戴震的学术与文学观念

戴震的学术前后有所变化，其文学观念也有所调整，有一个从早期的考据为文章之本到晚年的义理为考核、文章之源的思想变化。

一般认为，戴震早年所写的《与方希原书》集中代表了汉学家的文学观。文章从宋儒所分的三种学问路数谈起："古今学问之途，其大致有三：或事于理义，或事于制数，或事于文章。"宋儒鄙薄文人，所以说"事于文章者，等而末者也"。但文章家却努力将文章提升到"道"的高度，以艺为末，以道为本："然自子长、孟坚、退之、子厚诸君子之为之曰：是道也，非艺也。以云道，道固有存焉者矣，如诸君子之文，亦恶睹其非艺欤？夫以艺为末，以道为本。诸君子不愿据其末，毕力以求据其本，本既得矣，然后曰：'是道也，非艺也。'"戴震由此提出"大本"论："文章有至有未至。至者，得圣人之道则荣；未至者，不得于圣人之道则瘁……足下好道，而肆力古文，必将求其本。求

其本,更有所谓大本。大本既得矣,然后曰:'是道也,非艺也。'则彼诸君子之为道,固待斯道而荣瘁也者。圣人之道,在六经,汉儒得其制数,失其义理;宋儒得其义理,失其制数。"①这个"大本"是什么呢?

此文作于1855年,戴震时年三十二岁,曾被许多学者引用,成为代表戴震文章学思想的重要文献。此文的主要观点有几层,现在我们尝试分析一下:

戴震认为,天下学问路数大约有三:理义,制数,文章。三者当中,文章最低。戴震的这个观点有何文化传统的背景呢?我们知道,古代士人的另一个身份认同,那就是都要学文、写文、用文,实际就是宽泛意义上的文人。因为古代中国统治集团的主体成员是科举入仕的文官,那么如何看待文,就成为每一个士人必须面对的问题,文道问题也成为一个共同的话语。戴震也正是从文道本末问题出发来论述的。他以宋明以来大家公认的文史传统中的著名文章家司马迁、班固、韩愈、柳宗元为例,指出上述诸人虽然在文道关系上主张道本文(艺)末,文以明道,而非以文为艺,但却没有找到文章之本。他认为文章之本在六经,因为圣人之道在六经,而"汉儒得其制数,失其义理;宋儒得其义理,失其制数",言下之意是要综合汉宋诸儒之观点,以求六经之道,作为文之根本。显然,这是戴震早年的观点。因为他既认可宋儒的义理,也赞赏汉儒的制数,故将此二者作为文之"大本"。

随着戴震思想的发展,他逐渐抛弃了宋儒的义理,而渐渐将汉儒的考据以明道作为自己的治学方向。十年之后他在《题惠定宇先生授经图》一文中阐发了这一治学的门径。其言曰:"夫所谓理义,苟可以舍经而空凭胸臆,将人人凿空得之,奚有于经学之云乎哉!惟空凭胸臆之,卒无当于贤人圣人之理义,然后求之古经。求之古经而遗文垂绝,今古悬隔也,然后求之故训。故训明则古经明,古经明则贤人圣人之理义明,而我心之同然者乃因之而明。贤人圣人之理义非它,存乎典章制度者是也。"②那么依据这一新的学术思路,如果古文家不甘于"壮夫不为"的雕虫技艺,要将文章之学"进乎技而至于道",就必须沿着"故训明则古经明""古经明则贤人圣人之理义明"的路向,抛弃"空凭胸臆"的宋明儒学途轨,将文章之学建立在坚实的训诂考据基础之上。

此后,戴震这一观点成为影响乾嘉汉学家的主流思想,戴震晚年的文章《沈学子文集序》集中表达了这一思想:"以今之去古既远,圣人之道在六经

① 以上引文见《与方希原书》,戴震:《戴震集》,上海古籍出版社2009年版,第188页。
② 《题惠定宇先生授经图》,戴震:《戴震集》,第213页。

也……是以凡学始乎离词,中乎辨言,终乎闻道。离词,则舍小学故训无所借。辨言,则舍其立言之体无从而相接以心。先生于古人小学故训,与其所以立言,用相告语者,研究靡遗。治经之士,得聆一话言,可以通古,可以与几于道。而斯集都其文凡若干篇,绳尺法度,力追古人,然特先生之出其余焉耳。"①这段序文的主要观点是主张为学之路径与目的是"始乎离词,中乎辨言,终乎闻道",以此为基础来吟诗撰写古文辞,达到"绳尺法度,力追古人"的境界。

　　但在戴震的心中,随着考据以求道的思想逐渐成熟,他关于学术三种路数,以及文以明道的思想实际是发生了变化的,这在段玉裁的《戴东原集序》有反映:"始,玉裁闻先生之绪论矣,其言曰:'有义理之学,有文章之学,有考核之学。义理者,文章、考核之源也。熟乎义理,而后能考核、能文章。'……浅者乃求先生于一名一物一字一句之间,惑矣! 先生之言曰:'六书九数等事如轿夫然,所以弃轿中人也。以六书九数等事尽我,是犹误认轿夫为轿中人也。'"②段玉裁的记载说明戴震晚年思想的变化,那就是在三者之中,由过去的重视考据的重要性向义理倾斜,强调"义理者,文章、考核之源也",义理成为根本。但这个思想包括段玉裁在内的考据学家却没人能够理解,这是因为戴震学术的最后旨归是求道,考据只是手段耳。笔者认为其中还有一个隐含的秘密,就是后面要谈到的章学诚对戴震心口不一的批评。当举世崇奉考据学的时候,戴震虽然心中喜欢义理,也以自己的义理创见暗中自豪,但却迎合大众的偏见,故意标榜自己的考据水平和成就,导致大家对其学术的认识产生了偏差,或者说误解。

　　相对于戴震经学的义理、考据、辞章三分说,章学诚的史学则主张史义、史事、史文三合说,认为史学最重要的是史义,三者不可分。就重视义理这个层面,三者类似,但章学诚对于文辞的重要作用有充分的论述:"文辞,犹三军也;志识,其将帅也。李广入程不识之军,而旌旗壁垒一新焉,固未尝物物而变,事事而更之也。知此意者,可以袭用成文,而不必已出者矣……文辞,犹舟车也;志识,其乘者也……文辞,犹品物也;志识,其工师也……文辞,犹金石也;志识,其炉锤也……文辞,犹财货也;志识,其良贾也……"③这是从工具论的角度反复阐述文辞的重要性。文辞具有两面性,既可以明道经世,亦可以乱道害世,关键是运用者的心术以及目的。志识是关键,是导

①　戴震:《戴震集》,第 210 页。
②　段玉裁:《经韵楼集》,上海古籍出版社 2008 年版,第 370 页。
③　《说林》,叶瑛:《文史通义校注》,第 350 页。

向,起决定作用。就工具论的层面,章学诚论文辞的作用与考据学家的辞章观念类似。

从文以明道、史以存道的本体论角度,史文的重要性就更不用说了。这些方面前文多有论述,充分显示出作为文史学家的章学诚对文之大义的高度重视。与考据学家独重训诂、制数的态度有别,与他们多欣赏骈文辞赋的观点有异,章学诚虽然重视文,也不完全排斥骈文,但更重视古文。当然,作为一个以史学名家、重视著述之文的学者,章学诚对于纯粹的无关世道人心的文人之文在价值论上是否定的,自然也对这样的文辞表示了轻视,这方面的论述也已经为大家所熟知,就不多论了。

在以道为学术旨归这个问题上,章学诚将自己看作戴震的知音。从字面的意义来说,文本于学、学以求道、文以明道是二人的共同追求,但由于学问观的不同,一个是经学家,一个是史学家,其实他们的文学辞章论还是有所不同的。

二　章学诚对戴震的评论以及文论的异同

章学诚虽然也是乾嘉道问学思潮下的人物,也重视学问在文章写作之中的关键作用,但乾嘉汉学家的学问基础是经史考据,而章学诚的学问根本是文史编撰。章学诚与戴震学术及文学观念的异同根本源于此点。

章学诚在与好友邵晋涵的通信中,探讨了对戴震学术与心术的评价问题。邵晋涵以为章学诚对戴震的某些批评是对戴震本人的全盘否定,章学诚认为邵晋涵误解了自己的观点,他解释说:“戴君虽于足下相得甚深,而知戴之深,足下似不如仆之早。丙戌春夏之交,仆因郑诚斋太史之言,往见戴氏休宁馆舍,询其所学,戴为粗言崖略,仆即疑郑太史言不足以尽戴君。时在朱先生门,得见一时通人,虽大扩生平闻见,而求能深识古人大体,进窥天地之纯,惟戴氏可与几此。而当时中朝荐绅负重望者,大兴朱氏,嘉定钱氏,实为一时巨擘。其推重戴氏,亦但云训诂名物,六书九数,用功深细而已,及见《原善》诸篇,则群惜其有用精神耗于无用之地,仆于当时力争朱先生前,以谓此说似买椟而还珠,而人微言轻,不足以动诸公之听……惟仆知戴最深,故勘戴隐情亦最微中,其学问心术,实有瑕瑜不容掩者。”[1]从章学诚对过去的回忆看出,当时的学界通人名流朱筠、钱大昕都不能深刻了解戴震学术的本质,或者说是误解戴震只是一个擅长考据的博学家,对于其独创的新义理加以贬低,包括邵晋涵本人也是如此:“足下彼时,周旋嘉定、大兴之间,

---

[1] 《答邵二云书》,仓修良:《文史通义新编新注》,第683页。

亦未闻有所抉择,折二公言,许为乾隆学者第一人也。"①而只有章学诚对戴震学术中的义理有高度评价:"戴东原训诂解经,得古人之大体,众所推尊。其《原善》诸篇,虽先夫子亦所不取。其实精微醇遂,实有古人未发之旨,鄙不以为非也。姚姬传并不取《原善》,过矣。"②认为姚鼐不赞成戴震的义理名作《原善》,也是过分的行为。

章学诚自诩为戴震学术知音,主要是从学术明道的角度来肯定戴震:"凡戴君所学,深通训诂,究于名物制度,而得其所以然,将以明道也。时人方贵博雅考订,见其训诂名物,有合时好,以谓戴之绝诣在此。及戴著《论性》《原善》诸篇,于天人理气,实有发前人所未发者;时人则谓空说义理,可以无作,是固不知戴学者矣。"③在举世狂热推崇戴震,戴震也不得不以此特别突出自己考据学权威的表面喧嚣之下,章学诚独具慧眼地赏识戴震的义理之学,认为戴震学术之精华是其义理之学,而众人推崇其考据功力是买椟还珠,舍本逐末。仔细分析可以发现,戴震内心的自我期许与时代追逐的外在学术偶像是有一些差异的。时人以考据之功力为学问,而戴震则更上一层楼,通过考核以追求儒家之道的真谛,本质是通过对汉儒乃至先秦儒家思想的追问而推陈出新,建立新的义理。章学诚欣赏的正是戴震的这种学术精神。

当然,对于戴震学说中的"道"之含义,章学诚也不是都认可。章学诚虽然自诩是戴震的知音,但对戴震思想的精识,也就是其思想史上的创新与解放意义并不能领会。诚如有的学者所指出的:"章学诚对戴震的批评表明,作为文化史学家,章学诚注重的是学术思想发展的历史过程及其内在联系;作为思想家,章学诚则忽视了学术思想的发展正是以批判继承为前提的,扬弃是学术思想深入发展的基本形式。"④这主要还是两种学术方式的不同所致。

因此,章学诚对戴震做了许多批评。比如学术的路数:"戴氏深通训诂,长于制数,又得古人之所以然,故因考索而成学问,其言是也。然以此概人,谓必如其所举,始许诵经,则是数端皆出专门绝业,古今寥寥不数人耳,犹复此纠彼讼,未能一定,将遂古今无诵五经之人,岂不诬乎!"⑤戴震以自己的学术标准要求所有人,是不对的,尤其是"马、班之史,韩、柳之文,其与于道,

①　《答邵二云书》,仓修良:《文史通义新编新注》,第683页。
②　《又与朱少白书》,仓修良:《文史通义新编新注》,第783页。
③　《书朱陆篇后》,叶瑛:《文史通义校注》,第275页。
④　王茂等:《清代哲学》,安徽人民出版社1992年版,第769页。
⑤　《又与正甫论文》,仓修良:《文史通义新编新注》,第807页。

犹马、郑之训诂,贾、孔之疏义也。戴氏则谓彼皆艺而非道,此犹资舟楫以入都,而谓陆程非京路也"①。这就更是学术思想的不可调和了。章学诚还批评戴震说:"古人学于文辞,求于义理,不由其说,如韩、欧、程、张诸儒,竟不许以闻道,则亦过矣。"②这是因为戴震批评宋明儒家学术空疏过头了,他认为戴震的失误在于:"戴君之误,误在诋宋儒之躬行实践,而置己身于功过之外,至于校正宋儒之讹误可也,并一切抹杀,横肆诋诃,至今休、歙之间,少年英俊,不骂程、朱,不得谓之通人,则真罪过。戴氏实为作俑。其实初听其说,似乎高明,而细核之,则直为忘本耳。"③章学诚认为:"《文史通义》,专为著作之林校雠得失;著作本乎学问,而近人所谓学问,则以《尔雅》名物,六书训故,谓足尽经世之大业,虽以周、程义理,韩、欧文辞,不难一唾置之。"④从文中的具体论述对象来看,针对的正是戴震的观点。比如学术分三个路数:考订、义理、文辞,又比如独尊考据,以及"故训明则古经明""古经明则贤人圣人之理义明"等思想。

章学诚又批评戴震不懂史学:"其于史学义例、古文法度,实无所解,而久游江湖,耻其有所不知,往往强为解事,应人之求,又不安于习故,妄矜独断。如修《汾州府志》,乃谓僧僚不可列之人类,因取旧志名僧入于古迹。又谓修志贵考沿革,其他皆可任意,此则识解渐入庸妄,然不过自欺,尚未有心于欺人也。余尝遇戴君于宁波道署,居停代州冯君廷丞,冯既名家子,夙重戴名,一时冯氏诸昆从,又皆循谨敬学,钦戴君言,若奉神明。戴君则故为高论,出入天渊,使人不可测识。人询班、马二史优劣,则全袭郑樵讥班之言,以谓己之创见。"⑤这是由修志引起的学术争论。章学诚认为地方志书类似古代的一国(诸侯国)之史,可以为修大一统的国史提供依据,所以他的志书规模基本是国史的模式。而戴震则将志书归于史部地理类的范围。章学诚认为戴震是强不知以为知,沾染了江湖文人之气。

尤其令章学诚认为戴震心术不正的是,戴震心口不一,乃至大言欺世:"又有请学古文辞者,则曰:'古文可以无学而能。余生平不解古文辞,后忽欲为之而不知其道,乃取古人之文,反覆思之,忘寝食者数日,一夕忽有所悟,翌日,取所欲为文者,振笔而书,不假思索而成,其文即远出《左》《国》《史》《汉》之上。'虽诸冯敬信有素,闻此亦颇疑之。盖其意初不过闻大兴朱

① 《又与正甫论文》,仓修良:《文史通义新编新注》,第808页。
② 《书朱陆篇后》,叶瑛:《文史通义校注》,第275页。
③ 《又与朱少白书》,仓修良:《文史通义新编新注》,第783页。
④ 《与陈鉴亭论学》,仓修良:《文史通义新编新注》,第717页。
⑤ 《书朱陆篇后》,叶瑛:《文史通义校注》,第275页。

先生辈论为文辞不可有意求工，而实未尝其甘苦。又觉朱先生言平淡无奇，遂恢怪出之，冀耸人听，而不知妄诞至此，见由自欺而至于欺人，心已忍矣。"①章学诚自己学习古文是跟随当时身兼学术领袖和高官于一身的著名学者朱筠，经过反复的练习才掌握了古文写作的笔法义理真谛。而戴震不仅说自己学古文是无师自通，而且得之非常容易，章学诚对于戴震的这种说法不仅怀疑，乃至认为其是故意自高其才。

章学诚认为由于戴震不懂史学，也就对史书笔法，即章学诚所说的"属辞比事"的叙事义例、古文法度没有深入体会："戴东原之于训诂，能识古人大体。程易田之于名物制数，能好古敏求，详审精密……戴氏识精，而程氏学密，著述足自成家。而属辞比事之文，则才非所擅。盖史才经学之判也久矣……"②章学诚认为："比事属辞，《春秋》教也。必具纪传史才，乃可言古文辞。荀、袁编年之书，乃逊马、班纪传。而马之列传，实本左氏《春秋》。故曰纪传分而《左》《国》之支流别也。司马《通鉴》，毕竟不以文辞著也。戴君之于史事，言之茫然，岂可为古文辞乎？"③史才经学各有所长，戴震擅长经学考据与义理思辨，但无史才。从章学诚的以史传为古文之本的学术立场出发，戴震于史学实无所解，自然对本于史传的古文之法无深刻见解。

章学诚又从人的天性禀赋等才性论角度分析说："人之才质，万变不同，已成之才，推其何以是，因而思所效法，道亦近矣，然有不可据者，不容以不察也。观前辈自述生平得力，其自矜者，多故为高深，如戴东原言'一夕而悟古文之道，明日信笔而书，便出《左》《国》《史》《汉》之上'。此犹戴君近古，使人一望知其荒谬，不足患也。使彼真能古文，而措语稍近情理，岂不为所惑欤！"④章学诚认为人之才性禀赋各不相同，应当扬长避短，发挥天性成其学问，而都如考据家所推崇的那样，人人从事考据，又安能人人成才成学？实际是从另一个侧面又批评了戴震心术有问题。

由此可见，章学诚的批评虽不无偏见，但也可以看出乾嘉汉学家轻视古文，反对唐宋以来韩欧古文传统的共同倾向，也反对古文家推尊的宋明理学，这种态度也是一种偏颇。乾嘉考据学家由于推尊汉代经学，由此推尊汉代以来炫耀文辞学问的辞赋骈文，此后通过文笔之辨，重新建立了其文统。这些学术史的本相经过近年学术界的努力，已经成为共识，此不赘。

在乾嘉汉学为主的语境中，以学问作为文章写作的根本是时代的共同

① 《书朱陆篇后》，叶瑛：《文史通义校注》，第275—276页。
② 章氏遗书外编卷第一《信摭》，《章学诚遗书》，第371页。
③ 章氏遗书外编卷第一《信摭》，《章学诚遗书》，第371页。
④ 《家书六》，仓修良：《文史通义新编新注》，第823页。

话语与流行思潮。对于乾嘉经学家、考据学家来说,以经学学问为文章之根本,是他们的共同观点。邬国平等认为汉学家文论的一个重要特点就是"贵本论":"汉学家论文严格本末之别,强调作者写作始终要坚持和体现固本立干的思想,这就构成了他们的贵本理论……儒家的道义存在于儒家经典中,所以汉学家更直截了当地称'经学'或'经义'是包括文学在内的'众学'之本。"①这在一般的意义上与清代理学家、文学家并没有多大区别。关键是汉学家在义理、考据、辞章三者中,是以考据为基础来谈学问的,这与理学家的以形上形下贯通的天理人心之义理为学问是不同的。章学诚则别树一帜,以史学为学问根本,与考据学家以经学考据为本的思想不同,与宋明理学家的学问观也有差异。

三 章学诚与洪亮吉、孙星衍等的修志之争及其文章学思想的差异

章学诚在游幕时与当时许多学者都有交往,其中多数是所谓的汉学考据人士,他们往往也擅长骈文,特别是孙星衍、洪亮吉、汪中等与章学诚有较大关系。章学诚与汪中由于性格等多种原因,在学术思想上有较大的不同,并互相争论乃至交恶。但章学诚与洪亮吉、孙星衍的关系较好②。章学诚与汪中的争论及其交恶学术界论述已多,笔者在《诗话论》一节也有所论述。此处主要论述章学诚与洪亮吉、孙星衍的学术争论,特别是从他们的修志之争来探索其中的学术争鸣及其各自的文章学思想之不同。

文章为传统中国社会的一个重要应用工具,这是理解古代文章学的一个基本背景和出发点。章学诚以修史为己任,在游食四方时编撰史志,汇编地方文献,并以此用世。章学诚一生主持编纂和参与编纂了《国子监志》《和州志》《永清县志》《亳州志》《常德府志》《荆州府志》《湖北通志》等地方志、志书十多部也在幕府中代幕主撰写应用文字。由于政府的公文经常采用骈文形式,所以骈文家有了用武之地。同时讲求学问的考据也在幕府中流行起来。相应地,像章学诚这样的以史学为本、不喜考据、不善骈文辞赋的有些另类的文人,势必处于劣势。再加上幕府诗酒唱和时多写诗文辞赋,对拙于华丽文辞的章学诚来说就更是尴尬,由此心态自然有些偏激,这些问题学术界都有所论述。但作为学术研究,我们要超越一般的个人恩怨、具体是非,从学术思想与文学观念的角度来立论。

---

① 邬国平、王镇远:《清代文学批评史》,上海古籍出版社1995年版,第583页。
② 《章学诚遗书》收录多篇章学诚致孙星衍的论学书信等文字,其中也多谈到洪亮吉,说明他们之间的关系较密切。如《与孙渊如观察论学十规》《书孙渊如观察〈原性〉篇后》《报孙渊如书》是比较重要的能体现章学诚学术观点的文字。

　　清代士子在入仕前大多依托幕主生存,在乾嘉时期朝廷文治兴盛,地方官僚多以修方志来显示自己的风雅和政绩,这些士子也往往参与,在修志时也往往体现了自己的学术主张和方志观念。章学诚作为史学家的主要修史实践是撰修地方志,而洪亮吉、孙星衍也以修志著名,洪亮吉所修的方志有《泾县志》《乾隆府厅州县图志》《固始县志》《登封县志》等多种。孙星衍一生参与或主持纂修的方志十余种,所修的《三水县志》《偃师县志》《乾隆直隶邠州志》《庐州府志》《松江府志》《鄞州志》《长安县志》《醴泉县志》《咸宁县志》《关中胜迹志》《邠州志》等,多被《中国稀见地方志提要》列为上乘。他们基于不同的学术理念,对于修志有与章学诚不同的看法。

　　洪亮吉和孙星衍作为考据学的追随者和实践者,修志思想与戴震基本相同。他们都重视地理沿革,戴震强调明晰地理沿革是方志纂修之核心,认为:"志以考地理,但悉心于地理沿革,则志事已竟。"①主张地理沿革既明,志书即告成功,并因此与章学诚产生了激烈的争辩。洪亮吉与戴震的观点一致,也强调方志的主要任务是对地理状况及其沿革的记载考据:"况地志者,志九州之土也。"②"一方之志,沿革最要。"③孙星衍持论与戴、洪二人相同,认为叙述沿革是志书不可或缺的重要内容,主张"方志以考据存文献"④。

　　除了前述与戴震的方志争论外,章学诚还与洪亮吉有一次关于修志的直接争论。洪亮吉撰成的《乾隆府厅州县图志》中,用《大清一统志》体例,以布政使司分隶府、厅、州、县。章学诚当时就不认可,曾对此提出异议,认为:"每布政司所辖,应改为总督巡抚,始符体制。"⑤洪亮吉还是坚持自己的观点。十年后,章学诚在洪亮吉所刊刻的《卷施阁文集》中看到了他给自己的书信,就此又做了详细的论述和反驳。基于方志为一方之史的理念,章学诚认为志书要反映现实,要根据当世的实际情况在体制上因时而变,而不是拘泥于旧制。章学诚认为:"于今制当称部院,不当泥布政使司。"对于徇古而沿其名的做法并不认可:"我朝布政使司仍明旧制,而沿习称省,亦仍明旧……百余年来,因时制宜,名称虽沿明故,而体制与明渐殊。今洪君书以乾隆为名,则循名责实,必当以巡抚为主而称部院,不当更称布政使司矣。"

①　《记与戴东原论修志》,叶瑛:《文史通义校注》,第869页。
②　洪亮吉:《卷施阁文甲集卷第八·与章进士学诚书》,刘德权点校《洪亮吉集》,中华书局2001年版,第186页。
③　洪亮吉:《更生斋文甲集卷第三·跋新修庐州府志后一寄张太守祥云》,刘德权点校《洪亮吉集》,第1019页。
④　孙星衍:《问字堂集·岱南阁集》,中华书局1996年版,第96页。
⑤　洪亮吉:《卷施阁文甲集卷第八·与章进士学诚书》,《洪亮吉集》,第186页。

所以"生今之时,宜达今之体制",并强调说:"且余所辨,不尽为洪君书也。今之为古文辞者,于统部称谓亦曰'诸省',或曰'某省',弃现行之制度,而借元人之名称,于古盖未之闻也。"①表明章学诚与洪亮吉的争论非私人之争,争的是学术,天下之公器。章学诚又在与他人的通信中再次批评了二人:"弟《辨地理统部》之事,为古文辞起见,不尽为辨书也。洪、孙诸公,洵一时之奇才,其于古文辞,乃冰炭不相入,而二人皆不自知香臭,弟于是乎谓知人难,自知尤不易也。"②而且说明志书的修撰也是章学诚"古文辞"写作的一个重要内容。

章学诚和戴震等人之间的修志论争,正是当时两大主要方志派别之间论争的缩影。一是注重现实、详近略远的"详今派",一是注重沿革、详远略近的"厚古派"③。章学诚对此曾批评说:"方志一家,宋、元仅有存者,率皆误为地理专书,明代文人见解,又多误作应酬文墨,近代渐务实学,凡修方志,往往侈为纂类家言。纂类之书,正著述之所取资,岂可所疵议!而鄙心有不能惬者,则方志纂类诸家,多不知著述之意,其所排次裒缉,乃是地理专门见解。"④章学诚认为考据派所修方志只是"纂类之书",而不是著作,当然也就谈不上有所谓的创造性,而且他们所编纂的方志只重地理沿革,对当代文献根本不关注,其内容就缺乏新意,不能为经世服务。他们采用的方法是从前人著作中摘录、排比和考证,是经学考据之法,而非修史之法。章氏的这些概括一定程度上也反映了戴震、洪亮吉、孙星衍所修方志的特点及其缺陷,还从另一个角度再次阐明了章学诚关于著述与纂类不同的学术思想,体现了他一以贯之的学术主张。

修志观点的不同,背后所反映的是学术思想的不同。戴震、洪亮吉与孙星衍等因袭旧制的修志理论,与他们崇尚汉学、注重考据的思想密不可分。洪亮吉与孙星衍深受当时学风,尤其是戴震为代表的乾嘉学风的影响。但章学诚认为修志不仅是经世之具,而且也是学问的体现,这源于章学诚独特的学问观。因为章学诚认为文史校雠也是做学问,与考据学家的经学考据一样可以明道⑤,而且是更切于今世之用的学问,这就是章学诚提倡的史学

① 本段以上引用俱见《章氏遗书》卷14《地志统部》,《章学诚遗书》,第122页。
② 《又答朱少白书》,仓修良:《文史通义新编新注》,第778页。
③ 王新环《洪亮吉与章学诚的修志之争》,《中国地方志》2008年第9期。
④ 《报黄大俞先生》,仓修良:《文史通义新编新注》,第633—634页。
⑤ 余英时对此有详细阐述,认为这是章学诚的学术特点:"(章学诚)是以'文史校雠'之学——也就是由厘清古今著作的源流,进而探文史的义例,最后则由文史以明'道',来对抗当时经学家提倡的透过对六经进行文字训诂以明'道'之学。其目标则是要夺六经之'道'以归之于史。"(余英时:《论戴震与章学诚》,三联书店2000年版,第160页)

经世明道思想。

　　章学诚的古文观念是以史学为本位的,这源于他独特的学术思想,就是六经皆史的观念。对于依托经学及其考据的汉学家、骈文派,以及继承唐宋八大家古文传统的桐城派,章学诚都加以批判。根据史学文章的严格笔法,他对于骈文派的虚辞丽藻深恶痛绝。《答沈枫墀论学》是理解章学诚学与文的一篇重要资料,核心是以学问为文章之根本。由此对于考据学家的学问章学诚是有所赞赏的,对于他们的以学为文也是部分肯定的。所以他说:"近代学问如戴东原,未易易矣;其所考订与所发挥,文笔清坚,足以达其所见。而记传文字,非其所长,纂修志乘,固亦非其所解,委而不为,固无伤也,而强作解事,动成窒戾,此则不善趋避而昧于交相为功之业者也。要之,文易翻空,学须摭实。今之学者,虽趋风气,竞尚考订,多非心得;然知求实而不蹈于虚,犹愈于掉虚文而不复知实学也。"①章学诚对戴震等人的学问与文章是有条件的肯定,但对于大家一窝蜂地从事考据则是不赞成的。

　　由于章学诚与他们的学术进路和思想观念不在一个频道上,很难产生交集,更缺少共鸣,基本上是自说自话②,我们从章学诚的书信所言以及他们很少回信就可以看出。其中的主要因素是章学诚学术的特立独行和不合时势,当举世热衷于经学考证和骈文写作时,章学诚与之唱反调,但却因为人微言轻而不受理睬,这也是章学诚在当时备受冷落的重要原因。这是我们在研究这些历史问题时需要特别注意的,不能以后理解的视域来重构当时的历史状况。当然,这丝毫不影响我们今天以新的学术眼光来审视其学术价值和意义。

　　总之,章学诚与戴震等考据学家的文论思想有同有异,通过具体的分析,有助于我们全面认识当时文论界的具体历史面貌。

----

①　《答沈枫墀论学》,仓修良:《文史通义新编新注》,第715页。

②　如在《与朱少白书》中,章学诚谈到:"阮学使与洪稚存在河南抚署日,作书与洪稚存曰:'会稽有章实斋,所学与吾辈绝异,而自有一种不可埋没气象,不知是何路数,足下能定之否?愚意此亦一时之奇士也。'云云。观此则诸君至今不知鄙为何许人矣。"(仓修良:《文史通义新编新注》,第787—788页)可见,阮元与洪亮吉也不能理解章学诚学术的性质与特点。

余论　中国古代历史主义
诗学研究之展望

众所周知,中国是一个有着强烈历史意识的国度,史学特别发达,其精神也体现在古代文学理论与批评中。其一,历史修撰中的文辞技巧与美学原则本身属于文学范畴,也就是历史的文学性问题;其二,史学著作中对文学的历史发展有大量的论述,史家立足历史文化意识的文论无疑是中国文学批评中值得重视的一个领域;其三,普通文人和文评家的文学理论研究与批评方法中渗透着浓厚的历史意识与史学精神。三者共同构成了中国文论中的历史主义诗学一维。

第一节　三分天下有其一的中国
古代历史主义诗学

五四以后,中国文学理论界针对伦理主义诗学在中国正统思想领域的强势话语地位,借助新输入的西方文化、审美理论与纯文学观念进行传统文学和文论的研究,中国固有的文论体系开始解体,审美主义诗学成为主流话语。新时期以来,首先是在传统中国作为异端和支流、处于边缘化地位的庄禅,成为审美主义诗学的哲学基础,从而受到广泛的关注,当然也与西方后形而上学哲学的流行有关。尔后是有鉴于西化的过度,以及国人文化意识的苏醒,在传统国学热的洪流中从儒学角度研究文学,其成绩也不小,中国伦理主义诗学又有复兴的趋势。然而,作为史学大国,历史主义诗学在现代中国的文学理论研究中则总是处于比较边缘的地位,这或许与现代的文史哲学科分立有关。今人论文,或许不必在三者中平均用力,但在术业有专攻的同时,适当强调打通文史哲仍然是必要的。

目前,国内学术界对于历史诗学的研讨主要是集中于外国文学研究界和当代文学理论界,对于文学批评史的学科研究来说,以历史诗学的视角加以审视,对于许多传统的命题进行重新阐释,也是完全可能的。这是因为,中国古代实际上存在三种诗学传统,即审美主义诗学、伦理主义诗学和历史主义诗学。文史哲各为灵魂,真善美各有侧重。我们知道,中国古代知识人的主流是人文知识分子,他们终生探究的是书本、文献意义上的知识及其书写,而不是具体的物质实践活动,在此意义上的"文"是广义的,"Literature"是也。古代文论研究的对象就是如此的"文",关心的是文字如何表达人世间的情、事、理,分别对应的就是现代意义上的文学、历史与哲学(包括宗教哲理)。由此古代文论有三个领域:文学文本文论、历史文本文论、哲学宗教文本文论。作为一个有着强烈历史意识的国度,史学的过度发达和实录精神虽使得"关于历史的诗学"隐而不显,但仔细分析,仍然能够发现其存在。不仅史学著作中对文学的历史发展有大量的论述,而且史家对历史修撰中文辞的重视、"春秋笔法"等的探讨也使得史学的诗性问题以一种曲折隐晦的方式存在。钱钟书以"诗具史笔"与"史蕴诗心"来概括和阐明文与史的密切关系,充分说明历史诗学在中国古代的存在。其中,史家文论不仅是中国文学批评中值得重视的一个领域,而且也是中国古代历史诗学的一个重要和典型的存在。同时,历史意识与史学精神也渗透到普通文人和文评家的文学理论研究与批评方法中。这些共同构成了中国文论中的历史诗学一维。可见,历史主义诗学作为古代文论研究中的历史之维,具有重要的研究价值。

实际上,五四以来,历史主义诗学研究一直有重要的存在,如陈寅恪和钱穆等的文史研究,使这个传统得以延续,但还没有很好地将其发扬光大。文史通论是中国固有的学术传统,史家关于文学、文章的观点虽然在当今审美主义诗学占据主流的学术语境中处于边缘化的状态,但作为一种文学精神仍然会流淌在学者的思想中。在中国传统文学观念中,史家文学观曾不时由潜流涌上江面,泛起几朵浪花,对于文学思想的健康发展起到了一定的作用,比如唐初史家的合南北文学之长的观点。史学修撰中的创作态度、文字书写的原则等许多深层次的问题也是诗学、文学同样面对的事情。作为一个史学大国,史学家的文论、历史主义诗学显然是需要深入研究的领域。作为文史哲三者合一的古代学术,对于审美主义和伦理主义意义上的文论研究近几年已经比较深入了,但史家关于文的观点则相对被忽视。

近些年来,历史主义诗学作为一股潜流也一直存在,并在一些问题上形成热点,比如知人论世的原则、诗本事的探究,以及以诗证史、诗史互证、史笔、春秋笔法、文质论等,学术界对此都有一些涉及。如复旦大学编《中国古代文学理论·方法论》对"知人论世"批评方法的探讨,张伯伟《中国古代文学批评方法研究》对"推源溯流"的研究,以及邓小军的诗史互证研究。各种中国批评史著作也对上述史家文论有或多或少的阐释,都说明历史主义诗学是值得大力研究的领域。学术界对史家文论的研究主要集中于初唐史家、刘知几《史通》以及章学诚《文史通义》等。对史家文论在中国文学发展中的具体作用,比如唐宋时期文的观念的演变与道的价值的重新高扬使得文史哲三家之形而上的思考成为可能,虽然有罗立刚的《史统、道统、文统》一书概括论述了唐宋时期文学观念的变迁,但诸如此类的问题显然还需要全面研究。由此可见,系统梳理史家文论的具体演变过程还有许多工作要做。

　　传统上历史与文学的关系主要集中在两个问题:一是"春秋笔法"从史学、经学到文学的演变;一是诗与史的问题,传统文论中就有围绕杜甫"诗史"的争论,而在后现代史学的视野下,这个问题又有了现代意义。关于"春秋笔法"的研究,李洲良的系列文章有一定理论深度;张金梅的博士论文《"春秋笔法"与中国文论》是比较集中和专题的研究,但没有引入历史诗学的概念。诗史问题除了史与诗的关系外,其实也有一个笔法问题,也离不开儒家思想,可以说"诗史"是"春秋笔法"在诗歌领域的一个发展。发掘二者的联系以及其意义是一个新思考。现在,史传文学也成为研究的一个热点,对于史传文学与小说的关系,学界研究较多,但对于史书与古文的关系,还值得再深入研究。

　　尤其需要说明的是,从历史主义诗学的角度切入中国古代文论的研究才刚刚开始,这将为我们转换视角,深入研究中国古代文论提供广阔的研究空间。当前,学术界对近现代文学观念的变迁给予了许多的关注,对于文学观念从经学话语到美学话语的转变研究较多,那么,是否也有一个从史学话语到文学话语的演变呢?

第二节　中国古代历史主义诗学的
研究内容、方法及展望

　　对于历史主义诗学研究来说,主要涉及两个方面的内容。第一、集中于史学家文论的梳理、总结与升华。主要涉及两个层次:(1)历代史家文论叙述。结合当时文学思潮阐明其时史家文论产生的背景、目的、指向以及意义。史家文论有几个时期值得特别关注:一是在文史未分的先秦,二是文史将要分别的汉末魏晋,三是唐初,四是清代。史家文论又分两者:修史者与论史者。修史者所作的《文苑传序》或《文学传论》之类,可以看出史家对文学的见解。史论家好似文学批评家,所以很容易看出他的论文见解。当然,他们多论的是史籍文词,因此又只能看作是史学家的文学观。(2)史家文论与其时代文学批评的关系及影响。如初唐史家合南北文学之长以创立唐代新文学,新文风的主张对初唐四杰、陈子昂等文学家复古以创新的文学观点的影响以及对文质半取的盛唐文学的繁荣所起的作用。第二、集中于一般文人与立足文学观念的文学理论批评中历史意识与史学精神的具体体现。可以先做现象的描述,如唐宋以来诗话、本事诗的兴盛,像《唐诗纪事》《宋诗纪事》《唐才子传》等书籍的出现显然也渗透着史学精神。更需要从文学批评方法的角度来审视历史主义诗学在中国文学研究中的表现,如传统学术中年谱、编年、系年等方式,以及其现代意义。

因此,以孔子《春秋》笔法、孟子知人论世、司马迁“究天人之际,通古今之变,成一家之言”、班固史学精神等论题为核心,以刘知几、郑樵、章学诚、章太炎、钱穆、陈寅恪等史学大家为节点展开,提炼出几个核心问题研究,并强调问题意识,而不做泛泛陈述,这些都是需要加以关注的重点,也是理论的创新点。

就一般文学研究中的历史诗学精神来说,更有许多值得深入探讨的问题,比如:(1)《诗经》研究中的历史主义诗学原则;(2)“春秋笔法”与历史文化批评;(3)“六经皆史”与历史主义诗学;(4)历史主义书写原则与文学叙事:《史记》与《汉书》的争论;(5)王充《论衡》论文的史学精神;(6)作为诗圣与诗史的杜甫及其诗歌:杜诗研究中的三种诗学原则;(7)司马迁发愤著书说与欧阳修诗穷而后工:从史家著述到文学创作;(8)历史主义精神与咏史诗的兴盛;(9)陈寅恪的历史诗学研究:诗史互证的合法性与适度原则;(10)历史诗学的叙事原则:“诗史”说的历代争论;(11)事与情:历史诗学与审美诗学;(12)文道论与道器论:伦理诗学与历史诗学;(13)钱钟书“诗具史笔与史蕴诗心”说;(14)“知人论世”文学研究方法与史学原则;(15)后现代史学理论关于历史的文学特性问题。凡此种种,皆须深思明辨。

我们认为,对此论题的研究,基本思路与步骤是:从史家文论资料选编入手,总结史家文论的发展脉络,系统考察中国史学的独立历程以及其间对文学的影响。从历代正史中的《文苑传》《儒林传》《道学传》,以及《艺文志》等查找资料。史书之《文苑传》或《文学传》,其序、论体现史家的文学观点。如李百药《北齐书》有《文苑传序》,《晋书》有《文苑传序》《文苑传论》,魏征等《隋书》有《文苑传序》,姚思廉《梁书》《陈书》均有《文苑传序》,令狐德棻《周书》虽然没有《文苑传》,但《王褒、庾信传论》中颇多论文之语。从夏商周(西周)巫史时代到春秋战国哲学的突破,从两汉经学到魏晋南北朝文学,从隋唐(唐前期)史学到宋代道学,伴随着中唐北宋儒学复兴的是古文运动的展开,文学、史学、经学终于三足鼎立。古代一切学术皆史学,后来分立,到章学诚提出六经皆史,又总归到史学上。古之文即史,六经亦史,皆实录也。后来思想的发达而有诸子之哲学,情感的丰富而有汉赋等文学,皆自立于史学之外,遂有经史子集之别,类似后世文史哲之分。《史通》是本于史学的观点来论史籍的文辞,体现的是史学家的文学观。章学诚《文史通义》通论文史,主要还是本于史学的立场论史籍的文辞,但对于文学家所谓古文,也有所评论,并且以史家叙事古文为古文正宗。此处,以刘知几、章学诚为切入点和纽带,将章学诚的文论作为史家文论的一个总结。

　　另一思路,则是通过史家文论与伦理诗学,史家文论与审美文论的比较,来凸现历史主义诗学的特点与精神实质。清代为中国古代学术综合期,论文者亦兼及义理、考据,此在桐城文论最为明显;论史学者亦求明道,并论文章理论,此以章学诚为典型。在章学诚生活的时代,桐城派文论的影响逐渐显露,特别是桐城派的主要人物姚鼐以“义理、考据、辞章”三结合的古文理论作为号召,其欲合文史哲为一炉的思想正是清代学术综合期的一个表现,这自然引起了欲合文史哲于一炉,以史学为本位,通论文史的史学家章学诚的注意,并对桐城派文论进行了批评。本书对此问题做了一些论述,但还远远不够。

　　再一个思路是从历代文学批评著作和文集中梳理材料,尤其是《诗话》《文话》《本事诗》等杂史杂传笔记类著作中去总结问题,通过具体案例阐释历史主义诗学的具体研究方法与精神实质。在此基础上加以升华,初步建构历史主义诗学的基本理论体系。这是需要着力开拓、大胆探索的创新之处。

　　需要指出的是,本文所说的历史主义诗学更倾向于中国传统史学意义上的史家文论以及史学精神对文学理论的影响,而不同于现代文学理论界以“历史诗学”的名义所进行的文学理论建构,我们的研究也不奢望达到建构中国传统的历史诗学体系的目标,也不会步新历史主义的后尘,将历史理论变为文学话语。这是由中国诗学与史学的固有本质和理论倾向决定的,我们的研究目的只在于丰富和填补以审美主义为主导的古代文论研究中的不足。同时我们的研究也会与中国传统伦理主义诗学会通,因为中国古代经史合一的学术传统也要求我们尊重历史的存在,而不去刻意凸现历史主义诗学,以免喧宾夺主。因为,中国传统史家的文本理论是反文学性的①,但在实践中又不能不讲

---

① 见李洪岩《中国古代史学文本的理论与实践》,《文史哲》2006 年第 5 期。

究史学文本的文学性,即可读性与表现力(著名史学家白寿彝则肯定"历史文学"这个概念,其所指的主要含义就是历史著作);而文学家的文本阐释中关于"历史性"的观点则是复杂的,这集中体现在对"诗史"说的评价上,而由于中国诗歌的抒情传统,对于诗的史学意义多是从"心史"的角度来探讨,这使得我们在研究文与史的关系时要慎之又慎。

可见,我们对古代文论的历史主义诗学的观照不是像新历史主义那样消除历史意识,混淆史学与文学的本质区别,取消"诗学"与"历史"的边界,把历史"诗学化""话语化",也不是丧失诗意,将文学历史化。恰恰相反,我们的研究正是通过文史关系的探讨,来更好地认识历史与文学的本质。因此,如何将源于欧美和俄苏学术界的历史诗学理论与中国传统的史学理论和文学理论、文学批评有机结合起来,是我们需要谨慎处理的问题,本书对此作了一些尝试。

总之,仔细列出若干具体的需要深入思考和研究的问题,理清研究的思路与方法,阐明会通文史的学术意义,适当参考西方史学尤其后现代史学的理论,以及文学派史学的观点,无疑是必要的。但更重要的是对近代以来学人的史学与文学研究方法的深入思考,尤其是对章太炎、梁启超、陈寅恪、钱穆、钱钟书等学术大家的历史诗学研究方法进行具体剖析,挖掘他们会通古今中外的学术方法论意义,并加以借鉴并应用到本论题的研究中。

本书以章学诚的文论为例,涉及前面提到的历史主义诗学研究的前两个方面,但还远远不够。更多的问题则有待于学人的继续努力。可见,本论题是大有可为的……

主要参考文献

一、著作（按作者姓名音序排列）

白寿彝主编：《中国史学史》，上海：上海人民出版社 2007 年版。

（汉）班固撰，（唐）颜师古注：《汉书》，北京：中华书局 1962 年版。

蔡钟翔、黄保真、成复旺：《中国文学理论史》，北京：北京出版社 1987 年版。

仓修良：《章学诚和〈文史通义〉》，北京：中华书局 1984 年版。

仓修良：《史家·史籍·史学》，济南：山东教育出版社 2004 年版。

仓修良、叶建华：《章学诚评传》，南京：南京大学出版社 1996 年版。

陈兰村主编：《中国传记文学发展史》，北京：语文出版社 1999 年版。

陈鼓应注译：《庄子今注今译》，北京：中华书局 1983 年版。

陈平原：《从文人之文到学者之文》，北京：生活·读书·新知三联书店 2004 年版。

陈启能、倪为国主编：《书写历史》（第一辑），上海：上海三联书店 2003 年版。

陈仕华主编：《章学诚研究论丛》，台北：学生书局 2005 年版。

陈祖武主编：《明清浙东学术文化研究》，北京：中国社会科学出版社 2004 年版。

陈祖武、朱彤窗：《乾嘉学派研究》，石家庄：河北人民出版社 2007 年版。

陈祖武、朱彤窗：《乾嘉学术编年》，石家庄：河北人民出版社 2005 年版。

（宋）程颢、程颐撰：《二程集》，北京：中华书局 1981 年版。

程千帆：《文论十笺》，武汉：武汉大学出版社 2008 年版。

（清）戴震撰，杨应芹、诸伟奇主编：《戴震全书》，合肥：黄山书社 2010 年版。

（清）戴震：《戴震集》，上海：上海古籍出版社 2009 年版。

（清）戴震：《孟子字义疏证》，北京：中华书局 1961 年版。

［日］岛田虔次著，邓红译：《中国思想史研究》，上海：上海古籍出版社

2009 年版。

邓国光：《文章体统——中国文体学的正变与流别》，上海：上海古籍出版社 2013 年版。

（清）丁福保辑：《历代诗话续编》，北京：中华书局 1983 年版。

董平：《浙江思想学术史》，北京：中国社会科学出版社 2005 年版。

董乃斌主编：《中国文学叙事传统研究》，北京：中华书局 2012 年版。

（清）段玉裁：《经韵楼集》，上海：上海古籍出版社 2008 年版。

（清）方苞撰，刘季高校点：《方苞集》，上海：上海古籍出版社 1983 年版。

冯友兰：《中国哲学史新编》，北京：人民出版社 2001 年版。

傅道彬：《诗可以观——礼乐文化与周代诗学精神》，北京：中华书局 2010 年版。

［德］伽达默尔著，洪汉鼎译：《真理与方法》，上海：上海译文出版社 2004 年版。

（晋）葛洪撰，周天游校注：《西京杂记校注》，北京：中华书局 2020 年版。

龚鹏程：《六经皆文——经学史/文学史》，台北：学生书局 2008 年版。

龚鹏程编著：《文史通义导读》，宜兰：佛光人文社会学院 2004 年版。

郭绍虞：《中国文学批评史》，天津：百花文艺出版社 1999 年版。

郭绍虞：《宋诗话考》，北京：中华书局 1979 年版。

郭绍虞：《照隅室文学论集》，上海：上海古籍出版社 1983 年版。

郭绍虞主编：《中国历代文论选》（四卷本），上海：上海古籍出版社 1979 年版。

郭绍虞编选，富寿荪校点：《清诗话续编》，上海：上海古籍出版社 1983 年版。

郭绍虞编：《宋诗话辑佚》，北京：中华书局 1980 年版。

郭预衡：《中国散文史》，上海：上海古籍出版社 1999 年版。

［德］H.R.姚斯，［美］R.C.霍拉勃著：《接受美学与接受理论》，沈阳：辽宁人民出版社 1987 年版。

［美］海登·怀特著，陈新译，彭刚校：《元史学：十九世纪欧洲的历史想像》，南京：译林出版社 2004 年版。

［美］海登·怀特著，陈永国、张万娟译：《后现代历史叙事学》，北京：中国社会科学出版社 2003 年版。

（唐）韩愈撰，马其昶校注、马茂元整理：《韩昌黎文集校注》，上海：上海古籍出版社 1986 年版。

何炳松：《何炳松文集》，北京：商务印书馆 1997 年版。

（清）何文焕辑：《历代诗话》，北京：中华书局 1981 年版。

何兆武主编：《历史理论与史学理论》，北京：商务印书馆 1999 年版。

（清）洪亮吉撰，刘德权点校：《洪亮吉集》，北京：中华书局 2001 年版。

侯外庐著，中国社会科学院历史研究所中国思想史研究室编：《侯外庐史学
　　论文选集》（下），北京：人民出版社 1988 年版。

侯外庐：《中国思想通史·第五卷》，北京：人民出版社 1963 年版。

胡适著，季羡林主编：《胡适全集》，合肥：安徽教育出版社 2003 年版。

胡适著，姚名达补订：《章实斋先生年谱》，《胡适文集》第七卷，欧阳哲生编，
　　北京：北京大学出版社 1998 年版。

胡晓明：《中国诗学之精神》，南昌：江西人民出版社 1990 年版。

胡晓明：《诗与文化心灵》，北京：中华书局 2006 年版。

（明）黄宗羲撰，沈善洪、吴光编：《黄宗羲全集》，杭州：浙江古籍出版社
　　2012 年版。

贾奋然：《六朝文体批评研究》，北京：北京大学出版社 2005 年版。

贾文昭编著：《桐城派文论选》，北京：中华书局 2008 年版。

蒋祖怡、陈志椿主编：《中国诗话辞典》，北京：北京出版社 1996 年版。

（清）江藩纂，漆永祥笺释：《汉学师承记笺释》，上海：上海古籍出版社
　　2006 年版。

金毓黻：《中国史学史》，石家庄：河北教育出版社 2003 年版。

赖哲信：《章实斋经世思想研究》，台北：花木兰出版社 2010 年版。

（宋）黎靖德编：《朱子语类》，北京：中华书局 1994 年版。

李春青：《诗与意识形态——西周至两汉诗歌功能的演变与中国诗学观念
　　的生成》，北京：北京大学出版社 2005 年版。

李春青：《在文本与历史之间——中国古代诗学意义生成模式探微》，北京：
　　北京大学出版社 2005 年版。

（清）李慈铭撰，由云龙辑：《越缦堂读书记》，北京：中华书局 2006 年版。

李学勤主编：《十三经注疏》，北京：北京大学出版社 1999 年版。

李泽厚：《美的历程》，北京：文物出版社 1981 年版。

李泽厚：《中国古代思想史论》，北京：人民出版社 1986 年版。

李洲良：《春秋笔法论》，北京：中国社会科学出版社 2014 年版。

梁启超：《中国历史研究法》，北京：东方出版社 1996 年版。

梁启超：《中国近三百年学术史》，北京：东方出版社 1996 年版。

梁启超著，朱维铮导读：《清代学术概论》，上海：上海古籍出版社 1998
　　年版。

梁启超：《饮冰室合集》，北京：中华书局 1989 年版。

（清）凌廷堪：《校礼堂文集》，北京：中华书局 1998 年版。

刘德重、张寅彭：《诗话概说》，北京：中华书局 1990 年版。

刘若愚：《中国文学理论》，台北：联经出版事业股份有限公司 1981 年版。

刘师培：《中国中古文学史讲义》，上海：上海古籍出版社 2000 年版。

刘咸炘：《推十书》，上海：上海科学技术文献出版社 2009 年版。

（梁）刘勰撰，范文澜注：《文心雕龙注》，北京：人民文学出版社 1958 年版。

刘奕：《乾嘉经学家文学思想研究》，上海：上海古籍出版社 2012 年版。

（唐）刘知几撰，（清）浦起龙通释，吕思勉评，李永圻、张耕华导读整理：
　　《史通》，上海：上海古籍出版社 2008 年版。

柳诒徵：《国史要义》，上海：华东师范大学出版社 2000 年版。

（清）卢文弨：《抱经堂文集》，北京：中华书局 1990 年版。

罗根泽：《中国文学批评史》，上海：上海古籍出版社 1984 年版。

罗立刚：《史统·道统·文统——论唐宋时期文学观念的转变》，上海：东
　　方出版中心 2005 年版。

罗宗强：《魏晋南北朝文学思想史》，北京：中华书局 1996 年版。

（宋）陆九渊：《陆九渊集》，北京：中华书局 1980 年版。

马建智：《中国古代文体分类研究》，北京：中国社会科学出版社 2008 年版。

［日］内藤湖南著，马彪译：《中国史学史》，上海：上海古籍出版社 2008
　　年版。

［美］倪德卫著，［美］万白安编，周炽成译：《儒家之道——中国哲学之探
　　讨》，南京：江苏人民出版社 2006 年版。

［美］倪德卫著，杨立华译：《章学诚的生平及其思想》，南京：江苏人民出
　　版社 2007 年版。

（清）钱大昕：《十驾斋养新录》，上海：上海书店 1983 年版。

（清）钱大昕：《潜研堂文集》，上海：上海古籍出版社 1989 年版。

钱基博：《现代中国文学史》，北京：中国人民大学出版社 2009 年版。

钱竞、王飚：《中国 20 世纪文艺学学术史（第一部）》，上海：上海文艺出版
　　社 2001 年版。

钱穆：《中国近三百年学术史》，北京：商务印书馆 1997 年版。

钱穆：《中国史学名著》，北京：生活·读书·新知三联书店 2005 年版。

钱穆：《国学概论》，北京：商务印书馆 1997 年版。

钱穆：《两汉经学今古文平议》，北京：商务印书馆 2001 年版。

钱穆：《钱宾四先生全集》，台北：联经出版事业股份有限公司 1998 年版。

钱钟书:《管锥编》,北京:中华书局 1986 年版。

钱钟书:《谈艺录》,北京:中华书局 1984 年版。

瞿林东:《中国史学史纲》,北京:北京出版社 1999 年版。

(清)阮元:《研经室集》,北京:中华书局 1993 年版。

[日]山口久和著,王标译:《章学诚的知识论》,上海:上海古籍出版社 2006 年版。

(清)邵廷采:《思复堂文集》,杭州:浙江古籍出版社 1987 年版。

[德]叔本华著,石冲白译:《作为意志和表象的世界》,北京:商务印书馆 1982 年版。

(汉)司马迁:《史记》,北京:中华书局 1959 年版。

(唐)司空图撰,郭绍虞集解:《诗品集解》,北京:人民文学出版社 1963 年版。

(清)孙星衍:《问字堂集·岱南阁集》,北京:中华书局 1996 年版。

(清)王夫之:《周易外传》,北京:中华书局 1977 年版。

(清)王夫之等:《清诗话》,上海:上海古籍出版社 1999 年版。

王进:《新历史主义文化诗学——格林布拉特批评理论研究》,广州:暨南大学出版社 2012 年版。

王茂等著:《清代哲学》,安徽人民出版社 1992 年版。

(清)王鸣盛:《十七史商榷》,北京:中国书店 1987 年版。

王水照主编:《历代文话》(全十册),上海:复旦大学出版社 2007 年版。

(明)王守仁撰,吴光等编校:《王阳明全集》,上海:上海古籍出版社 1992 年版。

王义良:《章实斋以史统文的文论研究》,高雄:复文图书出版社 1995 年版。

王运熙、黄霖主编,刘明今著:《方法论》,上海:复旦大学出版社 2000 年版。

王运熙、顾易生主编:《中国文学批评通史》,上海:上海古籍出版社 1996 年版。

王岳川:《后殖民主义与新历史主义文论》,济南:山东教育出版社 1999 年版。

王镇远、邬国平:《清代文学批评史》,上海:上海古籍出版社 1995 年版。

汪荣祖:《史学九章》,北京:生活·读书·新知三联书店 2006 年版。

吴光:《黄宗羲与清代浙东学派》,北京:中国人民大学出版社 2009 年版。

(明)吴讷撰,于北山校点:《文章辨体序说》,北京:人民文学出版社 1998 年版。

(梁)萧统编,(唐)李善注:《昭明文选》,北京:中华书局 1977 年版。

许凌云：《刘知几评传》，南京：南京大学出版社 1994 年版。

（宋）严羽撰，郭绍虞校释：《沧浪诗话校释》，北京：人民文学出版社 1961
　　年版。

杨伯峻译注：《论语译注》，北京：中华书局 1980 年版。

（清）姚鼐撰，周中明选注：《姚鼐文选》，苏州：苏州大学出版社 2001 年版。

［美］余英时：《论戴震与章学诚——清代中期学术思想史研究》，北京：生
　　活·读书·新知三联书店 2000 年版。

［美］余英时：《中国思想传统的现代诠释》，南京：江苏人民出版社 1988
　　年版。

（清）袁枚撰，王英志编：《袁枚全集》，南京：江苏古籍出版社 1993 年版。

（清）永瑢等：《四库全书总目》，北京：中华书局 1965 年版。

翟恒兴：《走向历史诗学——海登·怀特的故事解释与话语转义理论研
　　究》，杭州：浙江大学出版社 2014 年。

曾枣庄：《中国古代文体学》，上海：上海人民出版社 2012 年版。

张伯伟：《中国古代文学批评方法研究》，北京：中华书局 2002 年版。

张大可：《史记研究》，兰州：甘肃人民出版社 1985 年版。

张岱年：《中国哲学大纲》，北京：中国社会科学出版社 1982 年版。

张尔田：《史微》，上海：上海书店 2010 年版。

张高评：《春秋书法与左传史笔》，台北：里仁书局 2011 年版。

张进：《新历史主义与历史诗学》，北京：中国社会科学出版社 2004 年版。

张进：《历史诗学通论》，广州：暨南大学出版社 2013 年版。

张京媛编：《新历史主义与文学批评》，北京：北京大学出版社 1993 年版。

张立文：《心学之路——陆九渊思想研究》，北京：人民出版社 2008 年版。

张丽珠：《清代新义理学——传统与现代的交会》，台北：里仁书局 2003
　　年版。

张丽珠：《清代义理学新貌》，台北：里仁书局 2002 年版。

张少康、刘三富：《中国文学理论批评发展史》，北京：北京大学出版社 1995
　　年版。

张寿安：《以礼代理——凌廷堪与清中叶儒学思想之转变》，石家庄：河北
　　教育出版社 2001 年版。

张舜徽：《史学三书平议》，北京：中华书局 1983 年版。

张毅：《宋代文学思想史》，北京：中华书局 1995 年版。

（清）张之洞撰，范希增补正：《书目答问补正》，北京：燕山出版社 1999
　　年版。

章太炎：《章太炎全集》，上海：上海人民出版社 1985 年版。

（清）章学诚：《章学诚遗书》，北京：文物出版社 1985 年版。

（清）章学诚撰，仓修良编：《文史通义新编新注》，杭州：浙江古籍出版社 2005 年版。

（清）章学诚撰，王重民通解：《校雠通义通解》，上海：上海古籍出版社 2009 年版。

（清）章学诚撰，叶瑛校注：《文史通义校注》，北京：中华书局 1994 年版。

（清）赵翼：《廿二史札记》，北京：中国书店 1987 年版。

中国历史文献研究会编：《章学诚国际学术研讨会论文集》，北京：北京图书馆出版社 2004 年版。

中国社会科学院历史研究所、宁波市海曙区人民政府编：《全祖望与浙东学术文化国际研讨会论文集》，北京：中国社会科学出版社 2010 年版。

中国社会科学院外国文学研究所《世界文论》编辑委员会编：《文艺学和新历史主义》，北京：社会科学文献出版社 1993 年版。

周建漳：《历史哲学》，北京：北京大学出版社 2015 年版。

周康燮主编：《中国近三百年学术思想论集第六编——章学诚研究专辑》，香港：崇文书店 1975 年版。

周予同著，朱维铮编：《周予同经学史论著选》，上海：上海人民出版社 1996 年版。

朱敬武：《章学诚的历史文化哲学》，台北：文津出版社 1996 年版。

（宋）朱熹：《四书章句集注》，北京：中华书局 1983 年版。

（宋）朱熹撰，郭齐、尹波点校：《朱熹集》，成都：四川教育出版社 1996 年版。

二、硕博士学位论文（按完成时间排列）

罗立军：《章学诚道学史观研究》，华南师范大学硕士学位论文，2002 年。

阎霞：《试论中国古代文学批评文体的特征及其成因》，华中师范大学硕士学位论文，2003 年。

张龙秋：《"六经皆史"说考论》，北京语言大学硕士学位论文，2003 年。

陈志扬：《传统传记理论的终结：章学诚传记理论纲要》，中国社会科学院硕士学位论文，2004 年。

邓伟龙：《章学诚文论思想研究》，湖南师范大学硕士学位论文，2004 年。

李安：《从"真"到"通"：中国古代史学理论的体系化及其终结——以刘知几、章学诚为中心的考察》，湖南师范大学硕士学位论文，2004 年。

王庆：《中国古代历史文学理论：论刘知几与章学诚》，四川师范大学硕士学位论文，2004 年。

朱梅光：《章学诚文献学成就初探》，安徽大学硕士学位论文，2005 年。

杜冉冉：《章学诚的文学思想》，山东大学硕士学位论文，2006 年。

张欧旭：《刘知几与章学诚之比较——透过双向诠释阐明其理想著述论》，台湾中正大学历史研究所硕士学位论文，2006 年。

曹丽娜：《章学诚的明道经世史学》，东北师范大学硕士学位论文，2007 年。

付中英：《章学诚史学评论与〈易〉教》，东北师范大学硕士学位论文，2007 年。

洪金华：《章学诚真实思想研究》，广西师范大学硕士学位论文，2007 年。

刘冬蕊：《章学诚与中国史学的近代转型——章学诚学术接受史初探》，曲阜师范大学硕士学位论文，2007 年。

顾晓伟：《章学诚的知识论初探——从比较历史哲学的视域》，福建师范大学硕士学位论文，2009 年。

刘雄伟：《试论"六经皆史"说中的学术致用思想》，吉林大学硕士学位论文，2009 年。

彭志琴：《章学诚文体批评研究》，江西师范大学硕士学位论文，2009 年。

王依婷：《章学诚方志学研究》，台湾大学文学院硕士学位论文，2009 年。

郭海伟：《章学诚历史哲学研究》，杭州师范大学硕士学位论文，2010 年。

杨才荣：《章学诚"六经皆史"意蕴探究述评》，东北师范大学硕士学位论文，2010 年。

刘晓莹：《浅论章学诚的语文教育思想》，华东师范大学硕士学位论文，2011 年。

沈娟：《述评章实斋"〈春秋〉经世"观》，复旦大学硕士学位论文，2011 年。

尹丽峰：《"六经皆史"的近代诠释及其意义》，曲阜师范大学硕士学位论文，2011 年。

杨晶：《略论历史美学——以章学诚之文史撰述为例》，华东师范大学硕士学位论文，2012 年。

刘萨：《章学诚学之有限性研究》，华东师范大学硕士学位论文，2013 年。

尚雯：《清代"才识"论研究——以叶燮、袁枚、章学诚为中心》，吉首大学硕士学位论文，2013 年。

薛璞喆：《中国古代学术观念新探——以〈文心雕龙〉〈史通〉〈文史通义〉为研究对象》，上海师范大学硕士学位论文，2013 年。

潘志勇：《章学诚写作思想研究》，湖南师范大学硕士学位论文，2014 年。

王少强:《"成象"与"成器"——章学诚的"成人之道"》,华东师范大学硕士学位论文,2014 年。

王亚军:《章学诚著述若干问题研究》,兰州大学硕士学位论文,2014 年。

周杭:《史心文笔——章学诚文史关系论》,湖南科技大学硕士学位论文,2014 年。

梁继红:《章学诚学术研究》,北京大学博士学位论文,2003 年。

高明扬:《科举八股文专题研究》,浙江大学博士学位论文,2005 年。

张金梅:《"春秋笔法"与中国文论》,四川大学博士学位论文,2007 年。

刘延苗:《章学诚史学哲学研究》,西北大学博士学位论文,2008 年。

周建刚:《章学诚的历史哲学与文本诠释思想》,苏州大学博士学位论文,2008 年。

周余姣:《郑樵与章学诚的校雠学研究》,北京大学博士学位论文,2013 年。

张富林:《章学诚文学研究》,扬州大学博士学位论文,2014 年。

三、期刊论文(按发表时间排列)

甘蛰仙:《文艺谈——章实斋的文学概论》,《晨报副刊》1922 年 12 月 6—13 日。

马彦祥:《章实斋之文学观》,《复旦旬刊》1927 年第 5—6 期。

李振东:《章实斋的文论》,《现代评论》1927 年第 6 卷第 134 期。

曹谦:《章实斋之文学论》,《浙江省立第七中学校友会半月刊》1929 年第 1—2 期。

张煦侯:《章实斋之作文教学法》,《江苏教育》1937 年第 6 卷第 4 期。

郭绍虞:《袁简斋与章实斋之思想与其文论》,《学林》1941 年第 8 期。

书麟:《章实斋之文章论》,《学术界》1943 年第 1 卷第 2 期,第 3 期。

程会昌:《文史通义古文十弊篇注》,《国文月刊》1944 年第 28/29/30 期。

李长之:《章学诚的文学批评》,《国立中央大学文史哲季刊》1945 年第 2 卷第 2 期。

黄能升:《章学诚历史观的文学论》,《海天新潮》1948 年第 3 期。

苏渊雷:《刘知几、郑樵、章学诚的史学成就及其异同(上)》,《上海师范大学学报(哲学社会科学版)》1979 年第 6 期。

仓修良:《也谈章学诚"六经皆史"》,《史学月刊》1981 年第 2 期。

饶展雄、高国抗:《章学诚"史德"论辨析》,《暨南学报(哲学社会科学版)》1983 年第 2 期。

施丁:《章学诚的历史文学理论》,《学术月刊》1984 年第 5 期。

张会恩:《从〈古文十弊〉看章学诚的文章观》,《湖南师院学报(哲学社会科学版)》1984 年第 4 期。

李叔毅:《读章学诚和〈文史通义〉》,《信阳师范学院学报(哲学社会科学版)》1986 年第 2 期。

周振甫:《谈章学诚〈文史通义〉中的文论》,《新闻战线》1987 年第 1 期。

白寿彝:《〈文史通义校注〉书后》,《史学史研究》1988 年第 2 期。

何兆龙:《章学诚方志学的纪传人物论》,《浙江学刊》1988 年第 2 期。

陈其泰:《〈文史通义〉:传统史学后期的理论探索》,《史学史研究》1988 年第 3 期。

孟留喜:《究大道以为世用——论章学诚的文章观兼议文章的根本特质》,《北京师范学院学报(社会科学版)》1989 年第 1 期。

乔治忠:《章学诚的史学总体观念》,《历史教学》1989 年第 7 期。

郭奇:《章学诚文章理论论略》,《北京师范学院学报(社会科学版)》1989 年第 6 期。

许凌云、王朝彬:《〈文史通义〉的著述宗旨》,《史学史研究》1990 年第 4 期。

陶清:《试论章学诚史学理论的哲学基础》,《阜阳师范学院学报(社会科学版)》1991 年第 4 期。

汪杰:《论刘知几、章学诚关于历史文学的理论》,《西南师范大学学报(人文社会科学版)》1992 年第 1 期。

许凌云、王朝彬:《论章学诚的学术渊源》,《孔子研究》1992 年第 7 期。

江晓军:《章学诚的文原观:〈文史通义〉中的文章学思想研究之一》,《益阳师专学报》1993 年第 3 期。

江晓军:《章学诚的文律观:章学诚〈文史通义〉中的文章学思想研究之三》,《河南师范大学学报(哲学社会科学版)》1993 年第 6 期。

江晓军:《章学诚的文德观:章学诚〈文史通义〉中的文章学思想研究之四》,《贵州教育学院学报(哲学社会科学版)》1993 年第 4 期。

江晓军:《章学诚的文质观:〈文史通义〉中的文章学思想研究之二》,《蒲峪学刊》1994 年第 1 期。

蒋述卓:《走文化诗学之路——关于第三种批评的构想》,《当代人》1995 年第 4 期。

钱中文:《会当凌绝顶——回眸二十世纪文学理论》,《文学评论》1996 年第 1 期。

李洪岩:《史学的诗性与客观性》,《学术研究》1996 年第 1 期。

李少雍:《中国古代的文史关系——史传文学概论》,《文学遗产》1996 年第

2 期。

吴怀祺:《章学诚的易学与史学》,《史学史研究》1997 年第 1 期。

王岳川:《新历史主义的文化诗学》,《北京大学学报(哲学社会科学版)》
　　1997 年第 3 期。

高寿仙:《章学诚"六经皆史"说诠释》,《北方论丛》1997 年第 5 期。

李湛渠:《中国诗话史研究漫议》,《淮阴师范学院学刊》1998 年第 1 期。

杨春燕:《清代文体分类论》,《长沙大学学报》1998 年第 3 期。

向天渊:《"文史互通"与"诗史互证"》,《中国比较文学》1999 年第 1 期。

王健:《章学诚关于史书体裁的几点创见》,《辽宁大学学报(哲学社会科学
　　版)》1999 年第 2 期。

郑吉雄:《章学诚"诗教"说析论:一个教学的省思》,《第四届诗经国际研讨
　　会论文集》1999 年 8 月。

童庆炳:《中西比较文论视野中的文化诗学》,《文艺研究》1999 年第 4 期。

童庆炳:《文化诗学是可能的》,《江海学刊》1999 年第 5 期。

钱中文:《全球化语境与文学理论的前景》,《文学评论》2001 年第 3 期。

童庆炳:《植根于现实土壤的"文化诗学"》,《文学评论》2001 年第 6 期。

申屠炉明:《论章学诚与钱大昕学术思想的异同》,《社会科学战线》2001 年
　　第 6 期。

蔡静平:《〈诗品〉的流传与诗话的创体和演进》,《中国文学研究》2002 年第
　　1 期。

常言:《论章学诚的文道观》,《青海师范大学学报(哲学社会科学版)》2002
　　年第 2 期。

张晓淮:《原经:章学诚"六经皆史"说的意义》,《安徽史学》2002 年第
　　2 期。

陈志扬:《从隐晦走向昌明:章学诚的价值定位嬗变》,《中国社会科学院研
　　究生院学报》2003 年第 1 期。

许丽莉:《〈文史通义〉释"下学上达"疏证——兼论章学诚与朱熹、王阳明
　　学术思想之关系》,《琼州大学学报》2003 年第 4 期。

罗立军:《章学诚"六经皆史论"探究》,《石河子大学学报》2003 年第 4 期。

童庆炳:《再谈文化诗学》,《暨南学报(人文科学与社会科学版)》2004 年第
　　2 期。

党圣元、陈志扬:《章学诚的传记写作理论与实践》,《中国文化研究》2004
　　年第 3 期。

陈文新:《论乾嘉年间的文章正宗之争》,《文艺研究》2004 年第 4 期。

钱志熙:《论中国古代的文体学传统——兼论古代文学文体研究的对象与方法》,《北京大学学报(哲学社会科学版)》2004 年第 5 期。

詹福瑞:《古代文论中的体类与体派》,《文艺研究》2004 年第 5 期。

张玉春、文波:《章学诚"六经皆史"说探赜》,《暨南学报》2004 年第 5 期。

陈志扬:《章学诚论传记的界定及其源流》,《社会科学战线》2004 年第 5 期。

赵勇:《"文化诗学"的两个轮子——论童庆炳的"文化诗学"构想》,《江西社会科学》2004 年第 6 期。

谢延秀:《文体流别论》,《陕西师范大学学报(哲学社会科学版)》2004 年第 33 卷专辑。

高洪岩、王玉:《简论元代古文与时文理论之关系》,《鞍山师范学院学报》2004 年第 6 期。

谢延秀:《论中国文体的演变》,《学术交流》2004 年第 9 期。

罗炳良:《论章学诚的"以史明道"观念》,《甘肃社会科学》2005 年第 1 期。

孙春青:《论章学诚以"文"济史的治学之道》,《太原师范学院学报(社会科学版)》2005 年第 1 期。

蒋振华:《论章学诚的"以立诚为本"的文章观》,《中国文学研究》2005 年第 1 期。

许结:《论赋的学术化倾向》,《四川师范大学学报(社会科学版)》2005 年第 1 期。

韩胜:《从目录分类看章学诚以史为本的文学观》,《太原师范学院学报(社会科学版)》2005 年第 2 期。

张荣华:《章太炎与章学诚》,《复旦学报(社会科学版)》2005 年第 3 期。

马建智:《〈文心雕龙〉文体分类探析》,《社会科学家》2005 年第 3 期。

童庆炳、黄春燕:《诗意人生,诗性守望——童庆炳先生访谈录》,《现代中文学刊》2005 年第 5 期。

路新生:《史学批评发展史上的"双璧"——〈史通〉和〈文史通义〉》,《历史教学问题》2005 年第 3 期。

陈晓华:《章学诚与〈四库全书〉》,《史学史研究》2006 年第 1 期。

张广生:《周公、孔子与"文明化成":章学诚的儒学之道》,《清史研究》2006 年第 1 期。

吴承学、陈赟:《对"文本于经"说的文体学考察》,《学术研究》2006 年第 1 期。

朱玲:《中国古代文体的萌芽和演进》,《福建师范大学学报(哲学社会科学版)》2006 年第 2 期。

祝伊湄：《章学诚对〈随园诗话〉的批评》，《华侨大学学报(哲学社会科学版)》2006 年第 4 期。

李洪岩：《中国古代史学文本的理论与实践》，《文史哲》2006 年第 5 期。

秦兰珺、李玉平：《章学诚与海登·怀特文史观之比较》，《郑州航空工业管理学院学报(社会科学版)》2006 年第 3 期。

鲍晓东：《章学诚之赋论：赋体的生成与诸子文的联系》，《理论月刊》2006 年第 9 期。

秦兰珺：《章学诚与海登·怀特历史叙事观之比较》，《史学月刊》2006 年第 10 期。

郭庆财：《论刘歆与章学诚》，《阴山学刊》2007 年第 2 期。

杨艳秋：《章学诚对戴震的学术评价》，《南开学报(哲学社会科学版)》2007 年第 3 期。

邱运华：《"历史诗学"的两套理路与文论研究中的历史意识问题》，《广东社会科学》2007 年第 3 期。

李小兰：《近 30 年中国古代文学批评文体研究述评》，《襄樊学院学报》2007 年第 3 期。

王志刚：《历史编纂的文史相生之境》，《北京理工大学学报(社会科学版)》2007 年第 4 期。

祝尚书：《论宋代时文的"以古文为法"》，《四川大学学报(哲学社会科学版)》2007 年第 4 期。

刘巍：《章学诚"六经皆史"说的本源与意蕴》，《历史研究》2007 年第 4 期。

邓伟龙：《章学诚论文法与评点》，《长沙大学学报》2007 年第 5 期。

蒋国保：《章学诚"六经皆史"说新论》，《华东师范大学学报(哲学社会科学版)》2007 年第 6 期。

邓伟龙：《章学诚论"清"》，《河池学院学报》2007 年第 3 期。

张笑川：《传承与衍变——〈史微〉与〈文史通义〉之比较研究》，《苏州科技学院学报(社会科学版)》2007 年第 6 期。

章益国：《章学诚"史德"说新解》，《学术月刊》2007 年 12 期。

杨遇青：《德性视野中的文学书写——章学诚〈文史通义〉中的德性与文学关系论释》，《宁夏社会科学》2008 年第 1 期。

孙津华：《从文献著录看"七体"的演变》，《河南教育学院学报(哲学社会科学版)》2008 年第 2 期。

刘巍：《经典的没落与章学诚"六经皆史"说的提升》，《近代史研究》2008 年第 2 期。

李建中：《古典批评文体的现代复活：以三位京派批评家为例》，《中山大学学报（社会科学版）》2008 年第 2 期。

李小兰：《论学术形态与批评文体》，《江西财经大学学报》2008 年第 3 期。

李小兰：《论批评功能与批评文体》，《宁夏社会科学》2008 年第 4 期。

李光摩：《八股文与古文谱系的嬗变》，《学术研究》2008 年第 4 期。

吴承学、何诗海：《明代诗话中的文体史料与文体批评》，《文艺理论研究》2008 年第 4 期。

王新环：《洪亮吉与章学诚的修志之争》，《中国地方志》2008 年第 9 期。

王标：《谭献与章学诚》，《杭州师范大学学报（社会科学版）》2009 年第 1 期。

邱岚：《格林布拉特与中国当代文化诗学》，《西南民族大学学报（人文社科版）》2009 年第 4 期。

翟恒兴：《海登·怀特历史诗学研究综述》，《湖南工业大学学报（社会科学版）》2009 年第 4 期。

张金梅：《春秋笔法与"史蕴诗心"：以刘知几、章学诚为例》，《湖北民族学院学报（哲学社会科学版）》，2010 年第 1 期。

唐元、张静：《文道关系与文辞义例——〈文史通义·诗教〉意旨辨》，《四川民族学院学报》2010 年第 2 期。

何诗海：《章学诚碑志文体刍议》，《文学遗产》2010 年第 2 期。

吴海兰：《〈周官〉〈春秋〉与章学诚的史学》，《史学理论研究》2010 年第 3 期。

路新生：《美学思想对于历史学的启迪》，《河北学刊》2010 年第 3 期。

王庆：《文史见道——章学诚"六经皆史"论》，《海南师范大学学报（社会科学版）》2010 年第 4 期。

夏德靠：《论章学诚的史传文体观》，《铜仁学院学报》2010 年第 4 期。

王达敏、徐庆年：《"精神蜕迹"与"文史通义"——钱钟书对"六经皆史"说的超越》，《文艺研究》2010 年第 4 期。

吴子林：《真精神与旧途径——童庆炳学术思想及其研究方法述论》，《文学评论》2010 年第 5 期。

傅道彬：《"六经皆文"与周代经典文本的诗学解读》，《文学遗产》2010 年第 5 期。

杨胜：《"诗具史笔"与"史蕴诗心"——钱钟书历史诗学思想试析》，《太原师范学院学报（社会科学版）》2010 年第 5 期。

吴根友:《乾嘉时代的"道论"思想及其哲学的形上学追求——以戴震、章学诚、钱大昕为例》,《浙江工商大学学报》2010 年第 5 期。

何诗海:《"文体备于战国"说平议》,《文学评论》2010 年第 6 期。

吴海:《章学诚的传记思想与方志理论的关系》《中国地方志》2010 年第 10 期。

贾庆军:《自由主义学者眼中的章学诚——倪德卫的章学诚研究解析》,《云梦学刊》2010 年第 6 期。

钱志熙:《论章学诚在文学史学上的贡献》,《文学遗产》2011 年第 1 期。

李春青:《中国文化诗学的源流与走向》,《河北学刊》2011 年第 1 期。

张春田、孔健:《关于章学诚的古文创作理念——兼论章学诚对袁枚的批评》,《南京师范大学文学院学报》2011 年第 1 期。

张春田、孔健:《章学诚早期的古文世界与知识范式》,《云梦学刊》2011 年第 3 期。

路新生:《钱钟书"诗心论"的历史美学价值》,《天津社会科学》2011 年第 3 期。

郑吉雄:《论戴震与章学诚的学术因缘——"理"与"道"的新诠》,《文史哲》2011 年第 3 期。

张万红:《"六经皆史"辨正》,《广西社会科学》2011 年第 5 期。

赵景飞:《试析〈文史通义〉中"道"的概念》,《理论月刊》2011 年第 9 期。

陈广宏:《"古文辞"沿革的文化形态考察——以明嘉靖前唐宋文传统的建构及解构为中心》,《文学遗产》2012 年第 4 期。

何诗海:《论清代文章义例之学》,《浙江大学学报(人文社会科学版)》2012 年第 4 期。

童庆炳、邹赞:《从"文化诗学"到"文化研究"——北京师范大学童庆炳教授访谈》,《社会科学家》2012 年第 9 期。

孟新东、黄福元:《经·史·学问:章学诚的文源之思》,《燕赵学术》2013 年第 1 期。

唐爱明:《章学诚的古文观念》,《西华师范大学学报》2013 年第 2 期。

林超:《意义的滑动——章学诚"六经皆史"的时代诠释与本意探真》,《中华文化论坛》2013 年第 7 期。

何诗海:《"六经皆史"与章学诚的文体观》,《中山大学学报(社会科学版)》2013 年第 3 期。

钟志翔:《章学诚〈文史通义〉的叙事观》,《天中学刊》2013 年第 4 期。

张富林:《章学诚文道观简论》,《阴山学刊》2013 年第 4 期。

何晓明、何永生：《古代圣学的终结与近代历史思想的发轫——章学诚"六经皆史"论新探》，《华中师范大学学报（人文社会科学版）》2013 年第 5 期。

丁纾寒：《论维柯历史诗学的生成与建构》，《浙江学刊》2013 年第 5 期。

袁宪泼：《章学诚的〈诗〉学解释学建构》，《文艺评论》2013 年第 6 期。

彭公璞：《汪容甫与章实斋交谊及学术异同考论》，《武汉大学学报（人文科学版）》2014 年第 2 期。

龚刚：《论钱钟书对"六经皆史""六经皆文"说的传承发展》，《中华文史论丛》2014 年第 3 期。

李春青：《论文化诗学的基本特征与操作路径》，《江苏行政学院学报》2014 年第 3 期。

张广生：《先王政典还是后圣微言：章学诚经典观的启示》，《中国人民大学学报》2015 年第 4 期。

靳希：《章学诚〈文史通义·经解〉研究》，《西部学刊》2015 年第 4 期。

章益国：《论章学诚的"史意"说》，《学术月刊》2015 年第 4 期。

李婧：《论程千帆〈文论十笺〉在 20 世纪前后期出版中的变化》，《长治学院学报》2016 年第 4 期。

张寿安：《打破道统，重建学统——清代学术思想史的一个新观察》，（台北）《近代史研究所集刊》第 52 期。

附录：

作者已经发表与本书有关的文章：

1.《〈文史通义·原道〉篇发微》，《安徽教育学院学报》2003 年第 1 期。

2.《学统建构与文论之争——章学诚与桐城派古文理论之比较》，《浙江社会科学》2010 年第 2 期。

3.《人品·学品·文品——章学诚对"文如其人"问题的新解读》，《名作欣赏》2012 年第 6 期中旬刊。

4.《著述者的心术：章学诚对传统文德论的新见解》，《湖州师范学院学报》2012 年第 4 期。

5.《章学诚〈易教〉篇与六艺一体论》（第二作者马斗成），《周易研究》2012 年第 5 期。

6.《章学诚的时文观》，《文学与文化》2013 年第 3 期。

7.《章学诚学术思想与陆九渊心学精神发微》（第二作者王嘉川），《河北学刊》2014 年第 1 期。

8.《章学诚的史笔论及其文论意义》,《湖州师范学院学报》2015 年第 9 期。

9.《历史主义诗学:古代文论研究中值得开拓的重要维度》,《湖州师范学院学报》2016 年第 11 期。

10.《史家文心亦精微》,《斯文》2017 年第 1 辑。

后　记

说说因缘际会。

之所以选择章学诚作为研究对象，还要从二十年前说起。21世纪初，笔者跟随张毅先生在南开大学读博士，张师的课程中有《文史通义》一门，训练学术研究方法。因为是第一届博士生，张先生对我们要求很高，并满怀企盼。先生要求每个学生都要写出一篇关于章学诚的文章，还要争取发表，笔者也写了一篇关于章学诚"道"论的论文，这算是与章学诚的结缘之始。后来到了浙江，出于地缘因素，更是由于对章学诚学术质性的喜爱与共鸣，2009年就报了一个省社科的课题。断断续续四五年，不时写点有关的文章，渐渐有了一些积累，后来申报国家社科基金后期资助，有幸中了，于是有了这本小书。

这当中要特别感谢华东师范大学的胡晓明先生，以及安徽大学的方盛良、安徽师范大学的张勇等诸位先生的大力举荐！也要感谢在南开读硕士期间我的两位历史学专业的好友王嘉川和马斗成先生，他们在史学方面对我的鼓励与学术切磋令我感动。友朋王培友兄在理学与文学领域的研究渐入佳境，他对学术的虔诚和努力时时督促我，是我艰难的学术旅途中弥足珍贵的友情，也值得记下。

需要说明的是，由于本书稿是由已经发表的多篇论文综合补充而成，虽然笔者努力做了修改，但难免有不够圆融之处。还要说明的是，笔者参考了前哲与时贤的许多观点，包括资料的线索与搜集整理，特表示衷心的感谢！

书稿于2015年结题后，因忙于其他课题，一度尘封。此次借出版之机，笔者认真做了一些文字上的修订，增加了民国时期关于章学诚文论思想的学术研究资料，并利用前几年到中国台湾"中研院文哲所"访学机会所收集的台湾学界有关章学诚的研究资料，做了一些补充论述，但主要观点一仍其旧。

感谢上海古籍出版社常德荣先生对拙著的肯定！感谢责任编辑杨立军

先生的细心审读！

本著作曾获湖州师范学院学术著作出版资助，并被纳入文学院"浙江省中国语言文学一流学科建设"（项目编号：XK18053AGK）项目。

"删繁就简三秋树"，深秋的树木没有了细枝密叶，褪去了繁华，但却主干突出，姿态瘦劲秀挺，更显精神。正如杜甫论书法作品，所谓"书贵瘦硬方通神"也。本次修订书稿，笔者将结题稿中自认为不太成熟、深度不够和创新性不足的部分章节近五万余字大力删去。如此下来，也使得本就不厚的小册子显得更加单薄了。但简约不等于简单，对于即将步入人生之秋的我来说，书与人是否都应当作如是观？

石明庆

二○二一年夏于湖州

图书在版编目(CIP)数据

史意文心：章学诚与史家文论研究／石明庆著. —
上海：上海古籍出版社，2021.11
ISBN 978-7-5732-0042-6

Ⅰ.①史… Ⅱ.①石… Ⅲ.①章学诚(1738-1801)
—史学思想—研究 Ⅳ.①K092.49

中国版本图书馆 CIP 数据核字(2021)第 226771 号

史意文心

章学诚与史家文论研究

石明庆 著

上海古籍出版社出版发行

(上海市闵行区号景路 159 弄 A 座 5F 邮政编码 201101)

(1) 网址：www.guji.com.cn

(2) E-mail：guji1@guji.com.cn

(3) 易文网网址：www.ewen.co

商务印书馆上海印刷有限公司印刷

开本 700×1000 1/16 印张 12 插页 2 字数 209,000

2021 年 11 月第 1 版 2021 年 11 月第 1 次印刷

ISBN 978-7-5732-0042-6

I·3578 定价：59.00 元

如有质量问题,请与承印公司联系